Modernidade e Identidade

Anthony Giddens

Modernidade e Identidade

Tradução:
Plínio Dentzien

ZAHAR

Título original:
Modernity and Self-Identity:
Self and Society in the Late Modern Age

Tradução autorizada da edição inglesa
publicada em 1999, por Polity Press,
de Oxford, Inglaterra

Jorge Zahar Editor Ltda.
rua Marquês de S. Vicente 99 – 1º | 224151-041 Rio de Janeiro, RJ
tel (21) 2529-4750 / fax (21) 2529-4787
editora@zahar.com.br | www.zahar.com.br

Capa: Isabela Perrotta/Hybris Design

CIP-Brasil. Catalogação-na-fonte
Sindicato Nacional dos Editores de Livros, RJ.

Giddens, Anthony, 1938-
G385m Modernidade e identidade / Anthony Giddens; tradução, Plínio Dentzien. — Rio de Janeiro: Zahar, 2002.

Tradução de: Modernity and self-identity: self and society in the late modern age
ISBN 978-85-7110-669-7

1. Estrutura social. 2. Identidade (Psicologia). 3. Self (Psicologia). 4. Civilização moderna – Aspectos psicológicos. I. Título.

02-1185 CDD: 155.2
CDU: 159.923.2

Sumário

Agradecimentos 7

Apresentação 9

1. Os contornos da alta modernidade 17
2. O eu: segurança ontológica e ansiedade existencial 39
3. A trajetória do eu 70
4. Destino, risco e segurança 104
5. A segregação da experiência 135
6. Tribulações do eu 168
7. O surgimento da política-vida 193

Notas 213

Glossário de conceitos 221

Índice 224

Agradecimentos

Muitas pessoas me ajudaram, direta ou indiretamente, na preparação deste livro. Tive a felicidade de poder discutir as idéias aqui desenvolvidas em séries de seminários em dois ambientes intelectuais particularmente estimulantes: a Faculdade de Ciências Políticas e Sociais da Universidade de Cambridge e o Departamento de Sociologia da Universidade da Califórnia, Santa Bárbara. Sou grato aos participantes desses seminários por vários comentários instrutivos e por suas boas sugestões. Diversas pessoas leram o manuscrito de maneira detalhada e crítica. Devo especial gratidão a Zygmunt Bauman, David Held, Lewis Coser e Dennis Wrong. Também a Teresa Brennan, cujos comentários sobre o manuscrito foram extremamente úteis. A influência de Deirdre Boden é visível em muitos pontos do livro: aproveitei enormemente os materiais diversos e trabalhos não-publicados que ela me mandou durante um longo período, e também discussões diretas com ela. Ann Bone, que editou o livro, fez muitos comentários essenciais e sobre o estilo que ajudaram a transformar o texto. Outros que contribuíram muito para o livro, e a quem eu gostaria de agradecer, são: Richard Appelbaum, Katy Giddens, Sam Hollick, Harvey Molotch, Helen Blunt, Avril Symonds e John Thompson.

Anthony Giddens

Apresentação

A questão da modernidade, seu desenvolvimento passado e formas institucionais presentes reaparece como um problema sociológico fundamental na chegada ao século XXI. As conexões entre a sociologia e o surgimento das instituições modernas foram reconhecidas há muito. Porém hoje, vemos não só que essas conexões são mais complexas e problemáticas do que pensávamos, mas que um repensar da natureza da modernidade deve caminhar junto com a reformulação de premissas básicas da análise sociológica.

As instituições modernas diferem de todas as formas anteriores de ordem social quanto a seu dinamismo, ao grau em que interferem com hábitos e costumes tradicionais, e a seu impacto global. No entanto, essas não são apenas transformações em extensão: a modernidade altera radicalmente a natureza da vida social cotidiana e afeta os aspectos mais pessoais de nossa existência. A modernidade deve ser entendida num nível institucional; mas as transformações introduzidas pelas instituições modernas se entrelaçam de maneira direta com a vida individual, e portanto com o eu. Uma das características distintivas da modernidade, de fato, é a crescente interconexão entre os dois "extremos" da extensão e da intencionalidade: influências globalizantes de um lado e disposições pessoais de outro. O objetivo deste livro é analisar a natureza dessas interconexões e oferecer um vocabulário conceitual para pensá-las. Nessa discussão introdutória, tentarei dar uma visão geral e ao mesmo tempo uma versão resumida dos temas do estudo como um todo. Espero que o leitor tenha paciência com certos elementos de repetição que essa estratégia produz.

Embora seu alvo principal seja o eu, esta não é uma obra de psicologia. A ênfase principal do livro é o surgimento de novos mecanismos de auto-identidade que são constituídos pelas instituições da modernidade, mas que também as constituem. O eu não é uma entidade passiva, determinada por influências externas; ao forjar suas auto-identidades, independente de quão locais sejam os contextos específicos da ação, os indivíduos contribuem para (e promovem diretamente) as influências sociais que são globais em suas conseqüências e implicações.

A sociologia e as ciências sociais em termos mais amplos são elementos inerentes à reflexividade institucional da modernidade — um fenômeno fundamental para a discussão feita neste livro. Não só estudos acadêmicos, mas todo tipo de manuais, guias, obras terapêuticas e de auto-ajuda, contribuem para a reflexividade da modernidade. Em diversas ocasiões, portanto, farei extensas referências à pesquisa social e a "guias práticos de vida" não como meios de documentar um tema definido, mas como sintomáticos de fenômenos sociais ou tendências de desenvolvimento que procuro identificar. Não são apenas obras "sobre" processos sociais, mas materiais que de certa maneira os constituem.

Em geral, o foco do livro é mais analítico que descritivo e, em certas situações-chave, se baseia em procedimentos típico-ideais a fim de fundamentar o que afirma. Tento identificar certas características estruturantes no núcleo da modernidade que interagem com a reflexividade do eu — mas não discuto em detalhe até que ponto alguns dos processos mencionados terão ido em contextos específicos, ou que exceções e tendências contrárias terão existido.

O capítulo de abertura esboça um quadro de referência para o conjunto do estudo. Tomando como ilustração uma obra específica de pesquisa social, oferece uma apreciação de aspectos-chave do desenvolvimento da modernidade. Além de sua reflexividade institucional, a vida social moderna é caracterizada por profundos processos de reorganização do tempo e do espaço, associados à expansão de mecanismos de desencaixe — mecanismos que descolam as relações sociais de seus lugares específicos, recombinando-as através de grandes distâncias no tempo e no espaço. A reorganização do tempo e do espaço, somada aos mecanismos de desencaixe, radicaliza e globaliza traços institucionais preestabelecidos da modernidade; e atua na transformação do conteúdo e da natureza da vida social cotidiana.

A modernidade é uma ordem pós-tradicional, mas não uma ordem em que as certezas da tradição e do hábito tenham sido substituídas pela certeza do conhecimento racional. A dúvida, característica generalizada da razão crítica moderna, permeia a vida cotidiana assim como a consciência filosófica, e constitui uma dimensão existencial geral do mundo social contemporâneo. A modernidade institucionaliza o princípio da dúvida radical e insiste em que todo conhecimento tome a forma de hipótese — afirmações que bem podem ser verdadeiras, mas que por princípio estão sempre abertas à revisão e podem ter que ser, em algum momento, abandonadas. Sistemas de conhecimento acumulado — importantes influências de desencaixe — representam múltiplas fontes de autoridade, muitas vezes contestadas internamente e divergentes em suas implicações. Nas situações a que chamo de modernidade "alta" ou "tardia" — nosso mundo de hoje —, o eu, como os contextos institucionais mais amplos em que existe, tem que ser construído reflexivamente. Mas essa tarefa deve ser realizada em meio a uma enigmática diversidade de opções e possibilidades.

Em circunstâncias de incerteza e múltipla escolha, as noções de confiança e risco têm aplicação particular. A confiança, afirmo, é um fenômeno genérico crucial do desenvolvimento da personalidade e tem relevância distintiva e específica para um mundo de mecanismos de desencaixe e de sistemas abstratos. Em suas manifestações genéricas, a confiança está diretamente ligada à obtenção de um senso precoce de segurança ontológica. A confiança estabelecida entre uma criança e os que cuidam dela instaura "inoculação" que afasta ameaças e perigos potenciais que até mesmo as atividades mais corriqueiras da vida cotidiana contêm. A confiança nesse sentido é fundamental para um "casulo protetor" que monta guarda em torno do eu em suas relações com a realidade cotidiana. "Põe entre parênteses" ocorrências potenciais que, se seriamente contempladas, produziriam uma paralisia da vontade ou uma sensação de engolfamento. Em sua forma mais específica, a confiança é um meio de interação com os sistemas abstratos que esvaziam a vida cotidiana de seu conteúdo tradicional ao mesmo tempo em que constroem influências globalizantes. A confiança gera aquele "salto de fé" que o envolvimento prático demanda.

A modernidade é uma cultura do risco. Não no sentido de que a vida social é inerentemente mais arriscada que antes; para a maioria das pessoas nas sociedades desenvolvidas isso não é verdade. Antes, o conceito de risco se torna fundamental para a maneira como tanto os leigos quanto os especialistas organizam o mundo social. Nas condições da modernidade, o futuro é continuamente trazido para o presente por meio da organização reflexiva dos ambientes de conhecimento. É como se um território fosse escavado e colonizado. Mas essa colonização, por sua própria natureza, não pode se completar: pensar em termos de risco é vital para aferir até que ponto os resultados reais poderão vir a divergir das previsões do projeto. A aferição do risco requer a precisão e mesmo a quantificação, mas por sua própria natureza é imperfeita. Dado o caráter móvel das instituições modernas, associado à natureza mutável e muitas vezes controversa dos sistemas abstratos, a maioria das formas de aferição do risco, em verdade, contém muitos imponderáveis.

A modernidade reduz o risco geral de certas áreas e modos de vida, mas ao mesmo tempo introduz novos parâmetros de risco, pouco conhecidos ou inteiramente desconhecidos em épocas anteriores. Esses parâmetros incluem riscos de alta conseqüência, derivados do caráter globalizado dos sistemas sociais da modernidade. O mundo moderno tardio — o mundo do que chamo de alta modernidade — é apocalíptico não porque se dirija inevitavelmente à calamidade, mas porque introduz riscos que gerações anteriores não tiveram que enfrentar. Por mais que tenha havido progresso na negociação internacional e no controle das armas, uma vez que continuarem a existir armas nucleares, ou mesmo o conhecimento necessário para construí-las, e uma vez que a ciência e a tecnologia continuarem a se envolver com a criação de novos armamentos, o risco da guerra maciçamente destrutiva permanecerá. Agora que a natureza, como fenômeno externo à vida social, chegou em certo sentido a um "fim" — como resultado de sua dominação por seres humanos —, o risco de uma catástrofe ecológica constitui parte inevitável do horizonte de nossa vida cotidiana. Outros riscos de alta conseqüência, tais como o colapso dos mecanismos econômicos globais, ou o surgimento de super-Estados totalitários, são também parte inevitável de nossa experiência contemporânea.

Na alta modernidade, a influência de acontecimentos distantes sobre eventos próximos, e sobre as intimidades do eu, se torna cada vez mais comum. A mídia impressa e eletrônica obviamente desempenha um papel central. A experiência canalizada pelos meios de comunicação, desde a primeira experiência da escrita, tem influenciado tanto a auto-identidade quanto a organização das relações sociais. Com o desenvolvimento da comunicação de massa, particularmente a comunicação eletrônica, a interpenetração do auto-desenvolvimento e do desenvolvimento dos sistemas sociais, chegando até os sistemas globais, se torna cada vez mais pronunciada. O "mundo" em que agora vivemos, assim, é em certos aspectos profundos muito diferente daquele habitado pelos homens em períodos anteriores da história. É de muitas maneiras um mundo único, com um quadro de experiência unitário (por exemplo, em relação aos eixos básicos de tempo e espaço), mas ao mesmo tempo um mundo que cria novas formas de fragmentação e dispersão. Um universo de atividade social em que a mídia eletrônica tem um papel central e constitutivo, entretanto, não é o mundo da "hiper-realidade" no sentido de Baudrillard. Tal idéia confunde o impacto generalizado da experiência transmitida pela mídia com a referencialidade interna dos sistemas sociais da modernidade — o fato de que esses sistemas se tornam amplamente autônomos e determinados por suas próprias influências constitutivas.

Na ordem pós-tradicional da modernidade, e contra o pano de fundo de novas formas de experiência mediada, a auto-identidade se torna um empreendimento reflexivamente organizado. O projeto reflexivo do eu, que consiste em manter narrativas biográficas coerentes, embora continuamente revisadas, tem lugar no contexto de múltipla escolha filtrada por sistemas abstratos. Na vida social moderna, a noção de estilo de vida assume um significado particular. Quanto mais a tradição perde seu domínio, e quanto mais a vida diária é reconstituída em termos do jogo dialético entre o local e o global, tanto mais os indivíduos são forçados a escolher um estilo de vida a partir de uma diversidade de opções. Certamente existem também influências padronizadoras — particularmente na forma da criação da mercadoria, pois a produção e a distribuição capitalistas são componentes centrais das instituições da modernidade. No entanto, por causa da "abertura" da vida social de hoje, com a pluralização dos contextos de ação e a diversidade de "autoridades", a escolha de estilo de vida é cada vez mais importante na constituição da auto-identidade e da atividade diária. O planejamento de vida reflexivamente organizado, que normalmente pressupõe a consideração de riscos filtrados pelo contato com o conhecimento especializado, torna-se uma característica central da estruturação da auto-identidade.

Um possível mal-entendido sobre o estilo de vida em sua interconexão com o planejamento da vida deve ser evitado desde o começo. Em parte porque o termo foi adotado pela publicidade e outras fontes de promoção do consumo mercantilizado, poderíamos imaginar que "estilo de vida" se refere apenas aos projetos dos grupos ou classes mais prósperos. Os pobres seriam quase completamente excluídos da possibilidade de escolher estilos de vida. Em grande parte isso é verdade. Questões de classe e desigualdade, dentro de estados ou ao nível mundial, misturam-se de perto com os argumentos deste livro, embora eu não tente documentar essas desigualdades. De fato, divisões de classe e outras linhas fundamentais de desigualdade, como as que dizem respeito a gênero ou etnicidade, podem ser em parte *definidas* em termos do acesso diferencial a formas de auto-realização e de acesso ao poder discutidas aqui. A modernidade, não se deve esquecer, produz *diferença, exclusão* e *marginalização*. Afastando a possibilidade da emancipação, as instituições modernas ao mesmo tempo criam mecanismos de supressão, e não de realização, do eu. Mas seria um grande equívoco supor que os fenômenos analisados no livro se limitam, em seu impacto, àqueles em condições materiais privilegiadas. "Estilo de vida" se refere também a decisões tomadas e cursos de ação seguidos em condições de severa limitação material; tais padrões de estilo de vida também podem algumas vezes envolver a rejeição mais ou menos deliberada das formas mais amplamente difundidas de comportamento e consumo.

Num dos pólos da interação entre o local e o global está o que chamo de "transformação da intimidade". A intimidade tem sua própria reflexividade e suas formas próprias de ordem internamente referidas. De importância chave aqui é o surgimento da "relação pura" como protótipo das novas esferas da vida pessoal. Uma relação pura é uma relação em que os critérios externos se dissolveram: ela existe somente pela retribuição que a ela própria pode dar. No contexto da relação pura, a confiança só pode ser mobilizada por um processo de mútua revelação. A confiança, em outras palavras, não pode mais ancorar-se por definição em critérios externos à própria relação — como os critérios de parentesco, dever social ou obrigação tradicional. Como a auto-identidade, com que se relaciona de perto, a relação pura tem que ser reflexivamente controlada a longo prazo, contra o pano de fundo de transições e transformações externas.

Relações puras pressupõem o "compromisso", que é uma espécie particular de confiança. Este, por sua vez, deve ser entendido como um fenômeno do sistema internamente referido: é um compromisso com a relação enquanto tal, assim como com a outra ou as outras pessoas envolvidas. A demanda de intimidade é parte da relação pura, como resultado dos mecanismos de confiança que pressupõe. É portanto um equívoco entender a "procura contemporânea da intimidade", como muitos têm feito, apenas como uma reação negativa a um universo social mais impessoal e distante. A absorção em relações puras certamente pode ser muitas vezes um modo de defesa contra um mundo exterior envolvente — mas tais relações são inteiramente permeadas por influências transmitidas pela mídia provenientes de sistemas sociais mais amplos, e geralmente organizam de maneira ativa essas influências na esfera de tais relações. Em geral, seja na vida pessoal ou em meios sociais mais amplos, processos de reapropriação e de acesso ao poder se misturam à expropriação e à perda.

Em tais processos podem ser descobertas muitas conexões diferentes entre a experiência individual e os sistemas abstratos. A "recapacitação" — reaquisição de conhecimentos e habilidades —, seja em relação às intimidades da vida pessoal ou a envolvimentos sociais mais amplos, é uma reação difusa aos efeitos expropriadores dos sistemas abstratos. É situacionalmente variável, e também tende a responder a requisitos específicos do contexto. Os indivíduos tendem a se recapacitar em maior profundidade quando se trata de transições importantes em suas vidas ou quando precisam tomar decisões sérias. A recapacitação, porém, é sempre parcial, e pode ser afetada pelas constantes "revisões" a que o conhecimento especializado está sujeito, bem como por discordâncias internas entre os especialistas. Gestos de confiança, assim como a aceitação, o ceticismo, a rejeição e o retraimento, mais pragmáticos, coexistem de maneira desconfortável no espaço social que liga as atividades individuais e os sistemas especializados. Atitudes leigas diante da ciência, da tecnologia e de outras formas esotéricas de especialização tendem a expressar, na era da alta modernidade, as mesmas atitudes entre a reverência e a reserva, a aprovação e o desconforto, o entusiasmo e antipatia, que os filósofos e analistas da sociedade (eles mesmos um tipo de especialistas) exprimem em seus escritos.

A reflexividade do eu, em conjunto com a influência dos sistemas abstratos, afeta de modo difuso o corpo e os processos psíquicos. O corpo é cada vez menos um "dado" extrínseco, funcionando fora dos sistemas internamente referidos da modernidade, mas passa a ser reflexivamente mobilizado. O que pode parecer um movimento geral em direção ao cultivo narcisista da aparência corporal expressa na verdade uma preocupação muito mais profunda com a "construção" e o controle ativo do corpo. Há aqui uma conexão integral entre o desenvolvimento corporal e o estilo de vida — manifesta por exemplo na busca de regimes corporais específicos. Mas fatores muito mais amplos são também importantes, como reflexo da socialização de mecanismos e processos biológicos. Nas esferas da reprodução biológica, da engenharia genética e de vários tipos de intervenção médica, o corpo está se tornando uma questão de escolhas e opções. E essas não afetam apenas o indivíduo: há conexões próximas entre aspectos pessoais do desenvolvimento corporal e fatores globais. Tecnologias reprodutivas e engenharia genética, por exemplo, fazem parte dos processos mais gerais da transformação da natureza num campo da ação humana.

Ciência, tecnologia e especialização desempenham um papel fundamental no que chamo de segregação da experiência. A noção de que a modernidade está associada a uma relação instrumental com a natureza, e a idéia de que a visão científica exclui considerações de ética ou moralidade, são conhecidas. No entanto, procuro recolocar essas questões em termos de uma apresentação institucional da ordem moderna tardia, desenvolvida em termos de referências internas. O impulso geral das instituições modernas vai no sentido de criar situações de ação ordenadas em termos da própria dinâmica da modernidade e separadas dos "critérios externos" — fatores externos aos sistemas sociais da modernidade. Ainda que existam muitas exceções e tendências contrárias, a vida social diária tende a se separar da natureza "original" e de uma variedade de experiências que dizem respeito a questões e dilemas existenciais. Os loucos, os criminosos e os doentes graves são fisicamente segregados da população normal, enquanto o "erotismo" é substituído pela "sexualidade" — que é então deslocada para os bastidores para ser ocultada. A segregação da experiência significa que, para muitas pessoas, o contato direto com eventos e situações que ligam a vida individual a questões mais amplas de moralidade e finitude são raras e fugazes.

Não chegamos a essa situação, como pensava Freud, por causa da crescente repressão psicológica da culpa requerida pelas complexidades da vida social moderna. O que ocorre, ao contrário, é uma repressão institucional em que —

afirmo — mecanismos de vergonha, e não de culpa, assumem o primeiro plano. A vergonha tem relações próximas com o narcisismo, mas é um erro, como observado acima, supor que a auto-identidade se torna cada vez mais narcisista. O narcisismo é um tipo entre outros de mecanismo psicológico — e, em alguns casos, uma patologia — que as conexões entre identidade, vergonha e o projeto reflexivo do eu fazem surgir.

A falta de sentido pessoal — a sensação de que a vida não tem nada a oferecer — torna-se um problema psíquico fundamental na modernidade tardia. Devemos entender esse fenômeno em termos de uma repressão de questões morais que a vida cotidiana coloca, mas às quais nega respostas. "Isolamento existencial" não é tanto uma separação do indivíduo dos outros, mas uma separação dos recursos morais necessários para viver uma existência plena e satisfatória. O projeto reflexivo do eu gera programas de realização e controle. Mas, enquanto essas possibilidades forem entendidas como um problema da extensão dos sistemas de controle da modernidade ao eu, falta-lhes sentido moral. A "autenticidade" torna-se o valor predominante e uma referência para a auto-realização, mas representa um processo moralmente atrofiado.

No entanto a repressão das questões existenciais não se completou, e na alta modernidade, quando sistemas de controle instrumental são expostos mais nuamente que antes e quando suas conseqüências são mais visíveis, aparecem muitas formas de reação contrária. É cada vez mais visível que as escolhas de estilo de vida, no contexto das inter-relações local-global, fazem surgir questões morais que não podem ser simplesmente postas de lado. Tais questões clamam por formas de envolvimento que novos movimentos sociais pressagiam e ajudam a iniciar. A "política-vida" — que cuida da auto-realização humana, ao nível do indivíduo e coletivamente — surge da sombra que a "política da emancipação" projetou.

A emancipação, o imperativo geral do Iluminismo progressista, é em suas várias formas a condição do surgimento do programa da política-vida. Num mundo ainda dividido e marcado por formas arcaicas e novas de opressão, a política emancipatória não perde importância. Mas a esses empreendimentos políticos preexistentes juntam-se novas formas de interesse político vital. Na conclusão do livro esboço os principais parâmetros da agenda da política-vida. É uma agenda que demanda um enfrentamento de dilemas morais específicos, e nos força a levantar questões existenciais que a modernidade excluiu institucionalmente.

1. Os contornos da alta modernidade

Abro minha discussão descrevendo algumas das descobertas de um estudo sociológico específico, tomado de maneira um tanto arbitrária em uma área de pesquisa. *Segundas chances*, de Judith Wallerstein e Sandra Blakeslee, é uma pesquisa sobre o divórcio e um novo casamento.[1] O livro descreve o impacto da ruptura do casamento, ao longo de um período de dez anos, em sessenta conjuntos de pais e filhos. O divórcio, apontam as autoras, é uma crise nas vidas pessoais dos indivíduos, que apresenta perigos para sua segurança e sensação de bem-estar, ao mesmo tempo em que abre novas oportunidades para seu desenvolvimento e felicidade futuros. A separação e o divórcio, e suas conseqüências, podem levar a ansiedades duradouras e a distúrbios psicológicos; no entanto, as mudanças provocadas pela dissolução do casamento oferecem também possibilidades, como dizem as autoras, de "crescer emocionalmente", "estabelecer competência e orgulho novos" e "fortalecer relações íntimas muito além das capacidades anteriores".

A separação conjugal, dizem Wallerstein e Blakeslee, é um marcador "que congela certas imagens que enquadram os cursos de ação que se seguem. A raiva freqüentemente se instala e se alimenta do modo como o casamento se rompeu: um parceiro repentinamente descobrindo que o outro tinha um caso com o(a) melhor amigo(a) de ambos; o parceiro deixando um bilhete informando ao outro, sem aviso prévio, que o casamento acabou; o parceiro partindo de repente, levando as crianças e não deixando endereço..." Um casamento que se desfaz tende a provocar luto, independente da infelicidade ou desespero dos parceiros quando juntos.

Quanto mais tempo os parceiros tiverem vivido juntos, tanto mais longo será o período de luto. O luto deriva da perda dos prazeres e experiências compartilhados, somado ao necessário abandono das esperanças investidas na relação. Quando não ocorre um processo de luto, o resultado é muitas vezes a prolongação dos sentimentos feridos, às vezes levando ao desespero e a um colapso. Para a maioria das pessoas, de fato, os sentimentos provocados pelo divórcio parecem não desaparecer completamente com a passagem dos anos; podem ser reavivados violentamente por eventos subseqüentes, como o novo casamento do antigo parceiro, dificuldades financeiras ou desavenças sobre como os filhos devem ser criados. Se um parceiro permanece fortemente envolvido emocionalmente com o outro, mesmo que de maneira negativa, o resultado tende a ser um reaparecimento da amargura.

Passar por um período de luto, segundo Wallerstein e Blakeslee, é a chave para "retomar o controle de si próprio" depois do divórcio. Quem consegue se "descolar" de seu cônjuge anterior enfrenta a tarefa de estabelecer um "novo sentido do eu", um "novo sentido de identidade". Num casamento longo, o sentido de identidade de cada indivíduo se torna unido ao da outra pessoa e, de fato, ao próprio casamento. Depois da ruptura do casamento, cada pessoa deve "retroceder à sua experiência prévia e encontrar outras imagens e raízes de independência, para ser capaz de viver só e enfrentar a segunda chance que o divórcio oferece".

Uma pessoa separada ou divorciada precisa de coragem moral para tentar novos relacionamentos e encontrar novos interesses. Muitas pessoas nessas circunstâncias perdem a confiança em seus próprios juízos e capacidades, e podem vir a sentir que fazer planos para o futuro é algo sem valor. "Sentem que a vida dá duros golpes e é essencialmente imprevisível; concluem que os planos mais cuidadosos dão errado e desistem de formular objetivos de longo prazo ou mesmo de curto prazo, e mais ainda de trabalhar por esses objetivos." Superar tais sentimentos demanda persistência em face de reveses e uma disposição de alterar traços ou hábitos pessoais já estabelecidos. Os filhos de pais divorciados, que freqüentemente sofrem profundamente com a dissolução do lar, precisam de qualidades semelhantes. "Os filhos do divórcio", dizem Wallerstein e Blakeslee, "enfrentam uma tarefa mais difícil que as crianças cujos pais morreram. A morte não pode ser desfeita, mas o divórcio acontece entre pessoas vivas que podem mudar de idéia. Uma fantasia de reconciliação penetra fundo na psique dessas crianças ... elas podem não superar essa fantasia de reconciliação até elas mesmas se separarem dos pais e saírem de casa."[2]

Problemas pessoais, sofrimentos e crises pessoais, relações pessoais: o que eles podem nos dizer, e o que exprimem, sobre o panorama social da modernidade? Não muito, diriam alguns, pois seguramente sentimentos e problemas pessoais são muito semelhantes em todos os tempos e lugares. Pode-se aceitar que o advento da modernidade traz mudanças importantes no ambiente social externo do indivíduo, afetando o casamento e a família assim como outras instituições; mas as pessoas continuam a viver suas vidas como sempre fizeram, enfrentando da melhor maneira que podem as transformações sociais à sua volta. Ou não? Pois as circunstâncias sociais não são separadas da vida pessoal, nem são apenas pano de fundo para ela. Ao enfrentar problemas pessoais, os indivíduos ativamente ajudam a reconstruir o universo da atividade social à sua volta.

O mundo da alta modernidade certamente se estende bem além dos domínios das atividades individuais e dos compromissos pessoais. E está repleto de riscos e perigos, para os quais o termo "crise" — não como mera interrupção, mas como um estado de coisas mais ou menos permanente — é particularmente adequado. No entanto, ele também penetra profundamente no centro da auto-identidade e dos sentimentos pessoais. O "novo sentido de identidade", que Wallerstein e Blakeslee mencionam como necessário após o divórcio, é uma versão aguda de um processo de "encontrar-se a si mesmo" que as condições sociais da modernidade impõem a todos nós. É um processo de intervenção e transformação ativas.

Wallerstein e Blakeslee resumem o resultado de sua pesquisa num capítulo intitulado "Perigo e oportunidade". Embora banal, a expressão se aplica não só ao casamento e sua perturbação, mas ao mundo da modernidade como um todo. A esfera do que passamos hoje a chamar de "relações pessoais" oferece oportunidades de intimidade e de auto-expressão ausentes em muitos contextos mais tradicionais. Ao mesmo tempo, tais relações se tornaram arriscadas e perigosas, em certos sentidos desses termos. Modos de comportamento e sentimento associados à vida sexual e conjugal tornaram-se móveis, instáveis e "abertos". Há muito a ganhar; mas há um território inexplorado a mapear, e novos perigos a evitar.

Consideremos, por exemplo, um fenômeno extensamente discutido por Wallerstein e Blakeslee: a nova natureza da família "de adoção". Muitas pessoas, adultos e crianças, vivem hoje em famílias "de adoção" — em geral não, como em épocas anteriores, em conseqüência da morte de um dos cônjuges, mas por causa da reorganização de laços familiares após o divórcio. Uma criança numa família "de adoção" pode ter duas mães e dois pais, dois conjuntos de irmãos e irmãs, além de outras relações complexas de parentesco resultantes dos múltiplos casamentos dos pais. Até a terminologia é difícil: deveria a madrasta ser chamada de "mãe" pela criança, ou por seu nome próprio? Negociar tais problemas pode ser árduo e psicologicamente custoso para todas as partes; mas também existe a oportunidade de novos tipos de relações sociais recompensantes. Podemos no entanto estar certos de que as mudanças envolvidas não são simplesmente exteriores ao indivíduo. Essas novas formas de laços de família devem ser desenvolvidas pelas próprias pessoas que se encontram mais diretamente aprisionadas nelas.

A ansiedade é o correlato natural dos perigos. É causada por circunstâncias perturbadoras, ou por sua ameaça, mas também ajuda a mobilizar respostas adaptativas e novas iniciativas. Termos como dor, preocupação e luto são usados repetitivamente pelas autoras de *Segundas chances*. Da mesma forma que coragem e resolução. A vida apresenta os problemas pessoais de maneira aparentemente aleatória e, reconhecendo isso, algumas pessoas se refugiam numa espécie de apatia resignada. Mas muitas são capazes de perceber de maneira mais positiva as novas oportunidades que se abrem quando os modos preestabelecidos são barrados, e então mudam a si mesmas. Qual é a novidade dessas ansiedades, perigos e oportunidades? De que maneira são claramente influenciados pelas instituições da modernidade? Essas são as perguntas que tento responder nas páginas que se seguem.

Segundas chances é uma obra de sociologia, mas não será lida apenas por sociólogos. Terapeutas, analistas de família, assistentes sociais e outros profissionais provavelmente a folhearão. É perfeitamente possível que pessoas do público leigo, especialmente se tiverem se divorciado recentemente, leiam o livro e relacionem suas idéias e conclusões às circunstâncias de suas próprias vidas. As autoras estão cientes dessas possibilidades. Embora o livro seja escrito como um estudo que apresenta um conjunto determinado de resultados, diversas passagens sugerem respostas práticas e cursos de ação que podem ser seguidos pelos recém-separados ou divorciados. Sem dúvida poucos livros influenciam muito o comportamento social geral. *Segundas chances* é uma pequena contribuição a um vasto e mais ou menos contínuo fluxo de textos, técnicos e populares, sobre o tema do casamento e das relações íntimas. Esses textos fazem parte da *reflexividade* da modernidade: servem para organizar e alterar rotineiramente os aspectos da vida social que relatam ou analisam. Quem quer que contemple o casamento hoje, ou que enfrente a situação da ruptura de um casamento ou de uma longa relação íntima, sabe muito bem (ainda que nem sempre ao nível da consciência discursiva) "o que está acontecendo" na arena social do casamento e do divórcio. Esse conhecimento não é acidental, mas constitutivo do que está acontecendo — como se dá em todos os contextos da vida social nas condições da modernidade.

Mais que isso: todos estamos de algum modo conscientes da constituição reflexiva da atividade social moderna e das implicações disso para nossas vidas. A auto-identidade constitui para nós uma *trajetória* através das diferentes situações institucionais da modernidade por toda a *duração* do que se costumava chamar de "ciclo da vida", um termo que se aplica com maior precisão a contextos não-modernos que aos modernos. Cada um de nós não apenas "tem", mas *vive* uma biografia reflexivamente organizada em termos do fluxo de informações sociais e psicológicas sobre possíveis modos de vida. A modernidade é uma ordem pós-tradicional em que a pergunta "como devo viver?" tem tanto que ser respondida em decisões cotidianas sobre como comportarse, o que vestir e o que comer — e muitas outras coisas — quanto ser interpretada no desdobrar temporal da auto-identidade.

Vamos agora do nível das vidas pessoais para um plano mais institucional. Para dar um pano de fundo a este estudo como um todo precisamos caracterizar esse fenômeno perturbador e tumultuado: a modernidade.

Modernidade: considerações gerais

Neste livro emprego o termo "modernidade" num sentido muito geral para referir-me às instituições e modos de comportamento estabelecidos pela primeira vez na Europa depois do feudalismo, mas que no século XX se tornaram mundiais em seu impacto. A "modernidade" pode ser entendida como aproximadamente equivalente ao "mundo industrializado" desde que se reconheça que o industrialismo não é sua única dimensão institucional.[3] Ele se refere às relações sociais implicadas no uso generalizado da força material e do maquinário nos processos de produção. Como tal, é um dos eixos institucionais da modernidade. Uma segunda dimensão é o capitalismo, sistema de produção de mercadorias que envolve tanto mercados competitivos de produtos quanto a mercantilização da força de trabalho. Cada uma dessas dimensões pode ser analiticamente distinguida das instituições de vigilância, base do crescimento maciço da força organizacional associado com o surgimento da vida social moderna. A vigilância se refere ao controle e à supervisão de populações submissas, assuma esse controle a forma da supervisão "visível", no sentido de Foucault, ou do uso da informação para coordenar atividades sociais. Essa dimensão, por sua vez, pode ser separada do controle dos meios de violência no contexto da "industrialização da guerra". A modernidade inaugura uma era de "guerra total" em que a capacidade destrutiva potencial dos armamentos, assinalada acima de tudo pela existência de armas nucleares, tornou-se enorme.

A modernidade produz certas formas sociais distintas, das quais a mais importante é o estado-nação. Observação banal, é claro, até que nos lembremos de que a sociologia tende a considerar a "sociedade" como seu objeto. A "sociedade" do sociólogo, pelo menos quando aplicada ao período da modernidade, é o estado-nação, mas essa em geral é uma equação velada em vez de explicitamente teorizada. Como entidade sociopolítica, o estado-nação contrasta de modo fundamental com a maioria dos tipos de ordem tradicional. Desenvolve-se apenas como parte de um sistema mais amplo de estados-nações (que hoje se tornou de caráter global), tem formas muito específicas de territorialidade e capacidade de vigilância, e monopoliza o controle efetivo sobre os meios da violência.[4] Na literatura sobre relações internacionais, os estados-nações são tratados muitas vezes como "atores" — ou "agentes" e não "estruturas" —, e isso definitivamente se justifica. Pois os Estados modernos são sistemas reflexivamente monitorados que, mesmo que não "atuem" no estrito sentido do termo, seguem políticas e planos coordenados numa escala geopolítica. Como tais, são um exemplo maior de uma caraterística mais geral da modernidade: a ascensão da *organização*. O que distingue as organizações modernas não é tanto seu tamanho, ou seu caráter burocrático, quanto o monitoramento reflexivo que elas permitem e implicam. Dizer modernidade é dizer não só organizações mas organização — o controle regular das relações sociais dentro de distâncias espaciais e temporais indeterminadas.

Em vários aspectos fundamentais, as instituições modernas apresentam certas *descontinuidades* com as culturas e modos de vida pré-modernos. Uma das características mais óbvias que separa a era moderna de qualquer período anterior é seu extremo dinamismo. O mundo moderno é um "mundo em disparada": não só o *ritmo* da mudança social é muito mais rápido que em qualquer sistema anterior; também a *amplitude* e a *profundidade* com que ela afeta práticas sociais e modos de comportamento preexistentes são maiores.[5]

O que explica o caráter peculiarmente dinâmico da vida social moderna? Três elementos, ou conjuntos de elementos, principais estão envolvidos — e cada um deles é essencial para os argumentos desenvolvidos aqui. O primeiro é o que chamo de *separação de tempo e espaço*. Todas as culturas, é claro, tiveram ou têm de lidar com o tempo, de alguma forma ou de outra, e também modos de situar-se espacialmente. Não há sociedade em que os indivíduos não tenham sentido de futuro, presente e passado. Cada cultura tem alguma espécie de marcador espacial padronizado que designa uma consciência especial de lugar. Em situações pré-modernas, porém, tempo e espaço se conectavam *através* da situacionalidade do lugar.

Grandes culturas pré-modernas desenvolveram métodos mais formais para o cálculo do tempo e para o ordenamento do espaço — como calendários e mapas simples (pelos padrões modernos). De fato, eram pré-requisitos para o "distanciamento" no tempo e no espaço pressupostos pelo surgimento de formas mais extensas do sistema social. Mas em eras pré-modernas, para o grosso da população e para a maioria das atividades da vida cotidiana, o tempo e o espaço continuavam ligados através do lugar. Marcadores de "quando" se ligavam não só ao "onde" do comportamento social, mas à substância mesma desse comportamento.

A separação de tempo e espaço envolveu acima de tudo o desenvolvimento de uma dimensão "vazia" de tempo, a alavanca principal que também separou o espaço do lugar. A invenção e difusão do relógio mecânico é em geral vista — acertadamente — como a primeira expressão desse processo, mas é importante não interpretarmos esse fenômeno de maneira excessivamente superficial. O uso generalizado de instrumentos de marcação do tempo facilitou, mas também pressupunha, mudanças profundamente estruturadas no tecido da vida cotidiana — mudanças que não poderiam ser somente locais, que eram inevitavelmente universalizantes. Um mundo com um sistema de tempo universal e zonas de tempo globalmente padronizadas, como o nosso hoje, é social e experiencialmente diferente de todas as eras pré-modernas. O mapa global, onde não há privilégio de lugar (uma projeção universal), é o símbolo correlato do relógio no "esvaziamento" do espaço. Não é apenas um modo de retratar "o que sempre esteve lá" — a geografia da Terra —, mas também constitutivo de transformações básicas nas relações sociais.

O esvaziamento de tempo e espaço não é um desenvolvimento linear; ele opera dialeticamente. Muitas formas de "tempo vivido" são possíveis em situações sociais estruturadas pela separação de tempo e espaço. Além disso, a separação do tempo em relação ao espaço não significa que eles se tornam, por isso, aspectos mutuamente alheios à organização social humana. Ao contrário: ela fornece a própria base para sua recombinação de maneiras que coordenam as atividades sociais sem necessariamente fazer referência às particularidades do lugar. As organizações, e a organização, tão características da modernidade, são inconcebíveis sem a reintegração do tempo e do espaço separados. A organização social moderna supõe a coordenação precisa das ações de seres humanos fisicamente distantes; o "quando" dessas ações está diretamente conectado ao "onde", mas não, como em épocas pré-modernas, pela mediação do lugar.

Todos podemos perceber até que ponto a separação de tempo e do espaço é fundamental para o maciço dinamismo que a modernidade introduz nas questões sociais humanas. O fenômeno universaliza aquele "uso da história para fazer história" tão intrínseco aos processos que afastam a vida social moderna das amarras da tradição. Tal historicidade se torna global na sua forma com a criação de um "passado" padronizado e de um "futuro" universalmente aplicável: uma data como o "ano 2000" é um marcador reconhecível para toda a humanidade.

O processo de esvaziamento do tempo e do espaço é crucial para a segunda principal influência sobre o dinamismo da modernidade: o *desencaixe* das instituições sociais. Escolho a metáfora do desencaixe em deliberada oposição ao conceito de "diferenciação" algumas vezes adotado por sociólogos como meio de contrastar sistemas sociais pré-modernos e modernos. A diferenciação envolve a imagem de uma progressiva separação de funções, como por exemplo quando modos de atividade organizados de maneira difusa em sociedades pré-modernas se tornam mais especializados e precisos com o advento da modernidade. Sem dúvida a idéia tem certa validade, mas deixa de captar um elemento essencial da natureza e do impacto das instituições modernas — o "descolamento" das relações sociais dos contextos locais e sua rearticulação através de partes indeterminadas do espaço-tempo. Esse "descolamento" é exatamente o que quero dizer com desencaixe, que é a chave para a imensa aceleração no distanciamento entre tempo e espaço trazido pela modernidade.

Mecanismos de desencaixe são de dois tipos, que chamo de "fichas simbólicas" e "sistemas especializados". Tomados em conjunto, refiro-me a eles como *sistemas abstratos*. Fichas simbólicas são meios de troca que têm um valor padrão, sendo assim intercambiáveis numa pluralidade de contextos. O primeiro exemplo, e o mais importante, é o dinheiro. Embora todas as formas maiores de sistema social pré-moderno tenham desenvolvido a troca monetária de uma forma ou de outra, a economia monetária se torna muito mais refinada e abstrata com o surgimento e amadurecimento da modernidade. O dinheiro põe entre parênteses o tempo (porque é um meio de crédito) e também o espaço (pois o valor padronizado permite transações entre uma infinidade de indivíduos que nunca se encontraram fisicamente). Os sistemas especializados põem entre parênteses o tempo e o espaço dispondo de modos de conhecimento técnico que têm validade independente dos praticantes e dos clientes que fazem uso deles. Tais sistemas penetram em virtualmente todos os aspectos da vida social nas condições da modernidade — em relação aos alimentos que comemos, aos remédios que tomamos, aos prédios que habitamos, às formas de transporte que usamos e muitos outros fenômenos. Os sistemas especializados não se limitam a áreas tecnológicas; estendem-se às próprias relações sociais e às intimidades do eu. O médico, o analista e o terapeuta são tão importantes para os sistemas especializados da modernidade quanto o cientista, o técnico ou o engenheiro.

Os dois tipos de sistema especializado dependem essencialmente da *confiança*, uma noção que, como foi indicado, desempenha um papel central neste livro. A confiança é diferente da forma de crença a que Georg Simmel chamava de "conhecimento intuitivo fraco" envolvido nas transações formais.[6] Algumas decisões são baseadas em inferências indutivas a partir de tendências passadas, ou de alguma experiência passada supostamente relevante para o presente. Esse tipo de crença pode ser um elemento da confiança, mas não é suficiente por si mesmo para definir uma relação de confiança. Esta pressupõe um salto para o compromisso, uma qualidade de "fé" que é irredutível. Está relacionada especificamente à ausência no tempo e no espaço, e também à ignorância. Não precisamos confiar em alguém que está constantemente à vista e cujas atividades podem ser diretamente monitoradas. Assim, por exemplo, ocupações monótonas ou desagradáveis, e mal pagas, em que a motivação para desempenhar a tarefa com perfeição é fraca, são em geral posições de "baixa confiança". Postos de "alta confiança" são aqueles que supõem o desempenho fora da presença da gerência ou da equipe de supervisão.[7] De modo semelhante, não há necessidade de confiança quando um sistema técnico é bem conhecido por um indivíduo particular. Em relação aos sistemas especializados, a confiança põe entre parênteses o conhecimento técnico limitado que a maioria das pessoas possui sobre a informação codificada que afeta rotineiramente suas vidas.

A confiança, de tipos e níveis variados, está na base de muitas decisões cotidianas que tomamos na orientação de nossas atividades. Mas a confiança nem sempre é o resultado de decisões conscientes: é mais freqüentemente uma atitude geral da mente que subjaz a essas decisões, algo que tem suas raízes na conexão entre confiança e desenvolvimento da personalidade. *Podemos* tomar a decisão de confiar, um fenômeno que é comum por causa do terceiro elemento da modernidade (já mencionado, mas também discutido adiante): sua reflexividade intrínseca. Mas a fé que a confiança implica também tende a resistir a esse processo calculista de decisão.

Atitudes de confiança em relação a situações, pessoas ou sistemas específicos, e também num nível mais geral, estão diretamente ligadas à *segurança* psicológica dos indivíduos e grupos. Confiança e segurança, risco e perigo, existem em conjunções historicamente únicas nas condições da modernidade. Os mecanismos de desencaixe, por exemplo, garantem amplas arenas de segurança relativa na atividade social diária. Pessoas que vivem em países industrializados, e em certa medida em qualquer lugar hoje, estão geralmente protegidas contra alguns dos perigos enfrentados rotineiramente em tempos pré-modernos — como as forças da natureza. Por outro lado, novos riscos e perigos, tanto locais quanto globais, são criados pelos próprios mecanismos de desencaixe. Comidas com ingredientes artificiais podem ter características tóxicas ausentes das comidas mais tradicionais; perigos ambientais podem ameaçar os ecossistemas da Terra como um todo.

A modernidade é essencialmente uma ordem pós-tradicional. A transformação do tempo e do espaço, em conjunto com os mecanismos de desencaixe, afasta a vida social da influência de práticas e preceitos preestabelecidos. Esse é o contexto da consumada *reflexividade*, que é a terceira maior influência sobre o dinamismo das instituições modernas. A reflexividade da modernidade deve ser distinguida do monitoramento reflexivo da ação intrínseco a toda atividade humana. Ela se refere à suscetibilidade da maioria dos aspectos da atividade social, e das relações materiais com a natureza, à revisão intensa à luz de novo conhecimento ou informação. Tal informação ou conhecimento não é circunstancial, mas constitutivo das instituições modernas — um fenômeno complicado, porque existem muitas possibilidades de se pensar sobre a reflexividade nas condições sociais modernas. Como indicou a discussão de *Segundas chances*, as ciências sociais desempenham um papel básico na reflexividade da modernidade: elas não se limitam a "acumular conhecimentos" como as ciências naturais.

Separação de tempo e espaço: a condição para a articulação das relações sociais ao longo de amplos intervalos de espaço-tempo, incluindo sistemas globais.

Mecanismos de desencaixe: consistem em fichas simbólicas e sistemas especializados (em conjunto = sistemas abstratos). Mecanismos de desencaixe separam a interação das particularidades do lugar.

Reflexividade institucional: o uso regularizado de conhecimento sobre as circunstâncias da vida social como elemento constitutivo de sua organização e transformação.

Quadro 1. *O dinamismo da modernidade*

Em relação ao conhecimento científico tanto social quanto natural, a reflexividade da modernidade acaba por confundir as expectativas do pensamento iluminista — embora seja produto desse pensamento. Os fundadores originais da ciência e da filosofia modernas acreditavam estar preparando o caminho para o conhecimento seguramente fundamentado dos mundos social e natural: as afirmações da razão deveriam superar os dogmas da tradição, oferecendo uma sensação de certeza em lugar do caráter arbitrário do hábito e do costume. Mas a reflexividade da modernidade de fato solapa a certeza do conhecimento, mesmo nos domínios centrais da ciência natural. A ciência depende não da acumulação indutiva de demonstrações, mas do princípio metodológico da dúvida. Por mais estimada e aparentemente estabelecida que uma determinada doutrina científica seja, ela está aberta à revisão — ou poderá vir a ser inteiramente descartada — à luz de novas idéias ou descobertas. A relação integral entre a modernidade e a dúvida radical é uma questão que, uma vez exposta, não é inquietante apenas para os filósofos, mas é *existencialmente perturbadora* para os indivíduos comuns.

O local, o global e a transformação da vida diária

As tendências globalizantes da modernidade são inerentes às influências dinâmicas que acabo de esboçar. A reorganização de tempo e espaço, os mecanismos de desencaixe e a reflexividade da modernidade supõem propriedades universalizantes que explicam a natureza fulgurante e expansionista da vida social moderna em seus encontros com práticas tradicionalmente estabelecidas. A globalização da atividade social que a modernidade ajudou a produzir é de certa maneira um processo de desenvolvimento de laços genuinamente mundiais — como aqueles envolvidos no sistema global de estados-nações ou na divisão internacional do trabalho. Entretanto, de modo geral, o conceito de globalização é melhor compreendido como expressando aspectos fundamentais do distanciamento entre tempo e espaço. A globalização diz respeito à interseção entre presença e ausência, ao entrelaçamento de eventos e relações sociais "à distância" com contextualidades locais. Devemos captar a difusão global da modernidade em termos de uma relação continuada entre o distanciamento e a mutabilidade crônica das circunstâncias e compromissos locais. Como cada um dos outros processos mencionados acima, a globalização tem que ser entendida como um fenômeno dialético, em que eventos em um pólo de uma relação muitas vezes produzem resultados divergentes ou mesmo contrários em outro. A *dialética do local e do global* é um dos principais argumentos empregados neste livro.

A globalização significa que, em relação às conseqüências de pelo menos alguns dos mecanismos de desencaixe, ninguém pode "eximir-se" das transformações provocadas pela modernidade: é assim, por exemplo, em relação aos riscos globais de uma guerra nuclear ou de uma catástrofe ecológica. Muitos outros aspectos das instituições modernas, inclusive os que operam em menor escala, afetam as pessoas que vivem em ambientes mais tradicionais, fora das partes mais "desenvolvidas" do mundo. Nesses setores desenvolvidos, contudo, a conexão entre local e global está ligada a um intenso conjunto de transformações na natureza da vida cotidiana.

Podemos entender essas transformações diretamente em termos do impacto dos mecanismos de desencaixe, que atuam desqualificando muitos aspectos das atividades cotidianas. Essa desqualificação *não* é simplesmente um processo em que especialistas técnicos se apropriam do conhecimento cotidiano (uma vez que muitas vezes há características imponderáveis ou ardentemente disputadas em seus campos de especialização); e nem é um processo unidirecional, porque a informação especializada, como parte da reflexividade da modernidade, é de uma forma ou de outra constantemente apropriada pelos leigos. Essas observações se aplicam aos escritos dos sociólogos tanto quanto aos de quaisquer outros especialistas: vimos que as descobertas de livros como *Segundas chances* voltam a infiltrar-se nas situações em que as pessoas tomam decisões sobre relações, casamento e divórcio. A confiança nos mecanismos de desencaixe não se limita aos leigos, porque ninguém consegue ser um especialista sobre mais que uma parte ínfima dos diversos aspectos da vida social moderna condicionada pelos sistemas abstratos. Todos os que vivem nas condições da modernidade são afetados por inúmeros sistemas abstratos, e podem na melhor das hipóteses processar apenas um conhecimento superficial de suas técnicas.

A consciência das fragilidades e limites dos sistemas abstratos não se limita aos especialistas técnicos. Poucos indivíduos mantêm uma confiança inabalável nos sistemas de conhecimento técnico que os afetam, e todos, consciente ou inconscientemente, escolhem entre as possibilidades concorrentes de ação que tais sistemas (ou o abandono deles) oferecem. A confiança muitas vezes se mistura à aceitação pragmática — é uma espécie de "barganha de esforços" que o indivíduo faz com as instituições da modernidade. Diversas atitudes de ceticismo ou antagonismo em relação aos sistemas abstratos podem coexistir com uma crença não-questionada nos outros. Por exemplo, uma pessoa pode chegar a extremos para evitar ingerir alimentos que contêm aditivos, mas se ela não cultivar tudo o que come, deverá necessariamente confiar que os fornecedores de "alimentos naturais" oferecem produtos superiores. Alguém pode se voltar para a medicina holística depois de uma decepção com a ortodoxia médica, mas é claro que isso não passa de uma transferência de fé. Alguém que sofre de uma doença pode desconfiar das afirmações de todas as formas de cura a ponto de evitar qualquer contato com médicos independente do progresso da doença. Mas mesmo uma pessoa que tenha efetivamente optado por uma separação radical como essa acharia virtualmente impossível escapar de todo do impacto dos sistemas de medicina e pesquisa médica, dado que eles influenciam muitos aspectos do "ambiente de conhecimento", assim como os elementos concretos da vida social cotidiana. Por exemplo, afetam a regulamentação da produção de alimentos — sejam eles "artificiais" ou "naturais".

A mediação da experiência

Virtualmente toda experiência humana é mediada — pela socialização e em particular pela aquisição da linguagem. A linguagem e a memória estão intrinsecamente ligadas, tanto ao nível da lembrança individual quanto ao da institucionalização da experiência coletiva.[8] Para a vida humana, a linguagem é o meio original e principal de distanciamento no tempo e no espaço, elevando a atividade humana além da imediatez da experiência dos animais.[9] A linguagem, como diz Lévi-Strauss, é uma máquina do tempo, que permite a reencenação das práticas sociais através das gerações, ao mesmo tempo em que torna possível a diferenciação de passado, presente e futuro.[10] A palavra falada é um meio, um traço, cuja evanescência no tempo e no espaço é compatível com a preservação do significado através de distâncias no tempo e no espaço por causa do domínio humano das características estruturais da linguagem. A oralidade e a tradição estão intimamente relacionadas. Como diz Walter Ong em seu estudo da fala e da escrita, as culturas orais "investem pesadamente no passado, registrando-o em suas instituições altamente conservadoras e em performances e processos poéticos orais, os quais seguem fórmulas relativamente invariáveis e calculadas para preservar o conhecimento duramente conquistado das experiências passadas que, como não há registro escrito, estariam condenadas a simplesmente desaparecer."[11]

Embora Lévi-Strauss e outros tenham explorado habilmente a relação entre a escrita e o surgimento de sistemas sociais dinâmicos "quentes", apenas Innis e, depois dele, McLuhan, teorizaram em detalhes o impacto da mídia sobre o desenvolvimento social, especialmente em relação ao surgimento da modernidade.[12] Os dois autores sublinham as conexões entre tipos dominantes de mídia e transformações espaço-temporais. A medida em que um meio serve para alterar as relações espaço-temporais não depende fundamentalmente do conteúdo ou das "mensagens" que carrega, mas de sua forma ou reprodutibilidade. Innis sugere, por exemplo, que a introdução do papiro para a inscrição da escrita estendeu o âmbito dos sistemas administrativos, porque era muito mais fácil de ser transportado, estocado e reproduzido que os materiais utilizados até então.

A modernidade é inseparável de sua "própria" mídia: os textos impressos e, em seguida, o sinal eletrônico. O desenvolvimento e expansão das instituições modernas está diretamente envolvido com o imenso aumento na mediação da experiência que essas formas de comunicação propiciaram. Quando os livros eram feitos a mão, a leitura era seqüencial: o livro tinha que passar de pessoa para pessoa. Os livros e textos das civilizações pré-modernas estavam substancialmente atrelados à transmissão da tradição, e eram quase sempre de caráter essencialmente "clássico". Materiais impressos atravessam o espaço tão facilmente quanto o tempo porque podem ser distribuídos para muitos leitores mais ou menos simultaneamente.[13] Apenas meio século depois do aparecimento da Bíblia de Gutenberg, centenas de casas impressoras se espalhavam pelas cidades da Europa. Hoje, a palavra impressa continua no centro da modernidade e de suas redes globais. Praticamente todas as línguas conhecidas da humanidade foram impressas, e mesmo naquelas sociedades em que os níveis de alfabetização são baixos os materiais impressos e a capacidade de produzi-los e interpretá-los são meios indispensáveis de coordenação administrativa e social. Calcula-se que, num nível global, a quantidade de materiais impressos dobra a cada quinze anos desde os dias de Gutenberg.[14]

A imprensa foi uma das principais influências no surgimento do Estado moderno e de outras instituições da modernidade, mas quando olhamos para as origens da alta modernidade o que é importante é o desenvolvimento cada vez mais entrelaçado da mídia impressa e da comunicação eletrônica. O surgimento de materiais impressos de circulação em massa é em geral considerado como parte de uma era anterior à das mensagens eletrônicas — particularmente por McLuhan, que as contrapôs radicalmente. Em termos da pura sucessão temporal, é verdade que o primeiro exemplo de material impresso em massa — o jornal — surgiu aproximadamente um século antes do advento da televisão. Mas é um equívoco ver o primeiro como uma mera fase prévia ao surgimento da segunda; desde muito cedo a comunicação eletrônica foi vital para o desenvolvimento da mídia impressa em massa. Embora a invenção do telégrafo seja um pouco posterior ao primeiro florescimento dos diários e periódicos, foi fundamental para o que hoje conhecemos como jornal e, em verdade, para o próprio conceito de "notícia". O telefone e o rádio expandiram ainda mais essa conexão.

Os antigos jornais (e várias outras revistas e periódicos) desempenharam um papel importante completando a separação entre espaço e lugar, mas esse processo só se tornou um fenômeno global por causa da integração da mídia impressa e eletrônica. Isso é facilmente demonstrado através do desenvolvimento do jornal moderno. Assim, Susan Brooker-Gross examinou as mudanças no alcance espaço-temporal dos jornais. Ela descobriu que as notícias típicas de um jornal norte-americano de meados do século XIX, antes da difusão do telégrafo, eram diferentes tanto das dos jornais do começo do mesmo século, quanto das produzidas depois. As notícias se referiam a fatos ocorrido em cidades distantes nos Estados Unidos, mas sem a imediatidade a que o leitor de hoje está acostumado.[15]

Antes do telégrafo, como mostra Brooke-Gross, as notícias descreviam eventos próximos e recentes; quanto mais distante um acontecimento, mais tarde ele aparecia. Notícias de longe tomavam a forma do que ela chama de "amontoado geográfico". Matérias da Europa, por exemplo, chegavam literalmente em pacotes nos navios, e eram apresentadas como chegavam: "um navio chegou de Londres, e estas são as notícias que ele trouxe". Em outras palavras, os canais de comunicação e as pressões das diferenças entre tempo e espaço moldavam diretamente a apresentação das páginas impressas. Depois da introdução do telégrafo e, em seguida, do telefone e de outros meios eletrônicos, o evento em si torna-se o fator determinante da inclusão, e não mais o lugar de sua ocorrência. A maioria dos veículos de notícias preservam algum sentido de "lugar privilegiado" em relação à sua própria posição — com algum viés para as notícias locais —, mas apenas contra o pano de fundo da predominância do evento.[16]

As imagens visuais que a televisão, o cinema e os vídeos apresentam sem dúvida criam texturas de experiência via mídia que não estão disponíveis na palavra impressa. No entanto, como os jornais, revistas, periódicos e outros tipos de matéria impressa, esses meios são tanto a expressão das tendências globalizantes, desencaixadoras, da modernidade, como instrumentos dessas tendências. Como modalidades de reorganização do tempo e do espaço, as semelhanças entre os meios impressos e os eletrônicos são mais importantes que suas diferenças na constituição das instituições modernas. E isso vale para as duas características básicas da experiência transmitida pela mídia nas condições da modernidade. Uma é o *efeito colagem*. Dado que o evento se tornou quase completamente dominante em relação ao lugar, a apresentação dos meios de comunicação toma a forma de justaposição de histórias e itens que nada têm em comum exceto serem "oportunos" e terem conseqüências. A página de jornal e o guia de programação da televisão são exemplos igualmente significativos do efeito colagem. O desaparecimento de narrativas e até, talvez, a separação dos signos em relação aos referentes, como querem alguns, marcam esse efeito?[17] Certamente não. Uma colagem não é, por definição, uma narrativa; mas a coexistência de itens diferentes nos meios de comunicação de massa não representa uma confusão caótica de signos. Antes, as "histórias" separadas que são exibidas lado a lado expressam ordenamentos típicos de conseqüencialidade de um ambiente espaço-temporal transformado, do qual a predominância do lugar praticamente se evaporou. Não se somam numa única narrativa, mas dependem de unidades de pensamento e de consciência, as quais de certa forma elas também expressam.

Uma segunda característica da experiência transmitida pela mídia nos tempos modernos é a *intrusão de eventos distantes na consciência cotidiana*, que é em boa parte organizada em termos da consciência que se tem deles. Muitos dos eventos relatados no noticiário, por exemplo, podem ser experimentados pelo indivíduo como exteriores e remotos; mas muitos também se infiltram na atividade diária. A familiaridade gerada pela experiência transmitida pela mídia pode talvez, com freqüência, produzir sensações de "inversão da realidade": o objeto ou evento real, quando encontrado, parece ter uma existência menos concreta que sua representação na mídia. Além disso, muitas experiências que podem ser raras na vida cotidiana (como o contato direto com a morte e os moribundos) são encontradas rotineiramente nas representações midiáticas; o enfrentamento dos fenômenos reais em si é psicologicamente problemático. Falarei mais desse fenômeno adiante. Em suma, nas condições da modernidade, os meios de comunicação não espelham realidades, mas em parte as formam. O que não deve nos levar à conclusão de que os meios de comunicação criam um reino autônomo de "hiper-realidade", onde o signo ou imagem é tudo.

Hoje é lugar-comum a afirmação de que a modernidade fragmenta e dissocia. Houve quem chegasse a supor que tal fragmentação marca a emergência de uma nova fase de desenvolvimento social além da modernidade — uma era pós-moderna. Mas as características unificadoras das instituições modernas são tão centrais para a modernidade — especialmente na fase da alta modernidade — quanto as desagregadoras. O "esvaziamento" do tempo e do espaço pôs em movimento processos que acabaram por estabelecer um "mundo" único onde antes não existia nenhum. Na maioria das culturas pré-modernas, inclusive na Europa medieval, o tempo e o espaço se misturavam com o reino dos deuses e espíritos, e também com o "privilégio do lugar".[18] Tomados em conjunto, os diversos modos de cultura e de consciência característicos dos "sistemas mundiais" pré-modernos formavam um cortejo genuinamente fragmentado de comunidades humanas. Por contraste, a modernidade tardia produz uma situação em que a humanidade em alguns aspectos se torna um "nós", enfrentando problemas e oportunidades onde não há "outros".

A alta modernidade e seus parâmetros existenciais

A alta modernidade é caracterizada pelo ceticismo generalizado juntamente à razão providencial, em conjunto com o reconhecimento de que a ciência e a tecnologia têm dois gumes, criando novos parâmetros de risco e perigo ao mesmo tempo em que oferecem possibilidades benéficas para a humanidade. Esse ceticismo não se limita aos escritos e meditações de filósofos e intelectuais: já vimos que a consciência dos parâmetros existenciais da reflexividade se torna parte da própria reflexividade num sentido muito amplo. Viver no "mundo" produzido pela alta modernidade dá a sensação de conduzir um *juggernaut*.[19*] Não só ocorrem processos de mudança mais ou menos profundos; a mudança não se adapta nem à expectativa nem ao controle humanos. A

---

* *Juggernaut*: carro de Jagrená, divindade hindu, sob cujas rodas muitos devotos se jogavam na certeza de que tal morte lhes traria a salvação. (N.T.)

percepção de que o ambiente social e natural estaria cada vez mais sujeito ao ordenamento racional não se verificou. A previsão da modernidade está envolvida diretamente com esse fenômeno. A crônica inclusão do conhecimento nas circunstâncias da ação que analisa ou descreve cria um conjunto de incertezas que se somam ao caráter circular e falível das pretensões pós-tradicionais ao saber.

A razão providencial — a idéia de que o aumento da compreensão secular da natureza das coisas intrinsecamente leva os seres humanos a uma existência mais segura e satisfatória — carrega resíduos de concepções do destino derivadas de eras pré-modernas. Noções de destino podem ter um tom sombrio, mas sempre implicam que o curso dos eventos é de alguma maneira predeterminado. Nas circunstâncias da modernidade, noções tradicionais de destino podem ainda existir, mas são em sua maioria inconsistentes com uma visão em que o risco se torna elemento fundamental. Aceitar o risco como risco, orientação que nos é mais ou menos imposta pelos sistemas abstratos da modernidade, é reconhecer que nenhum aspecto de nossas atividades segue um curso predestinado, e todos estão expostos a acontecimentos contingentes. Nesse sentido, é bem precisa a caracterização da modernidade, como faz Ulrich Beck, como uma "sociedade de risco",[20] expressão que se refere a algo mais que o simples fato de que a vida social moderna introduz novas formas de perigo que a humanidade terá que enfrentar. Viver na "sociedade de risco" significa viver com uma atitude calculista em relação às possibilidades de ação, positivas e negativas, com que somos continuamente confrontados, como indivíduos e globalmente em nossa existência social contemporânea.

Por causa de seu dinamismo reflexivamente mobilizado — embora intrinsecamente errático —, a atividade social moderna tem um caráter essencialmente contrafactual. Num universo social pós-tradicional, um âmbito indeterminado de cursos potenciais de ação (com seus riscos correspondentes) se abre a cada momento para os indivíduos e coletividades. Escolher entre tais alternativas é sempre uma questão "como se", uma questão de selecionar entre "mundos possíveis". A vida nas circunstâncias da modernidade é mais bem compreendida como um problema de contemplação rotineira de contrafactuais, e não implica uma simples troca de uma "orientação para o passado", característica das culturas tradicionais, por uma "orientação para o futuro".

Dada a extrema reflexividade da modernidade tardia, o futuro não consiste exatamente na expectativa de eventos ainda por vir. Os "futuros" são reflexivamente organizados no presente em termos do fluxo crônico do conhecimento nos ambientes sobre os quais tal conhecimento foi desenvolvido — o mesmíssimo processo que, de maneira aparentemente paradoxal, freqüentemente confunde as expectativas que o conhecimento gera. A popularidade da futurologia no sistema da alta modernidade não é uma preocupação excêntrica, equivalente contemporâneo da leitura da sorte de antigamente. Ela assinala um reconhecimento de que a consideração de possibilidades contrafactuais é intrínseca à reflexividade no contexto da estimativa e avaliação do risco. Em alguns aspectos, tal perspectiva há muito integra as instituições modernas. O seguro, por exemplo, há muito está ligado não só aos riscos envolvidos nos mercados capitalistas, mas aos futuros potenciais de ampla gama de atributos individuais e coletivos. O cálculo dos futuros por parte das companhias de seguros é ele mesmo um empreendimento arriscado, mas é possível limitar o risco a alguns aspectos-chave de modos não-disponíveis na maioria dos contextos práticos da ação. O cálculo do risco para as companhias de seguros é atuarial e essas companhias tipicamente tentam excluir aspectos ou formas de risco que não estão de acordo com o cálculo de probabilidades a partir de grandes amostras: ou seja, "atos de Deus".

A vida sempre foi um negócio arriscado, cercado de perigos. Por que seriam a estimativa do risco e uma tendência ao pensamento contrafactual significativos na vida social moderna, quando comparados aos sistemas pré-modernos? Podemos acrescentar a essa uma pergunta sobre a especialização: há algo de distintivo sobre a confiança e os sistemas abstratos na modernidade, dado que nas culturas pré-modernas as pessoas também consultavam especialistas e curandeiros sobre seus problemas? Em cada um desses aspectos, há de fato importantes diferenças entre a generalidade dos sistemas pré-modernos e as instituições da modernidade. Em relação à segunda pergunta, as diferenças dizem respeito ao grande alcance dos sistemas abstratos, em conjunto com a natureza da relação entre o conhecimento técnico e o leigo. Havia especialistas nas sociedades pré-modernas, mas poucos sistemas técnicos, particularmente nas sociedades menores; daí que era muitas vezes possível para os membros individuais dessas sociedades levar sua vida, se assim o quisessem, quase que exclusivamente em termos de seu próprio conhecimento local, ou do de seu grupo imediato de parentesco. Tal desengajamento não é possível nos tempos modernos. Em certos aspectos, isso é verdade, como já indiquei, para todos na face da Terra, mas especialmente para aqueles que vivem nas áreas geográficas centrais da modernidade.

A diferença nas conexões entre o conhecimento técnico e o conhecimento leigo, quando comparamos sistemas pré-modernos e modernos, diz respeito à acessibilidade das habilidades e informações especializadas para os atores. O conhecimento especializado nas culturas pré-modernas tende a depender de procedimentos e formas simbólicas que resistem à codificação explícita ou, quando tal conhecimento é codificado, não se torna disponível para os indivíduos porque a alfabetização é monopólio zelosamente guardado por poucos.

A preservação dos aspectos esotéricos do conhecimento especializado, particularmente onde esse elemento está separado das "artes e ofícios", é provavelmente a principal base do status diferenciado alcançado pelos especialistas. Os aspectos esotéricos da especialização nos sistemas modernos têm pouco ou nada a ver com sua inefabilidade, mas dependem de um longo treinamento — embora, sem dúvida, os especialistas (como os sociólogos) freqüentemente ergam uma barreira de jargão e ritual para proteger reivindicações de uma distinção técnica. A especialização é na realidade a chave para o caráter dos sistemas abstratos modernos. O conhecimento incorporado nas formas modernas de especialização está em princípio disponível para qualquer um, desde que tenha os recursos, tempo e energia para adquiri-lo. O fato de que ser especialista em um ou dois pequenos escaninhos dos sistemas abstratos modernos seja tudo o que alguém pode alcançar significa que os sistemas abstratos modernos são opacos para a maioria. Sua opacidade — o elemento subjacente na extensão da confiança no contexto dos mecanismos de desencaixe — provém da própria intensidade da especialização que os sistemas abstratos tanto demandam quanto alimentam.

A natureza especializada da capacidade moderna contribui diretamente para o caráter errático e descontrolado da modernidade. A especialização moderna, em contraste com a maioria das formas pré-modernas, é altamente mobilizada em termos reflexivos, e geralmente se orienta para o aperfeiçoamento e eficácia contínuos. Os empreendimentos especializados na resolução de problemas tendem freqüentemente a ser medidos por sua capacidade de definir questões com clareza ou precisão crescente (qualidades que por sua vez têm o efeito de produzir especialização adicional). Contudo, quanto mais um problema é colocado em foco, tanto mais as áreas circundantes de conhecimento se tornam embaçadas para os indivíduos que delas se ocupam, e tanto menos é provável que eles sejam capazes de antever as conseqüências de sua contribuição para além da esfera particular de sua aplicação. Embora a especialização seja organizada dentro de sistemas abstratos mais amplos, a própria perícia tem foco cada vez mais estreito, e tende a produzir resultados indesejados e não-previstos que não podem ser evitados — salvo pelo desenvolvimento de especialização adicional, repetindo assim o mesmo fenômeno.[21]

Essa combinação de conhecimento especializado e conseqüências excêntricas é uma das principais razões por que o pensamento contrafactual, junto com a centralidade do conceito de risco, é tão importante nas condições da modernidade. Em culturas pré-modernas, "pensar adiante" normalmente significa ou o uso indutivo da experiência acumulada, ou a consulta a adivinhos. As culturas têm que ser semeadas, por exemplo, antecipando as necessidades futuras e levando em consideração as mudanças de estação. Métodos tradicionalmente estabelecidos de cultivo, talvez acompanhados por conselhos mágicos especializados, seriam empregados para juntar a necessidade presente e os resultados futuros. Na vida social moderna, os indivíduos podem ser capazes de viver por longos períodos misturando hábitos estabelecidos com a consulta a especialistas específicos em "consertos gerais" e em contingências inesperadas. Os próprios especialistas — que, sublinho novamente, não são um grupo claramente distinguível na população — continuam a realizar seu trabalho técnico com uma concentração decidida numa área estreita, dando pouca atenção a conseqüências ou implicações mais amplas. Nessas circunstâncias, a estimativa de riscos está bastante bem "arraigada" entre os modos mais ou menos firmemente estabelecidos de ação. Mas a qualquer ponto essas práticas podem tornar-se repentinamente obsoletas ou estar sujeitas à mais completa transformação.

O conhecimento especializado não cria arenas indutivas estáveis; situações e eventos novos, intrinsecamente erráticos, são o resultado inevitável da extensão dos sistemas abstratos. Há ainda perigos constituídos fora das esferas reflexivamente infundidas da ação (por exemplo, terremotos ou desastres naturais), mas a maioria é filtrada, e em certa medida ativamente produzida, por aquelas esferas de ação. Muitas vezes pensamos nos riscos em termos de parâmetros de probabilidade que podem ser estimados com precisão, como as companhias de seguros fazem seus cálculos. Mas nas circunstâncias da modernidade tardia muitas formas de risco não admitem uma estimativa clara, devido ao ambiente de conhecimento em transformação que as emoldura; e até a estimativa de risco em situações relativamente fechadas muitas vezes só é válida "até segunda ordem".

Por que modernidade e identidade?

As transformações na auto-identidade e a globalização, como quero propor, são os dois pólos da dialética do local e do global nas condições da alta modernidade. Em outras palavras, mudanças em aspectos íntimos da vida pessoal estão diretamente ligadas ao estabelecimento de conexões sociais de grande amplitude. Não quero negar a existência de muitos tipos de conexões intermediárias — por exemplo entre localidades e organizações estatais. Mas o nível do distanciamento tempo-espaço introduzido pela alta modernidade é tão amplo que, pela primeira vez na história humana, "eu" e "sociedade" estão inter-relacionados num meio global.

Vários fatores, nas circunstâncias da alta modernidade, influenciam diretamente a relação entre auto-identidade e instituições modernas. Como foi sublinhado nas páginas precedentes, a modernidade introduz um dinamismo elementar nas coisas humanas, associado a mudanças nos mecanismos da confiança e nos ambientes de risco. Não penso que seja verdade que, como sugerem alguns, a era moderna seja uma era marcada por alta ansiedade em contraste com épocas anteriores. Ansiedades e inseguranças afetaram outras épocas além da nossa, e é provavelmente pouco justificável supor que a vida em culturas menores e mais tradicionais tenha um teor mais equilibrado que o de hoje. Mas o conteúdo e a forma das ansiedades predominantes certamente mudaram.

A reflexividade da modernidade se estende ao núcleo do eu. Posto de outra maneira, no contexto de uma ordem pós-tradicional, o eu se torna um *projeto reflexivo*. Transições nas vidas dos indivíduos sempre demandaram a reorganização psíquica, algo que era freqüentemente ritualizado nas culturas tradicionais na forma de *ritos de passagem*. Mas em tais culturas, nas quais as coisas permaneciam mais ou menos as mesmas no nível da coletividade, geração após geração a mudança de identidade era claramente indicada — como quando um indivíduo saía da adolescência para a vida adulta. Nos ambientes da modernidade, por contraste, o eu alterado tem que ser explorado e construído como parte de um processo reflexivo de conectar mudança pessoal e social. Essa é uma ênfase clara no estudo de Wallerstein e Blakeslee, e sua obra é não só um documento sobre esse processo, mas também uma contribuição constitutiva dele. O "novo sentido do eu" que, como elas dizem, um indivíduo tem que cultivar após o divórcio, é construído como parte de um processo de formas sociais pioneiras e inovadoras, como aquelas envolvidas na moderna família "de adoção". O processo de "retorno às primeiras experiências" que Wallerstein e Blakeslee analisam é precisamente parte de uma mobilização reflexiva da auto-identidade; não se limita às crises da vida, mas é uma característica geral da atividade social moderna em relação à organização psíquica.

Em tais circunstâncias, os sistemas abstratos passam a estar centralmente envolvidos não só na ordem institucional da modernidade mas também na formação e continuidade do eu. A primeira socialização das crianças, por exemplo, tende cada vez mais a depender do conselho e instrução de especialistas (pediatras e educadores), e não mais da iniciação direta de uma geração pela outra — e esse conselho e instrução por sua vez respondem reflexivamente à pesquisa em andamento. Como disciplinas acadêmicas, a sociologia e a psicologia estão assim envolvidas de maneira direta com a reflexividade do eu. E no entanto a conexão mais distintiva entre os sistemas abstratos e o eu deve ser encontrada no surgimento de modos de terapia e orientação de todos os tipos. Um modo de interpretar o desenvolvimento da terapia é da maneira puramente negativa, como resposta aos efeitos debilitantes das instituições modernas sobre a auto-experiência e as emoções. A modernidade, pode-se dizer, rompe o referencial protetor da pequena comunidade e da tradição, substituindo-as por organizações muito maiores e impessoais. O indivíduo se sente privado e só num mundo em que lhe falta o apoio psicológico e o sentido de segurança oferecidos em ambientes mais tradicionais. A terapia oferece alguém para quem podemos nos voltar, uma versão secular do confessionário.

Não quero dizer que esse ponto de vista deve ser posto inteiramente de lado, uma vez que sem dúvida contém elementos válidos. Mas há boas razões para supor que ele é substancialmente inadequado. A auto-identidade se torna problemática na modernidade de uma maneira que contrasta com as relações eu-sociedade em contextos mais tradicionais; mas essa não é apenas uma situação de perda, e tampouco implica que os níveis de ansiedade aumentem necessariamente. A terapia não é simplesmente um meio de lidar com novas ansiedades, mas uma expressão da reflexividade do eu — um fenômeno que, ao nível do indivíduo, como as instituições maiores da modernidade, equilibra oportunidade e catástrofe potencial em medidas iguais.

Essa observação será ampliada nos capítulos que seguem. Mas antes de expandi-la é preciso enfrentar certos problemas gerais relacionados ao eu e à auto-identidade. Essas considerações formam um pano de fundo conceitual para o estudo como um todo.

2. O eu: segurança ontológica e ansiedade existencial

Uma apresentação da auto-identidade deve ser desenvolvida dentro do quadro geral da constituição psicológica do indivíduo. Em escritos anteriores, sugeri que tal quadro deve tomar a forma de um "modelo estratificado".[1] Começamos com a premissa de que ser humano é saber, quase sempre, em termos de uma descrição ou outra, tanto o que se está fazendo como por que se está fazendo. A lógica desse ponto de vista foi bem explorada nas perspectivas da fenomenologia existencial e da filosofia de Wittgenstein. As convenções sociais produzidas e reproduzidas em nossas atividades diárias são reflexivamente monitoradas pelo agente como parte do "seguir em frente" nas diversas situações de nossas vidas. A consciência reflexiva nesse sentido é característica de toda ação humana, e é a condição específica daquela reflexividade institucional maciçamente desenvolvida, referida no capítulo anterior como componente intrínseco da modernidade. Todos os homens monitoram continuamente as circunstâncias de suas atividades como parte do fazer o que fazem, e esse monitoramento sempre tem características discursivas. Em outras palavras, se questionados, os agentes são normalmente capazes de fazer interpretações discursivas da natureza e das razões do seu comportamento.

A competência desses agentes, porém, não se limita à consciência discursiva em relação às condições de sua ação. Muitos dos elementos da habilidade de ser capaz de "seguir em frente" são levados ao nível da consciência prática, incorporada à continuidade das atividades cotidianas. Ela é parte integrante do monitoramento reflexivo da ação, embora seja "não-consciente", ao invés de inconsciente. A maioria das formas da consciência prática não poderia ser "tida em mente" no decorrer das atividades sociais, pois suas qualidades tácitas ou supostas constituem a condição essencial que permite que os atores se concentrem nas tarefas pela frente. Mas não há barreiras cognitivas que separem as consciências discursiva e prática, como na divisão genérica entre a consciência e o inconsciente. Modos inconscientes de cognição e de controle emocional, por definição, resistem especificamente a se tornarem conscientes, e aí aparecem apenas de maneira distorcida ou transposta.

Segurança ontológica e confiança

A consciência prática é a âncora cognitiva e emocional da sensação de *segurança ontológica* característica de amplos segmentos da atividade humana em todas as culturas. A noção de segurança ontológica liga-se intimamente ao caráter tácito da consciência prática — ou, em termos fenomenológicos, ao "pôr entre parênteses" suposto pela "atitude natural" na vida cotidiana. Do outro lado do que poderiam parecer aspectos bem triviais da ação e do discurso cotidianos, o caos espreita. E esse caos não é só a desorganização, é também a perda do sentido da realidade mesma das coisas e das outras pessoas. Os "experimentos" de Garfinkel com a linguagem ordinária se aproximam aqui muito da reflexão filosófica sobre as características elementares da existência humana.[2] Responder à mais simples questão cotidiana, ou reagir à observação mais corriqueira, demanda pôr entre parênteses uma gama potencialmente quase infinita de possibilidades abertas ao indivíduo. O que torna uma resposta "apropriada" ou "aceitável" precisa de um referencial compartilhado — não-demonstrado e indemonstrável — da realidade. Uma sensação da realidade compartilhada das pessoas e das coisas é ao mesmo tempo forte e frágil. Sua solidez é visível no alto nível de confiabilidade dos contextos da interação social diária, produzidos e reproduzidos por agentes leigos. Os experimentos de Garfinkel contrariavam convenções tão firmemente estabelecidas que as reações daqueles expostos a eles eram dramáticas e imediatas.

Essas reações eram de desorientação cognitiva e emocional. A fragilidade da atitude natural é evidente a quem quer que estude as normas rígidas do trabalho de Garfinkel. O que acontece é um mergulho na ansiedade que as convenções comuns da vida cotidiana mantêm sob controle com sucesso. A atitude natural põe entre parênteses perguntas sobre nós mesmos, sobre os outros e sobre o mundo dos objetos que devem ser dadas como respondidas para que se possa enfrentar a atividade cotidiana. Respostas a essas perguntas, se fossem formuladas de maneira abrupta, são mais radicalmente incertas que o sentido em que o conhecimento como um todo "carece de fundamento"; ou, melhor, as dificuldades inerentes a resolvê-las são uma parte fundamental de por que formas presumivelmente "demonstráveis" de conhecimento não podem ter uma base completamente segura. Para vivermos nossas vidas, normalmente confiamos que certas questões, como séculos de investigação filosófica descobriram, desaparecem diante do olhar cético. Essas questões incluem aquelas apropriadamente chamadas de existenciais, sejam elas postas no nível da análise filosófica ou no nível prático por indivíduos que atravessam um período de crise psicológica. São questões de tempo, espaço, continuidade e identidade. Na atitude natural, os atores assumem certos parâmetros existenciais de sua atividade que são sustentados, mas não fundamentados, pelas convenções interacionais que observam. Existencialmente, elas supõem uma aceitação tácita das categorias de duração e de extensão, junto com a identidade dos objetos, das outras pessoas e — particularmente importante para este estudo — do eu.

Investigar tais questões ao nível da discussão filosófica abstrata é, obviamente, muito diferente de "vivê-las". O caos que espreita do outro lado das convenções cotidianas ordinárias pode ser concebido psicologicamente como *horror* no sentido de Kierkegaard: a perspectiva de ser ultrapassado por ansiedades que atingem a raiz própria de nossa sensação de "estar no mundo". A consciência prática, junto com as rotinas diárias reproduzidas por ela, ajudam a pôr entre parênteses essas ansiedades não só, nem mesmo principalmente, por causa da estabilidade que implicam, mas por seu papel constitutivo na organização de um ambiente de "faz de conta" em relação às questões existenciais. Oferecem modos de orientação que, ao nível da prática, "respondem" às perguntas que poderiam ser feitas sobre os referenciais da existência. É de grande importância para a análise que se segue que os aspectos que fundamentam essas "respostas" sejam emocionais e não apenas cognitivos. Até que ponto diferentes situações culturais permitem que se alcance uma "fé" na coerência da vida cotidiana pela provisão de interpretações simbólicas das questões existenciais é, como veremos adiante, muito importante. Mas quadros cognitivos de significado não geram essa fé sem um nível correspondente de comprometimento emocional subjacente — cujas origens, devo ressaltar, são inconscientes. Confiança, esperança e coragem são relevantes para esse comprometimento.

Como essa fé é alcançada em termos de desenvolvimento psicológico do homem? O que cria um sentido de segurança ontológica que transportará o indivíduo pelas transições, crises e circunstâncias de alto risco? A confiança no fundeamento existencial da realidade num sentido emocional, e de certa forma também no cognitivo, se funda na crença na confiabilidade das pessoas, adquirida nas primeiras experiências da criança. O que Erik Erikson, ecoando D.W. Winnicott, chama de "confiança básica" constitui o nexo original de onde emerge uma orientação emotivo-cognitiva combinada em relação aos outros, ao mundo dos objetos e à auto-identidade.[3] A experiência da confiança básica é o núcleo daquela "esperança" específica de que fala Ernest Bloch, e está na origem do que Tillich chama de "a coragem de ser". Desenvolvida através da atenção amorosa das primeiras pessoas a cuidarem da criança, a confiança básica liga de maneira decisiva a auto-identidade à apreciação dos outros. A relação mútua com os primeiros responsáveis que a confiança básica supõe é uma sociabilidade substancialmente inconsciente que precede um "eu" e um "mim", e é uma base prévia de qualquer diferenciação entre os dois.

A confiança básica se liga de maneira essencial à organização interpessoal do tempo e do espaço. Uma consciência da identidade separada das figuras paterna e materna se origina da aceitação da *ausência*: a "fé" em que aquele que cuida vai voltar, mesmo que ele ou ela não mais esteja na presença da criança. A confiança básica é forjada através do que Winnicott chama de "espaço potencial" (de fato um fenômeno do tempo-espaço) que relaciona, embora estabelecendo uma distância, a criança e aquele que cuida dela. O espaço potencial é criado como o meio pelo qual a criança faz o movimento da onipotência à percepção do princípio de realidade. "Realidade" aqui, porém, não deve ser entendida simplesmente como um mundo-objeto dado, mas como um conjunto de experiências constitutivamente organizado pela relação mútua entre a criança e os que cuidam dela.

Desde os primeiros dias de vida, o hábito e a rotina desempenham um papel fundamental na construção de relações no espaço potencial entre a criança e os que cuidam dela. Conexões centrais são estabelecidas entre a rotina, a reprodução de convenções coordenadoras e os sentimentos de segurança ontológica nas atividades posteriores do indivíduo. A partir dessas conexões podemos ver por que aspectos aparentemente sem importância das rotinas diárias são investidos da significação emocional revelada pelos "experimentos" de Garfinkel. Mas, ao mesmo tempo, as rotinas diárias expressam ambivalências profundas implicadas por seu envolvimento precoce com a disciplina. Atividades de rotina, como Wittgenstein deixou claro, nunca são realizadas de maneira automática. Em relação ao controle do corpo e do discurso, o ator deve manter vigilância constante a fim de "ir em frente" na vida social. A manutenção de hábitos e rotinas é um baluarte crucial contra as ansiedades ameaçadoras, mas por isso mesmo é um fenômeno intrinsecamente cheio de tensões.

A criança, como diz Winnicott, está "o tempo todo à beira de uma ansiedade impensável". A criança pequena não é um "ser", mas um "ser sendo", que deve ser "chamado à existência" pelo ambiente educativo criado por quem cuida dela.[4] A disciplina da rotina ajuda a constituir um "referencial" para a existência, cultivando um sentido de "ser", e sua separação do "não-ser", que é um elemento da segurança ontológica. Inclui orientações em relação a aspectos do mundo dos objetos que carregam resíduos simbólicos para a vida posterior do indivíduo. "Objetos de transição", na terminologia de Winnicott, atravessam o espaço potencial entre a criança e os que cuidam dela. Esses primeiros objetos "não-eu", como as rotinas com que estão quase sempre conectados, são tanto defesas contra a ansiedade quanto ligações com a experiência emergente de um mundo estabilizado de objetos e pessoas. Objetos de transição são anteriores ao "teste da realidade" no sentido de Freud, uma vez que são parte dos meios concretos pelos quais a criança passa do controle onipotente para o controle por meio da manipulação.

A confiança que a criança, em circunstâncias normais, investe nos que cuidam dela — argumento — pode ser vista como uma espécie de *inoculação emocional* contra ansiedades existenciais — uma proteção contra ameaças e perigos futuros que permite que o indivíduo mantenha a esperança e a coragem diante de quaisquer circunstâncias debilitantes que venha a encontrar mais tarde. A confiança básica é um dispositivo de triagem em relação a riscos e perigos que cercam a ação e a interação. É o principal suporte emocional de uma carapaça defensiva ou *casulo protetor* que todos os indivíduos normais carregam como meio de prosseguir com os assuntos cotidianos.

A manutenção da vida, nos sentidos corporal e da saúde psicológica, está inerentemente sujeita ao risco. O fato de o comportamento dos homens ser tão fortemente influenciado pela experiência transmitida pela mídia, juntamente com as capacidades de cálculo que os agentes possuem, significa que cada indivíduo poderia (em princípio) ser esmagado por ansiedades sobre os riscos implícitos nos afazeres da vida. Esse sentido de "invulnerabilidade", que bloqueia as possibilidades negativas em favor de uma atitude generalizada de esperança, deriva da confiança básica. O casulo protetor é essencialmente um sentido de "irrealidade", mais que uma firme convicção de segurança: é um parêntese, no nível da prática, em eventos possíveis que poderiam ameaçar a integridade corporal ou psicológica do agente. A barreira protetora pode ser rompida, temporária ou permanentemente, por acontecimentos que demonstrem a realidade das contingências negativas que fazem parte de todo risco. Qual motorista de automóvel, ao passar pela cena de um sério acidente de trânsito, já não viveu a experiência de dirigir mais lentamente — por alguns quilômetros? Esse é um exemplo que demonstra — não num universo contrafactual de possibilidades abstratas, mas de maneira tangível e vívida — os riscos de dirigir, e portanto serve para compor temporariamente o casulo protetor. Mas o sentimento de invulnerabilidade relativa logo volta e o motorista tende a acelerar outra vez.

Dar destaque à interdependência das rotinas assumidas e à segurança ontológica não significa que a sensação de que "as coisas são benéficas" derive da adesão cega ao hábito. Ao contrário, um compromisso cego com as rotinas estabelecidas, venha o que vier, é sinal de compulsão neurótica. É uma compulsão que tem sua origem no fracasso da criança — por qualquer razão — em abrir o espaço potencial de maneira a gerar a confiança básica. É uma compulsão nascida da ansiedade não-dominada, carente da esperança específica que cria envolvimentos sociais sobre e além dos padrões estabelecidos. Se a rotina é um elemento central da autonomia do indivíduo em desenvolvimento, segue-se que o domínio prático de como "ir em frente" nos contextos da vida social não é inimigo da criatividade, mas a supõe e é suposto por ela. O caso paradigmático é a aquisição e o uso da linguagem, mas o que se aplica ao domínio discursivo também se aplica a formas anteriores de aprendizado ou experiência.

A criatividade, que significa a capacidade de agir ou pensar de maneira inovadora em relação aos modos de atividade preestabelecidos, está ligada de perto à confiança básica. A própria confiança, por sua natureza, é em certo sentido criativa, porque envolve um compromisso que é um "salto no escuro", um oferecer-se como refém para o acaso, o que implica estar-se preparado para abraçar novas experiências. Entretanto, confiar é também (consciente ou inconscientemente) enfrentar a possibilidade da perda: no caso da confiança básica da criança, a possível perda da ajuda da figura que cuida dela. O medo da perda gera esforço; as relações que sustentam a confiança básica são "trabalhadas" emocionalmente pela criança juntamente com o aprendizado do "trabalho cognitivo", que deve ser aplicado até mesmo na mais repetitiva encenação de convenção.

Um envolvimento criativo com os outros e com o mundo-objeto é quase certamente um componente fundamental da satisfação psicológica e da descoberta de um "sentido moral". Não precisamos recorrer a uma antropologia filosófica misteriosa para vermos que a experiência da criatividade *como* fenômeno rotineiro é um apoio básico do sentido de dignidade pessoal e portanto da saúde psicológica. Onde os indivíduos não podem viver criativamente, seja por causa da repetição compulsiva das rotinas, seja porque foram incapazes de atribuir plena "solidez" a pessoas ou objetos à sua volta, provavelmente resultarão tendências melancólicas ou esquizofrênicas crônicas. Winnicott assinala que um "ambiente esperável médio" na vida inicial da criança é condição necessária para o progresso desse envolvimento criativo. A criança necessita passar por uma fase de "loucura" que, nas palavras de Winnicott, "lhe permite ser louca da maneira particular que se concede às crianças", e que "só será considerada loucura propriamente se tornar a aparecer anos mais tarde". A "loucura" da criança é sua criatividade, no estágio em que as primeiras rotinas são adquiridas e estão abrindo o espaço potencial entre a criança e os que cuidam dela. A criança "cria um objeto, mas o objeto não teria sido criado como tal se já não estivesse lá".[5]

O estabelecimento da confiança básica é a condição da elaboração tanto da auto-identidade quanto da identidade de outras pessoas e objetos. O espaço potencial entre a criança e os que cuidam dela fornece os meios de repudiar o outro objeto como "não-eu". Partindo da fase em que está misturada com o principal agente responsável, a criança se separa desse agente, ao mesmo tempo em que este reduz o grau de atenção constante dado ao atendimento das necessidades da criança. O espaço potencial que permite que um "não-eu" precoce (e inconsciente) surja da separação é semelhante ao estágio de separação atingido em algum ponto na psicoterapia adulta. Como nas primeiras ligações infantis, uma ruptura que não é realizada pela confiança e pela confiabilidade pode produzir conseqüências traumáticas. Em pacientes crianças e adultos, a confiança é um modo de lidar com as ausências de tempo e espaço implicadas na abertura do espaço potencial. Embora de modo mais consciente, também o paciente, como a criança, se deixa levar no processo de alcançar a autonomia, e a separação também é tolerada pelo analista.

Ansiedade e organização social

Afirmei na seção anterior que as rotinas adquiridas, e as formas de domínio associadas a elas, no início da vida, são mais que simples modos de ajuste ao mundo preexistente de pessoas e objetos. São constitutivos de uma aceitação emocional da realidade do "mundo exterior" sem a qual uma existência segura é impossível. Tal aceitação é ao mesmo tempo a origem da auto-identidade pelo aprendizado do que é o não-eu. Embora essa posição dê ênfase aos aspectos emocionais dos primeiros encontros com a realidade, é perfeitamente compatível com a visão da natureza da realidade exterior oferecida por Wittgenstein. A filosofia de Wittgenstein é muitas vezes empurrada numa direção relativista por seus intérpretes, mas parece claro que ele não era um relativista. Existe um mundo universalmente experimentado da realidade exterior, mas ele não é diretamente refletido nos componentes significativos das convenções nas quais os atores organizam seu comportamento. O significado não é construído pelas descrições da realidade exterior, nem consiste em códigos semióticos ordenados independentemente de nossos encontros com essa realidade. Antes, "o que não pode ser posto em palavras" — os intercâmbios com pessoas e objetos ao nível da prática diária — constitui a condição necessária do que pode ser dito e dos significados envolvidos na consciência prática.

Saber o sentido das palavras é assim ser capaz de usá-las como parte integrante da rotina da encenação da vida cotidiana. Chegamos a conhecer a realidade não a partir da percepção dela como ela é, mas como resultado das diferenças constituídas na prática diária. Chegar a saber o significado da palavra "mesa" é saber para que uma mesa é usada, o que implica também saber como o uso da mesa difere daquele do de outros objetos funcionais, como uma cadeira ou um banco. Significados supõem conjuntos de diferenças, mas essas são diferenças aceitas como parte da realidade, e não só diferenças entre significantes no sentido estruturalista.

Antes da aquisição da linguagem, as diferenças que serão mais tarde elaboradas em significados lingüísticos são estabelecidas no espaço potencial introduzido entre a criança e os que cuidam dela. A realidade não é apenas o aqui e agora, o contexto da percepção sensorial imediata, mas a identidade e a mudança do que está *ausente* — longe da vista no momento ou, de fato, nunca encontrado, mas simplesmente aceito como estando "lá". Aprender sobre a realidade exterior, portanto, é também uma questão de experiência mediada. Embora a maioria das texturas mais ricas de tal experiência dependam de detalhes lingüísticos diferenciados, uma aprensão das qualidades da realidade exterior começa muito antes. Aprender as características de pessoas e objetos ausentes — aceitar o mundo real enquanto real — depende da segurança emocional fornecida pela confiança básica. As sensações de irrealidade que podem assombrar as vidas dos indivíduos, em cuja primeira infância a confiança básica foi mal desenvolvida, podem assumir muitas formas. Eles talvez sintam que o mundo-objeto, ou as outras pessoas, tem apenas uma existência de sombras, ou sejam incapazes de manter um claro sentido de continuidade da auto-identidade.

A ansiedade deve ser entendida em relação ao sistema total de segurança que o indivíduo desenvolve, mais do que como um fenômeno situacionalmente específico ligado a riscos e perigos particulares. A ansiedade, praticamente todos os estudiosos do tema concordam, deve ser distinguida do medo. O medo é uma resposta a uma ameaça específica e, portanto, tem um objeto definido. Segundo Freud, a ansiedade, ao contrário do medo, "ignora o objeto" — em outras palavras, a ansiedade é um estado geral das emoções do indivíduo. Até que ponto a ansiedade será sentida em uma determinada situação, Freud chega a dizer, depende em grande medida do "conhecimento e sensação de poder da pessoa em relação ao mundo exterior".[6] Uma situação de "prontidão ansiosa" é diferente da ansiedade como tal, porque é uma condição fisiológica e funcional da expectativa do organismo diante de uma fonte de ameaça. A preparação para a ação, por assim dizer, é o que provoca uma resposta apropriada ao perigo; a própria ansiedade é passiva e tende a paralisar ações relevantes em vez de gerá-las.[7]

Assim como a ansiedade é difusa, ela também é flutuante: não tendo um objeto especial, pode ser colada a itens, traços ou situações que têm uma relação oblíqua (embora inconscientemente precisa) com o que originalmente a provocou. Os escritos de Freud contêm muitos exemplos de pessoas que exibem fixações ou obsessões de vários tipos, mas afora isso parecem relativamente livres de sensações de ansiedade. A ansiedade é substitutiva: o sintoma a substitui, e ela é "engolida" pelo padrão rígido de comportamento adotado. O padrão não deixa de ser cheio de tensão, porque uma onda de ansiedade ocorre quando a pessoa é incapaz de exibir o comportamento em questão, ou é impedida de fazê-lo. Formações substitutas têm duas vantagens em relação ao manejo da ansiedade: evitam a experiência direta do conflito psíquico derivado da ambivalência, e bloqueiam o desenvolvimento ulterior da ansiedade a partir de sua fonte primária. A ansiedade, parece razoável concluir, não deriva de repressão inconsciente; ao contrário, a repressão é gerada pela ansiedade, como também o são os sintomas de comportamento associados a ela. A ansiedade é essencialmente o medo que perdeu seu objeto pelas tensões emocionais inconscientemente formadas que expressam "perigos internos" e não ameaças externalizadas. Devemos entendê-la essencialmente como um estado de medo inconscientemente organizado. Sensações de ansiedade podem até certo ponto ser experimentadas conscientemente, mas uma pessoa que diz "sinto-me ansiosa" está também consciente daquilo *em relação ao que* está ansiosa. Essa situação é especificamente diferente do caráter "flutuante" da ansiedade ao nível do inconsciente.

Todos os indivíduos desenvolvem um referencial de segurança ontológica de alguma espécie, baseado em vários tipos de rotinas. As pessoas lidam com perigos, e os medos associados a eles, em termos das "fórmulas" emocionais e comportamentais que passaram a fazer parte de seu comportamento e pensamento cotidianos. A ansiedade também difere do medo na medida em que diz respeito (inconscientemente) a ameaças percebidas à integridade do sistema de segurança do indivíduo. A análise da ansiedade desenvolvida por Harry Stack Sullivan, mais do que a de Freud, é muito útil aqui.[8] Sullivan destaca que a necessidade de uma sensação de segurança surge muito cedo na vida da criança, e é "muito mais importante no ser humano do que os impulsos resultantes das sensações de fome ou sede".[9]

Como Winnicott e Erikson, Sullivan sublinha que a sensação precoce de segurança da criança vem da criação que recebeu daqueles que cuidavam dela — que ele interpreta em termos da sensibilidade da criança à aprovação ou desaprovação paternos ou maternos. A ansiedade é sentida — real ou imaginariamente — como desaprovação por parte daquele ou daquela que cuida da criança muito antes do desenvolvimento de respostas conscientemente formadas à desaprovação do outro. A ansiedade é sentida como uma experiência "cósmica" relacionada às reações dos outros e à auto-estima que surge. Ela ataca o núcleo do eu quando o sistema básico de segurança é constituído, e é por isso que é tão difícil para o indivíduo objetivá-la. A ansiedade que surge tende a ameaçar a consciência da auto-identidade, uma vez que a consciência do eu em relação às características constitutivas do mundo-objeto se obscurece. E é apenas em termos do sistema básico de segurança que o indivíduo tem a experiência do eu em relação a um mundo de pessoas e objetos organizado cognitivamente pela confiança básica.

A distinção entre ansiedade e medo, ou apreensão, que tem um objeto externamente constituído, tem sido freqüentemente associada a uma distinção adicional entre a ansiedade normal e a neurótica.[10] Mas esta última diferenciação parece desnecessária se reconhecermos que a ansiedade depende fundamentalmente de operações inconscientes. Toda ansiedade é tanto normal quanto neurótica — normal porque os mecanismos do sistema básico de segurança sempre envolvem elementos geradores de ansiedade, e neurótica no sentido em que a ansiedade "não tem objeto", no emprego que Freud faz dessa expressão. Até que ponto a ansiedade tem um efeito mutilador na personalidade, ou se expressa, por exemplo, em comportamento compulsivo ou fóbico, varia conforme o desenvolvimento psicossocial do indivíduo, mas essas características não são função de tipos diferentes de ansiedade. Antes dizem respeito ao nível de ansiedade e à natureza das repressões a que ela se liga.

A ansiedade tem suas sementes no medo da separação da primeira pessoa que cuidou da criança (normalmente a mãe), um fenômeno que para ela ameaça o próprio centro do eu que surge e a segurança ontológica em geral. O medo da perda — o lado negativo da confiança desenvolvido pelas ausências espaço-temporais das figuras materna e paterna — é uma característica que permeia o primeiro sistema de segurança. É por sua vez associado com a hostilidade, gerada pela sensação de abandono — a antítese dos sentimentos de amor que, combinados com a confiança, geram a esperança e a coragem. As hostilidades provocadas pela ansiedade na criança podem ser mais facilmente entendidas como reações à dor do desamparo. A menos que limitadas e canalizadas, tais hostilidades podem dar lugar a uma espiral de ansiedades, especialmente quando a expressão de raiva da criança produz uma hostilidade reativa da parte das figuras paterna ou materna.[11]

Identificação e projeção são os principais meios através dos quais possíveis espirais de ansiedade e hostilidade são evitadas. A identificação é parcial e contextual — assumir traços ou padrões de comportamento do outro que são relevantes para a resolução ou diminuição dos padrões geradores de ansiedade. É sempre cheia de tensão, porque é parcial, porque estão envolvidos mecanismos de projeção, e porque é fundamentalmente uma reação defensiva à ansiedade potencial. A ansiedade estimulada pela ausência de quem cuida da criança, relação espaço-temporal que é o palco de desenvolvimento da confiança básica, é o primeiro impulso para a identificação, e é também o começo dos processos de aprendizado cognitivo através dos quais são captadas certas características do mundo-objeto. Tornar-se "parte do outro" constrói uma compreensão gradual da ausência e de que "o outro" *é* uma pessoa separada.

Como a ansiedade, a confiança e as rotinas cotidianas estão de tal modo ligadas entre si, que podemos facilmente entender os rituais da vida diária como um mecanismo de enfrentamento. Essa afirmação não significa que tais rituais devam ser interpretados em termos funcionais, como meios de redução da ansiedade (e, portanto, de integração social), mas que eles estão ligados ao modo como a ansiedade é socialmente manejada. A observação de uma "indiferença civil" entre estranhos que se cruzam na rua, tão brilhantemente analisada por Goffman, serve para sustentar as atitudes de confiança generalizada de que depende a interação em espaços públicos.[12] Esse é um dos elementos de como a modernidade "se faz" na interação diária — como podemos ver comparando o fenômeno a atitudes típicas em contextos pré-modernos.

A indiferença civil representa um contrato implícito de reconhecimento e proteção mútuos entre participantes dos espaços públicos da vida social moderna. Uma pessoa ao passar por outra na rua demonstra, com um lance de olhos, que o outro é digno de respeito, e então, fixando o olhar, que ele ou ela não é uma ameaça para o outro; e a outra pessoa faz o mesmo. Em muitos contextos tradicionais, onde os limites entre aqueles que são "conhecidos" e os que são "forasteiros" é nítido, as pessoas não têm rituais de indiferença civil. Elas podem ou evitar inteiramente o olhar do outro, ou encarar de uma maneira que pareceria rude ou ameaçadora numa situação social moderna.

Os rituais de confiança e comportamento na vida cotidiana, discutidos por Goffman, são muito mais do que maneiras de proteger nossa própria auto-estima e a dos outros (ou, quando usados de maneira particular, de atacar ou abalar essa auto-estima). Na medida em que dizem respeito à substância básica da interação cotidiana — pelo controle dos gestos do corpo, do rosto e do olhar, e do uso da linguagem — tocam nos aspectos mais básicos da segurança ontológica.

Questões existenciais

Ser ontologicamente seguro é ter, no nível do inconsciente e da consciência prática, "respostas" para questões existenciais fundamentais que toda vida humana de certa maneira coloca. Em certo sentido, a ansiedade vem com a liberdade, como diz Kierkegaard; esta não é uma característica do indivíduo, mas deriva da aquisição de um entendimento ontológico da realidade exterior e da identidade pessoal. A autonomia que os homens adquirem deriva de sua capacidade de expandir o âmbito da experiência mediada: ter familiaridade com propriedades de objetos e eventos fora das situações imediatas de envolvimento sensorial. Com isso em mente, podemos reinterpretar a descrição da ansiedade de Kierkegaard como "a possibilidade da liberdade".[13] Como fenômeno geral, a ansiedade deriva da capacidade — e, de fato, necessidade — do indivíduo de pensar para a frente, de antecipar possibilidades futuras em relação à ação presente. Mas de uma maneira mais profunda, a ansiedade (ou sua possibilidade) vem da própria "fé" na existência independente de pessoas e objetos em que a segurança ontológica implica.

A principal questão existencial a que a criança "responde" no curso de seu primeiro desenvolvimento diz respeito à *própria existência*: a descoberta de um referencial ontológico de "realidade exterior". Quando Kierkegaard analisa a ansiedade — ou horror elementar — como "a luta do ser contra o não-ser", aponta diretamente para essa questão. "Ser", para o indivíduo, é ter consciência ontológica.[14] Que não é o mesmo que a consciência da auto-identidade, por mais intimamente que as duas possam estar ligadas na experiência de desenvolvimento da criança. A "luta do ser contra o não-ser" é a tarefa perpétua do indivíduo, não apenas "aceitar" a realidade, mas criar pontos ontológicos de referência como parte integrante do "seguir em frente" nos contextos da vida cotidiana. A existência é um modo de estar-no-mundo no sentido de Kierkegaard. Ao "fazer" a vida cotidiana, todos os seres humanos "respondem" a questão do ser — e o fazem pela natureza das atividades a que se dedicam. Como em relação a outras questões existenciais que serão mencionadas adiante, tais "respostas" estão fundamentalmente localizadas no nível do comportamento.

Em contextos pré-modernos, a tradição tem um papel-chave na articulação dos referenciais ontológicos e de ação; a tradição oferece um meio de organizar a vida social especialmente ligado a preceitos ontológicos. Em primeiro lugar, a tradição ordena o tempo de uma maneira que restringe a abertura de futuros contrafactuais. As pessoas em todas as culturas, incluindo as mais decididamente tradicionais, distinguem o futuro, o presente e o passado, e pesam os cursos de ação alternativos em termos de considerações de futuros prováveis. Mas, como vimos no capítulo anterior, onde os modos tradicionais de prática são dominantes, o passado insere uma banda larga de "prática autenticada" no futuro. O tempo não está vazio, e um "modo de ser" consistente relaciona o futuro ao passado. Além disso, a tradição cria uma sensação de firmeza das coisas que normalmente mistura elementos cognitivos e morais. O mundo é como é porque é como deve ser. É claro que em muitas culturas tradicionais, e em praticamente todos os sistemas religiosos racionalizados, se encontram concepções ontológicas explícitas — embora possam estar em tensão considerável com a realização das próprias práticas tradicionais.

Um segundo tipo de questão existencial diz respeito não tanto à natureza do ser quanto às relações entre o mundo exterior e a *vida humana*. Aqui há também um aspecto temporal fundamental, na forma do finito humano em contraste com o infinito temporal ou o "eterno". Todas as pessoas vivem em circunstâncias do que em outro lugar chamei de *contradição existencial*: somos do mundo inanimado, mas nos voltamos contra ele, como seres autoconscientes de nosso caráter finito. Como diz Heidegger, *Dasein* é um ser que não só vive e morre, mas está consciente do horizonte de sua própria mortalidade. Essa é a "consciência existencial do não-ser" de que fala Tillich, "a consciência de que o não-ser é parte de nosso próprio ser".[15] Quando vista num sentido puramente biológico, a morte é relativamente não-problemática — a cessação das funções fisiológicas do organismo. Kierkegaard observa que, em contraste com a morte biológica, a "morte subjetiva" é uma "incerteza absoluta" — alguma coisa da qual não podemos ter uma compreensão intrínseca. O problema existencial é como abordar a morte subjetiva: "é que o indivíduo vivo está absolutamente excluído da possibilidade de abordar a morte em qualquer sentido, pois não pode aproximar-se o suficiente experimentalmente sem sacrificar-se comicamente no altar de seu próprio experimento, e como não pode experimentalmente dominar o experimento, não aprende nada com ele".[16]

Na teoria psicanalítica, o horizonte existencial da finitude não tem um lugar de destaque nas origens da ansiedade — ou, melhor, o inconsciente não pode conceber sua própria morte, não pela razão dada por Kierkegaard, mas porque o inconsciente não tem sentido de tempo. A ansiedade em relação à morte na teoria de Freud vem primeiro do medo da perda dos outros, e está assim ligada ao controle precoce da ausência. A discrepância entre essas duas interpretações, porém, é mais aparente que real. Pois se não podemos entender a "morte subjetiva", então a morte não é nada além da transição do ser para o não-ser; e o medo do não-ser se torna uma das principais ansiedades da criança em desenvolvimento. Ameaças ao ser da criança no primeiro caso são sentimentos ou pressentimentos de perda — a percepção de que a constância das pessoas e objetos está envolvida com as relações estáveis fornecidas pelos agentes que cuidam da criança. A perda possível deles fornece o referencial inicial a partir do qual surgem os medos da morte e da doença relativamente ao eu. Pode ser verdade que, ao nível do inconsciente, a pessoa não possa conceber sua morte. Como diz Freud, inconscientemente todos nós pensamos em sobreviver como espectadores de nossa própria morte. Mas a consciência da finitude, que os homens desenvolvem com crescente domínio cognitivo das categorias temporais, está associada com ansiedades de uma espécie absolutamente fundamental.

Aceitar a centralidade existencial da consciência da morte para os indivíduos não requer endossar a filosofia da "autenticidade" que Kierkegaard e Heidegger construíram sobre ela. Para Heidegger, a morte é a "possibilidade mais recôndita" do *Dasein*, uma possibilidade que, revelando-se como uma necessidade, torna "a vida autêntica" uma opção. A finitude é o que nos permite discernir o significado moral em eventos de outra maneira transitórios, o que seria negado a um indivíduo sem horizontes finitos. O "chamado da consciência" que a consciência da finitude traz estimula os homens a perceberem sua "essência temporal como seres-para-a-morte". O que Heidegger chama de "resolução" é a urgência que se faz sentida como a necessidade de lançar-nos no que a vida tem para oferecer antes que o tempo — para o indivíduo — "se esgote".[17] Essa visão não é oferecida por Heidegger como uma filosofia moral, mas como uma descrição das realidades da experiência humana. Mas é seguramente uma posição difícil de sustentar numa base transcendental. É acima de tudo uma visão dirigida a uma civilização afligida pelo que Kierkegaard chama de "doença até morrer" — que, segundo ele, é a inclinação a aceitar que, a morte é de fato o fim.[18] Embora as ansiedades sobre a finitude, derivadas do desenvolvimento psicológico do indivíduo, sejam universais, as representações culturais da morte não o são. As cosmologias religiosas podem atuar sobre essas ansiedades desenvolvendo concepções do além-vida, ou ciclos de renascimento. Mas elas nem sempre cultivam significados morais destacando principalmente a transitoriedade da existência do indivíduo.

Uma terceira categoria de questão existencial diz respeito à existência de *outras pessoas*. Nenhum tema foi tão explorado na primeira literatura da fenomenologia, mas temos que ser cuidadosos em evitar os erros filosóficos dessa literatura. Husserl se baseou no racionalismo cartesiano em sua formulação do conhecimento interpessoal. Segundo essa posição, embora o indivíduo possa perceber o corpo de outra pessoa, não pode perceber esse indivíduo enquanto sujeito. "Eu conheço minha própria alma melhor que meu próprio corpo", escreveu Descartes. Mas só posso conhecer o corpo do outro, continuou, pois não tenho acesso à consciência dessa pessoa.[19] Segundo Husserl, estamos cientes dos sentimentos e experiências do outro apenas na base de inferências empáticas a partir dos nossos. Como é sabido, a inadequação dessa visão provou-se uma das dificuldades intratáveis de sua filosofia. Uma filosofia transcendental do ego acaba num solipsismo irremediável.

A dificuldade é evitada na posição do último Wittgenstein, assim como nas versões mais refinadas da fenomenologia existencial. A autoconsciência não tem primazia sobre a consciência dos outros, pelo fato de a linguagem — que é intrinsecamente pública — ser o meio de acesso a ambas. A intersubjetividade não deriva da subjetividade, mas o contrário. Como estender-nos nessa visão em termos de desenvolvimento, porém, dado que as primeiras experiências da criança são anteriores à aquisição da linguagem? E em que sentido é a existência dos outros um problema existencial, se rompemos com a posição de Husserl? As respostas seguem-se aos argumentos já desenvolvidos nas páginas precedentes. Aprender as qualidades dos outros se liga de maneira imediata com as primeiras explorações do mundo-objeto e com os primeiros movimentos do que mais tarde serão os sentimentos estabelecidos da auto-identidade. O indivíduo não é um ser que de repente encontra outros; "a descoberta do outro", de modo cognitivo-emocional, é de importância-chave no desenvolvimento inicial da autoconsciência como tal. A aquisição subseqüente da linguagem não seria possível se esses processos iniciais de desenvolvimento já não estivessem preparados.

O "problema do outro" não é uma questão de como o indivíduo faz a transferência da certeza de suas próprias experiências íntimas para a outra pessoa, impossível de conhecer. Antes diz respeito às conexões inerentes que existem entre aprender as características das outras pessoas e os outros eixos principais da segurança ontológica. A confiança nos outros, no início da vida da criança e, de maneira crônica, nas atividades do adulto, está na origem da experiência de um mundo exterior estável e de um sentido coerente de auto-identidade. É a "fé" na confiabilidade e na integridade dos outros que está em jogo aqui. A confiança nos outros começa no contexto da fé individual — fé nas figuras que cuidam da criança. Mas tanto precede uma consciência dessas figuras enquanto "pessoas" quanto constitui mais tarde um componente generalizado da natureza intersubjetiva da vida social. Confiança, relações interpessoais e uma convicção da "realidade" das coisas andam de mãos dadas nos ambientes sociais da vida adulta. As respostas do outro são necessárias na sustentação de um mundo "que é observável" e "que responde", e no entanto não há como confiar em termos absolutos. A reprodução social se desdobra sem a determinação causal característica do mundo físico, mas como uma característica de sempre depender do uso competente da convenção. O mundo social, afinal, não deve ser entendido como uma multiplicidade de situações em que "ego" enfrenta "alter", mas como um mundo em que cada pessoa está igualmente implicada no processo ativo de organizar uma interação social previsível. A ordem da vida diária é uma ocorrência miraculosa, mas não deriva de qualquer intervenção externa; ela é produto de uma realização contínua da parte de atores cotidianos de maneira inteiramente rotineira. A ordem é sólida e constante; mas o mais leve olhar de uma pessoa a outra, a inflexão da voz, a mudança da expressão facial ou de gestos do corpo podem ameaçá-la.

Um quarto tipo de questão existencial é a *auto-identidade*. Mas o que é exatamente a auto-identidade? Como o eu é um fenômeno um tanto amorfo, a auto-identidade não pode referir-se meramente à sua persistência no tempo, à maneira como os filósofos poderiam falar da "identidade" dos objetos ou coisas.[20] A "identidade" do eu, ao contrário do eu como fenômeno genérico, pressupõe uma consciência relativa. É aquilo "de que" o indivíduo está consciente no termo "autoconsciência". A auto-identidade, em outras palavras, não é algo simplesmente apresentado, como resultado das continuidades do sistema de ação do indivíduo, mas algo que deve ser criado e sustentado rotineiramente nas atividades reflexivas do indivíduo.

Uma característica discursiva básica da auto-identidade é a diferenciação lingüística entre "eu/mim/você" (ou seus equivalentes). Não podemos nos satisfazer, porém, com a formulação de G.H. Mead da dupla "eu/mim" em relação à auto-identidade. Na teoria de Mead, o "mim" é a identidade — uma identidade social — de que o "eu" se torna consciente no curso do desenvolvimento psicológico da criança. O "eu" é, como se fosse, o desejo ativo, primitivo, do indivíduo, que assume o "mim" como reflexo dos laços sociais. Podemos concordar com Mead que a criança começa a desenvolver um eu como resposta ao contexto social de sua primeira experiência. Mas a relação "eu/mim" (e "eu/mim/você") é interna à linguagem, e não liga a parte não-socializada do indivíduo (o eu) ao "eu social". "Eu" é um comutador lingüístico, que toma seu significado das redes de termos através dos quais um sistema discursivo da subjetividade é adquirido. A capacidade de usar "eu" e outros termos associados de subjetividade é uma condição para o surgimento da autoconsciência, mas não a define enquanto tal.

A auto-identidade não é um traço distintivo, ou mesmo uma pluralidade de traços, possuído pelo indivíduo. É *o eu compreendido reflexivamente pela pessoa em termos de sua biografia*. A identidade ainda supõe a continuidade no tempo e no espaço: mas a auto-identidade é essa continuidade reflexivamente interpretada pelo agente. Isso inclui o componente cognitivo da pessoidade [*personhood*]. Ser uma "pessoa" não é apenas ser um ator reflexivo, mas ter o conceito de uma pessoa (enquanto aplicável ao eu e aos outros). O que se entende por "pessoa" certamente varia nas diferentes culturas, embora haja elementos dessa noção que são comuns a todas elas. A capacidade de usar "eu" em contextos diferentes, característica de toda cultura conhecida, é o traço mais fundamental das concepções reflexivas da pessoidade.

A melhor maneira de analisar a auto-identidade na generalidade dos casos é por contraste com os indivíduos cujo sentido do eu está fraturado ou desativado. Laing faz uma discussão importante desse ponto.[21] Ele observa que o indivíduo ontologicamente inseguro tende a exibir uma ou mais das características seguintes. Em primeiro lugar, pode carecer de um sentimento consistente de continuidade biográfica. Um indivíduo pode deixar de atingir uma concepção duradoura de estar vivo. Cita um personagem de Kafka que diz: "Nunca houve um tempo em que eu estivesse convencido, dentro de mim mesmo, de que estou vivo."[22] A descontinuidade na experiência temporal é muitas vezes a característica básica de tal sentimento. O tempo pode ser entendido como uma série de momentos descontínuos separando as experiências prévias das subseqüentes de tal maneira que nenhuma "narrativa" contínua possa ser sustentada. A ansiedade sobre a obliteração, de ser engolfado, esmagado ou sufocado por elementos externos, é freqüentemente o correlato de tais sentimentos. Em segundo lugar, num ambiente exterior cheio de mudanças, a pessoa está obsessivamente preocupada com o medo dos riscos possíveis para sua existência, e paralisada em termos de ação prática. O indivíduo experimenta o que Laing chama de "morte íntima", derivada de uma incapacidade de bloquear perigos iminentes — uma incapacidade de manter o casulo protetor de que eu falava antes. Pessoas engolfadas por tais ansiedades podem procurar "misturar-se com o ambiente" a fim de escapar de serem os alvos dos perigos que as assombram. Em terceiro lugar, a pessoa deixa de desenvolver ou de sustentar a confiança em sua auto-integridade. O indivíduo se sente moralmente "vazio" porque carece do "aconchego de uma auto-apreciação amorosa".[23] Com freqüência, e paradoxalmente, o ator submete seu comportamento e seus pensamentos à interrogação constante. O auto-escrutínio dessa forma é obsessivo; seu resultado enquanto experiência é, como nos outros casos, uma sensação de que a espontaneidade viva do eu se tornou uma coisa morta, sem vida.

Um sentido normal de auto-identidade é o inverso dessas características. Uma pessoa com um sentido razoavelmente estável de auto-identidade tem uma sensação de continuidade biográfica que é capaz de captar reflexivamente e, em maior ou menor grau, comunicar a outras pessoas. Pelas primeiras relações de confiança, essa pessoa também estabeleceu um casulo protetor que "filtra", na condução prática da vida diária, muitos dos perigos que em princípio ameaçam a integridade do eu. Finalmente, o indivíduo é capaz de aceitar essa integridade como positiva. Há suficiente auto-apreciação para sustentar um sentido do eu como "vivo" — dentro do âmbito do controle reflexivo — em vez de ter a qualidade inerte das coisas no mundo-objeto.

A questão existencial da auto-identidade está mesclada com a natureza frágil da biografia que o indivíduo "fornece" de si mesmo. A identidade de uma pessoa não se encontra no comportamento nem — por mais importante que seja — nas reações dos outros, mas na capacidade *de manter em andamento uma narrativa particular*. A biografia do indivíduo, para que ele mantenha uma interação regular com os outros no cotidiano, não pode ser inteiramente fictícia. Deve integrar continuamente eventos que ocorrem no mundo exterior, e classificá-los na "estória" em andamento sobre o eu. Como diz Charles Taylor, "A fim de ter um sentido de quem somos, precisamos ter uma noção de como nos transformamos e para onde vamos".[24] Há certamente um aspecto inconsciente nessa "obra" crônica, talvez basicamente organizada pelos sonhos. Sonhar pode bem representar uma seleção e um descarte inconsciente de memórias, que acontece ao final de cada dia.[25]

Questões existenciais dizem respeito a parâmetros básicos da vida humana, e são "respondidas" por quem quer que "siga em frente" nos contextos da atividade social. Elas supõem os seguintes elementos ontológicos e epistemológicos:

Existência e ser: a natureza da existência, a identidade dos objetos e dos eventos.

Finitude e vida humana: a contradição existencial por meio da qual os seres humanos são parte da natureza, mas postos à parte como criaturas que sentem e refletem.

A experiência dos outros: como os indivíduos interpretam os traços e ações de outros indivíduos.

A continuidade da auto-identidade: a persistência de sentimentos de pessoidade num eu e num corpo contínuos.

Quadro 2. *Questões existenciais*

Uma sensação estável de auto-identidade pressupõe os outros elementos da segurança ontológica — uma aceitação da realidade das coisas e dos outros — mas não é diretamente derivável deles. Como as outras dimensões existenciais da segurança ontológica, a sensação de auto-identidade é simultaneamente sólida e frágil. Frágil porque a biografia que o indivíduo reflexivamente tem em mente é só uma "estória" entre muitas outras estórias potenciais que poderiam ser contadas sobre seu desenvolvimento como eu; sólida porque um sentido de auto-identidade muitas vezes é mantido com segurança suficiente para passar ao largo das principais tensões e transições nos ambientes sociais em que a pessoa se move.

Como em relação às outras arenas existenciais, o "conteúdo" da auto-identidade — os traços de que se constroem as biografias — varia social e culturalmente. Em alguns aspectos, isso é bastante óbvio. O nome de uma pessoa, por exemplo, é um elemento primário em sua biografia; práticas sociais de nomear, o quanto os nomes exprimem relações de parentesco, se os nomes são ou não mudados em certos estágios da vida — todas essas coisas diferem entre as culturas. Mas há outras diferenças mais sutis, e de maior importância. As biografias reflexivas variam de maneira muito semelhante à variação das estórias — em termos, por exemplo, de forma e estilo. Como argumentarei adiante, essa questão é de fundamental importância na avaliação dos mecanismos da auto-identidade nas condições da modernidade.

Corpo e eu

O eu, é claro, é encarnado. A consciência dos contornos e das propriedades do corpo está na própria origem das explorações originais do mundo pelas quais a criança aprende as características dos objetos e dos outros. Uma criança não aprende que "tem" um corpo, porque a autoconsciência surge através da diferenciação corporal e não ao contrário. Outra vez Wittgenstein tem muito a nos ensinar sobre a relação entre corpo e eu. A criança aprende sobre seu corpo principalmente em termos de seus encontros práticos com o mundo-objeto e com outras pessoas. A realidade é captada pela práxis do dia-a-dia. O corpo, assim, não é simplesmente uma "entidade", mas é experimentado como um modo prático de enfrentar situações e eventos exteriores (também destacado por Merleau-Ponty). Expressões faciais e outros gestos fornecem o conteúdo fundamental dessa contextualidade que é a condição da comunicação cotidiana. Aprender a tornar-se um agente competente — capaz de se juntar aos outros em bases iguais na produção e reprodução de relações sociais — é ser capaz de exercer um monitoramento contínuo e bem-sucedido da face e do corpo. O controle corporal é um aspecto central do que "não podemos dizer com palavras" porque é o referencial necessário para o que podemos dizer (ou podemos dizer de maneira significativa).

As obras de Goffman e Garfinkel representam de muitas maneiras uma exploração empírica dos temas que Wittgenstein levantou num nível filosófico. Mostram quão cerrado, completo e interminável é o controle que se espera que o indivíduo mantenha sobre o corpo em todas as situações de interação social. Ser um agente competente, além disso, significa não só manter tal controle contínuo, mas ser percebido pelos outros quando o faz. Um agente competente é rotineiramente visto como tal pelos outros agentes. Ele ou ela deve evitar lapsos de controle corporal, ou sinalizar para os outros, por gestos ou exclamações, que não há nada de "errado" se tais lapsos ocorrerem.[26]

O controle rotineiro do corpo é crucial para a manutenção do casulo protetor do indivíduo em situações de interação cotidiana. Em situações ordinárias, a pessoa mantém uma orientação corporal mostrando o que Goffman chama de "controle fácil".[27] A experiência e a habilidade corporal são características influentes e relevantes do que um indivíduo sente como perigos pertinentes e, portanto, trata como alarmantes. Como Goffman observa de maneira sucinta, "quase qualquer atividade que o indivíduo realiza agora com facilidade foi, em algum momento, algo que requeria dele séria mobilização de esforço. Caminhar, atravessar uma rua, pronunciar uma frase completa, usar calças compridas, amarrar nossos próprios sapatos, somar uma coluna de números — todas essas rotinas que permitem ao indivíduo uma performance competente, não refletida, foram atingidas por um processo de aquisição cujos primeiros estágios foram negociados em meio a suores frios".[28] A tranqüilidade de uma pessoa em qualquer situação supõe longa experiência no enfrentamento das ameaças e oportunidades que essa situação apresenta. Os atores adquirem um "tempo curto de reação" — um breve intervalo necessário para sentir o alarme e reagir de maneira apropriada. O manejo do próprio corpo, porém, deve ser tão completo e constante que todos os indivíduos estão vulneráveis a momentos de tensão quando a competência se rompe — e o referencial da segurança ontológica é ameaçado.

A questão do corpo na teoria social recente está particularmente associada ao nome de Foucault. Ele analisou o corpo em relação a mecanismos de poder, concentrando-se particularmente no surgimento do "poder disciplinar" nas circunstâncias da modernidade. O corpo se torna o foco do poder e esse poder, em vez de tentar "marcá-lo" externamente, como em tempos pré-modernos, o submete à disciplina interna do autocontrole. Como retratado por Foucault, os mecanismos disciplinares produzem "corpos dóceis".[29] Mas por mais importante que seja a interpretação que faz da disciplina, sua visão do corpo deixa muito a desejar. Ele não consegue analisar a relação entre o corpo e a agência pois para todos os propósitos e intenções ele os torna equivalentes. Essencialmente, corpo mais poder é igual a agência. Mas essa idéia não basta, e parece pouco refinada quando comparada ao ponto de vista desenvolvido anteriormente por Merleau-Ponty, e contemporaneamente por Goffman. A disciplina corporal é intrínseca ao agente social competente; é transcultural mais do que especificamente ligada à modernidade; e é uma característica contínua da conduta na *durée* da vida diária. E o mais importante, o controle rotineiro do corpo é parte integrante da natureza mesma tanto da agência quanto de ser aceito pelos outros como competente.

Essa dupla significação do corpo em relação à agência pode explicar o caráter aparentemente universal da diferenciação eu/mim. O controle regular do corpo é um meio fundamental através do qual se mantém uma biografia da auto-identidade; e, no entanto, ao mesmo tempo o eu está quase sempre "em exibição" para os outros em termos de sua corporificação. A necessidade de manejar esses dois aspectos do corpo simultaneamente, que se origina nas primeiras experiências da criança, é a principal razão por que uma sensação de integridade corporal — de que o eu está seguro "no" corpo — está tão intimamente ligada à apreciação regular dos outros. O que Goffman chama de "aparências normais" são parte dos conteúdos rotineiros da interação. Aparências normais são os maneirismos corporais (monitorados de perto) por meio dos quais o indivíduo reproduz ativamente o casulo protetor em situações de "normalidade". "Uma aparência normal significa que é seguro continuar com a atividade corrente com atenção apenas periférica à avaliação da estabilidade do ambiente."[30] É a manifestação corporal do processo de "pôr entre parênteses" descrito acima. Como todos os aspectos da interação na vida cotidiana, as aparências normais devem ser manejadas com imenso cuidado, muito embora a aparente falta de tal cuidado seja precisamente um traço-chave delas.

Até que ponto as aparências normais podem ser levadas de maneira consistente com a narrativa biográfica do indivíduo é de importância vital para o sentimento de segurança ontológica. Todos os homens, em todas as culturas, preservam uma separação entre suas auto-identidades e as "performances" que fazem em contextos sociais específicos. Mas em certas circunstâncias o indivíduo pode vir a sentir que todo o fluxo de suas atividades é artificial ou falso. Uma rotina estabelecida, por uma ou outra razão, se torna inválida. Por exemplo, um marido pode esconder de sua mulher o fato de que está tendo um caso e planeja divorciar-se dela. Rotinas ordinárias se tornam então performances falsas, rotinas encenadas em relação às quais a pessoa se sente distante — o indivíduo deve continuar com as aparências ordinárias agindo como se nada tivesse acontecido. O que é habitualmente estruturado como consciência prática passa a ser inventado, e talvez inconscientemente problemático. Desempenhar o papel do bom marido com efeito representa uma persona falsa, mas que não compromete seriamente a própria auto-imagem do indivíduo.

Onde a dissociação for mais extrema e menos contextual, porém, é provável que resulte um deslocamento mais severo. Uma pessoa sente que está constantemente encenando a maioria das rotinas ou todas elas em vez de segui-las por razões válidas. Se Laing estiver correto, tal situação caracteristicamente levará a um eu "sem corpo". A maioria das pessoas sente-se absorvida em seus corpos, e se percebe como corpo e eu unificados. Uma discrepância radical demais entre as rotinas aceitas e a narrativa biográfica do indivíduo cria o que Laing (seguindo Winnicott) chama de falso eu — onde o corpo aparece como um objeto ou um instrumento manipulado pelo eu por trás do pano. A separação do corpo — ou talvez uma mistura completa de corpo e eu — na forma de êxtase espiritual, é um ideal comum das religiões do mundo, e aí aparece numa luz positiva. Mas quando essa dissociação acontece como uma característica não desejada da personalidade, expressa ansiedades existenciais que interferem diretamente com a auto-identidade.

A pessoa "sem corpo" pode não se sentir envolvida no desejo corporal, e experimentar o perigo como se fosse uma ameaça a outra pessoa. Ele ou ela pode de fato ser capaz de enfrentar ataques ao bem-estar do corpo com mais facilidade que um indivíduo comum, mas ao preço de intensas ansiedades de outros tipos. A narrativa da auto-identidade em tais casos é tecida de uma maneira que permite que o indivíduo testemunhe as atividades de seu corpo com distanciamento neutro, com cinismo, ódio ou irônico deleite, dependendo do caso. Kierkegaard escreveu sobre esse fenômeno, falando do "fechamento" do eu ao corpo; as ações do indivíduo são como que por controle remoto.[31] A "falta de corpo" tem ligações com a inversão da realidade mencionada no capítulo anterior. Prisioneiros em campos de concentração nazistas durante a última guerra, submetidos a terríveis pressões físicas e psicológicas, experimentaram estados de dissociação entre corpo e eu. Para eles, sentir-se "fora" do corpo — uma condição descrita como "sendo um sonho", "irreal" ou "como um personagem numa peça" — parece ter sido um fenômeno funcional, permitindo um distanciamento das privações físicas que o corpo sofria.[32] Sensações de irrealidade da parte de indivíduos esquizóides freqüentemente têm forma semelhante, e talvez envolvam mesmo mecanismos de defesa paralelos. "Ficar sem corpo" é uma tentativa de transcender os perigos e ficar em segurança.

A "falta de corpo" em versões menores é um traço característico de perturbações da segurança ontológica experimentados por qualquer um em situações tensas da vida cotidiana. A divisão é uma reação temporária a um perigo que passa, não uma dissociação crônica. Não é extravagante perceber uma grande proximidade entre Winnicott, Laing e Lacan neste ponto. Pois se a hipótese da fase do espelho for válida, a percepção do corpo como separado —

no imaginário — é central para a formação da auto-identidade numa fase particular do desenvolvimento da criança. Uma narrativa da auto-identidade não pode começar até que essa fase seja transcendida; ou, mais precisamente, o surgimento de uma tal narrativa é o meio de sua transcendência. Contra esse pano de fundo, não é surpreendente que, em situações de tensão, sensações de separação do corpo sejam comuns. O indivíduo entra num estado esquizóide temporário, e se sente distante do que o corpo está fazendo ou do que ele está sofrendo.

A imagem especular e o eu podem se tornar efetivamente invertidos em personalidades esquizóides mais pronunciadas e semipermanentes. A experiência da agência é afastada do corpo e ligada a um mundo de fantasia da narrativa biográfica, separada da intersecção do imaginário com o princípio de realidade da qual depende a atividade social ordinária. A auto-identidade não está mais integrada com as rotinas cotidianas em que a pessoa está envolvida. O indivíduo pode de fato sentir-se invisível para os outros, pois o corpo em ação deixa de ser o "veículo do eu". Freud observa que as crianças freqüentemente brincam de ser invisíveis, e que a brincadeira pode ter lugar na frente do espelho. A criança descobre um método de desaparecer — abaixando-se ou afastando-se para fora da vista de seu próprio reflexo. A brincadeira toca em profundas ansiedades. O medo de ser invisível está ligado às primeiras relações com as figuras paterna e materna — e especialmente ao medo de que a mãe ausente possa não voltar. A exploração da criança sobre seu próprio desaparecimento está próxima da dificuldade de perceber que o pai ou mãe ausente não "foi embora para sempre".[33]

Sensações de invisibilidade tendem a se tornar crônicas se a ameaça do desaparecimento do pai ou da mãe se ligar a defesas contra estar inteiramente "lá", de corpo inteiro. Vemos aqui outra vez a importância central do fato de que, no desenvolvimento psicológico "normal", o corpo é muito mais que um instrumento para transmitir sentimentos menores aos outros. O eu nunca deve ser visto por inteiro nas superfícies do corpo ou em seus gestos; mas se ele não fosse de todo visível, os sentimentos ordinários de ter um corpo — de estar "com" e "no" fluxo da conduta cotidiana — se deslocariam ou dissolveriam.

Laing identifica quatro características da patologia de tal persona do falso eu:

1. O sistema do falso eu se torna mais e mais envolvente e difuso.
2. Torna-se mais autônomo em relação às rotinas corporais.
3. Torna-se "atormentado" por fragmentos de comportamento compulsivo.
4. As ações do corpo se tornam mais e mais "mortas, irreais, falsas, mecânicas".[34]

A sensação de distanciamento mais ou menos completo das rotinas cotidianas aparece numa descrição de Laing sobre o caso de um jovem esquizofrênico. Esse indivíduo passou a sentir que os pensamentos de seu "cérebro", como o expressava, não eram realmente seus. Ele se sentia "encenando" todas as suas reações às convenções da vida social cotidiana, em relação às quais sentia seu corpo ou como máquina e "em ponto morto", ou tomado de compulsão incontrolável. Por exemplo, sua mulher lhe servia uma xícara de chá, e em resposta ele sorria e murmurava um agradecimento. Mas era imediatamente tomado por náuseas: sua mulher tinha agido mecanicamente, e ele reagira em termos da mesma "mecânica social" (sua expressão).

"Seguir em frente" nos contextos da vida social cotidiana envolve trabalho constante e ininterrupto da parte de todos os participantes na interação social. Para os indivíduos comuns, muito desse trabalho passa desapercebido, tão profundamente enraizado está na consciência prática em termos de controle corporal e expressão facial. Mas para a pessoa esquizóide ou esquizofrênica, que não pode manter tal aceitação não-refletida da integridade corporal, o esforço de manter as aparências pode se tornar um peso insuportável — ele ou ela pode, por fim, ser incapaz de prosseguir e retirar-se quase que por completo para uma vida interior de fantasia.

É claro que o corpo não é apenas um meio localizado de ação. É um organismo físico que deve ser cuidado por seu possuidor; é sexuado; e é uma fonte de prazer e de dor. Um aspecto fundamental da condição humana é que os seres humanos não podem tomar conta de si mesmos nos primeiros anos de vida. As rotinas de cuidados são parte elementar das circunstâncias da confiança na vida da criança; os adultos responsáveis são também os provedores. Modos de prover comida e outras necessidades orgânicas básicas podem ser mais bem vistas como *regimes* — a criança aprende cedo que a comida não vem quando reclama, mas periodicamente. Os regimes são sempre, em parte, uma questão de influência e gosto individuais: até o recém-nascido condiciona as respostas dos adultos, às vezes de maneira substancial. Mas os regimes são também social e culturalmente organizados. Até que ponto os regimes alimentares, para o adulto, são padronizados e regulados de perto, ou abertos às inclinações individuais, depende da natureza da cultura. O mesmo se aplica aos regimes sexuais, seja em relação ao comportamento da criança ou ao do adulto. A roupa é um outro tipo de regime. Em todas as culturas, a roupa é muito mais que um simples meio de proteção do corpo — é manifestamente um meio de exibição simbólica, um modo de dar forma exterior às narrativas da auto-identidade.

Os regimes diferem das rotinas ordinárias de "ir em frente". Todas as rotinas sociais envolvem o controle contínuo do corpo, mas regimes são práticas aprendidas que envolvem o controle estrito sobre as necessidades orgânicas. Com a exceção parcial da roupa, os regimes são impostos pelo caráter fisiológico do organismo, independente das conotações simbólicas que possam adquirir. Os regimes se centram na satisfação/privação, e portanto são o foco de energias motivacionais — começando, como Freud deixou claro, com os primeiros ajustes inconscientes ao princípio de realidade. Os tipos de regimes que os indivíduos constroem como hábitos de comportamento, portanto, permanecem como elementos condicionantes da conduta, e são entrelaçados em padrões motivacionais duradouros. Regimes são maneiras de autodisciplina, mas não são constituídos apenas pelos ordenamentos das convenções do cotidiano; são hábitos pessoais, organizados em parte segundo as convenções sociais, mas também formados pelas inclinações e disposições pessoais.

Os regimes têm importância central para a auto-identidade precisamente porque ligam os hábitos a aspectos visíveis da aparência do corpo. Hábitos de comer são exibições rituais em si mesmos, mas também afetam a forma do corpo, talvez indicando alguma coisa sobre a origem do indivíduo e sobre uma certa auto-imagem que ele ou ela cultiva. Regimes alimentares também têm suas patologias, e se ligam a vários tipos persistentes de acentuações positivas da disciplina corporal. O ascetismo, envolvendo jejum e outras formas de privação corporal, é comumente ligado à busca de valores religiosos, como a adesão a certas espécies de regimes corporais em geral. Num nível mais pessoal, a autoprivação de recursos físicos é uma característica freqüente de distúrbios psicológicos em todas as formas de sociedade — como seu contrário, a auto-indulgência. O mesmo pode ser dito dos regimes sexuais. O celibato é uma forma de negação do corpo positivamente avaliada em algumas ordens religiosas, mas também pode ser uma expressão de dificuldades da personalidade, como as obsessões sexuais de diferentes espécies. Regimes de auto-enfeite são também ligados a dinâmicas centrais da personalidade. A roupa é um meio de auto-exibição, mas também se relaciona diretamente à ocultação/revelação a respeito das biografias pessoais — liga as convenções a aspectos básicos da identidade.

Como deveríamos pensar o corpo em relação às suas características sexuais? Nada é mais claro do que o fato de que o gênero é uma questão de aprendizado e "trabalho" contínuos, em vez de ser uma simples extensão de diferenças propostas biologicamente. Em relação a esse aspecto do corpo, podemos voltar aos temas centrais da etnometodologia elaborados por Garfinkel. A etnometodologia se tornou tão identificada com a análise da conversação que se esquece com facilidade que a obra de Garfinkel foi desenvolvida a partir de uma preocupação direta com o manejo do gênero. O caso de Agnes, a transexual discutida em *Estudos de etnometodologia*, mostra que ser um "homem" ou uma "mulher" depende do monitoramento constante do corpo e dos gestos corporais. Não há de fato um único traço corporal que separe todas as mulheres de todos os homens.[35] Somente aqueles poucos indivíduos que têm algo como uma experiência plena de ser membros de ambos os sexos podem apreciar inteiramente quão difundidos são os detalhes da exibição e do manejo corporal por meio dos quais se "faz" o gênero.

Motivação

Razões para a ação, como explicado no começo do capítulo, são parte intrínseca do monitoramento reflexivo da ação realizado por todos os agentes humanos. As razões constituem uma característica contínua da ação — em vez de ligar-se como seqüências ou agregados. Todos os agentes competentes rotineiramente "fazem contato" com as bases de seu comportamento como um aspecto da produção e reprodução de tal comportamento. As razões são distintas dos motivos, que se referem às fontes da ação. Os motivos não interferem cronicamente na ação da mesma maneira que as razões. Muitos aspectos do comportamento rotineiro não são diretamente motivados — são simplesmente realizados como elementos da vida cotidiana. Os motivos não existem como unidades psicológicas discretas, da mesma forma que as razões. Devemos ver a motivação como um "estado de sentimentos" subjacente do indivíduo, envolvendo formas inconscientes de afeto bem como angústias e estímulos mais conscientes.

As crianças não têm motivos, mas só necessidades ou carências. Um bebê, claro, não é um organismo passivo, mas um organismo que urgentemente solicita aos que cuidam dele a responderem a suas vontades através de suas reações a qualquer regime que possam tentar impor. As necessidades, porém, não são motivos, porque não implicam numa antecipação cognitiva de um estado de coisas por vir — uma característica definidora da motivação. Os motivos nascem essencialmente da ansiedade, em conjunto com os processos de aprendizado através dos quais a segurança ontológica é engendrada.

A motivação deve então ser analisada em termos das características do sistema básico de segurança, tal como descrito anteriormente. Mais especificamente, os motivos estão envolvidos com as emoções ligadas às primeiras relações de confiança. Estas podem ser entendidas em termos da formação de *laços* sociais — laços emotivamente carregados de dependência em relação a outras pessoas, a começar por aqueles desenvolvidos com os adultos responsáveis.[36] Os laços estabelecidos com os primeiros responsáveis, que deixam ressonâncias afetando todas as relações sociais próximas formadas na vida adulta, envolvem gestos emotivos de vários tipos. Embora o que "uma" emoção é tenha que ser aprendido — e é substantivamente contextual, como a interpretação construtivista da emoção demonstrou[37] — as reações emotivas são parte da vida da criança ainda bem pequena. Gestos emotivos, envolvendo o choro e expressões faciais de alegria da parte da criança, e expressões corporais de cuidado da parte dos que cuidam dela, são elementos integrantes dos laços sociais em desenvolvimento.

Manejar os envolvimentos emocionais do começo da vida envolve a criança em tensões que afetam seus laços com os que cuidam dela. A *culpa* é uma manifestação que as ansiedades assim estimuladas provocam. A culpa é a ansiedade produzida pelo temor da transgressão — onde os pensamentos ou atividades do indivíduo não equivalem às expectativas de tipo normativo. Como Klein persuasivamente mostrou, a experiência da culpa acontece muito mais cedo na vida da criança do que Freud deu a entender. A mecânica da culpa foi amplamente explorada na literatura da teoria psicanalítica, mas em relação aos problemas da auto-identidade, a *vergonha*, menos discutida, é mais importante. O contrário da culpa é a reparação; a culpa diz respeito a coisas feitas ou não feitas. A culpa experimentada como traço geral do inconsciente pode afetar mais aspectos da auto-identidade do que a vergonha, mas sua ênfase principal tende a afetar elementos discretos do comportamento e os modos de retribuição que eles sugerem ou implicam.

A vergonha afeta diretamente a auto-identidade porque é essencialmente a ansiedade sobre a adequação da narrativa por meio da qual o indivíduo sustenta uma biografia coerente. Tem origem tão cedo quanto a culpa, pois é estimulada por experiências nas quais os sentimentos de inadequação ou humilhação são provocados — sentimentos que são muito anteriores ao domínio da linguagem diferenciada. Alguns têm afirmado que enquanto a culpa é um estado privado de ansiedade, a vergonha é pública. Mas essa não é a maneira mais apropriada de distingui-las, pois ambas, em suas formas mais pronunciadas, dizem respeito a figuras introjetadas — particularmente ao nível do inconsciente. Assim, Sartre trata a vergonha como um fenômeno essencialmente visível, dando como exemplo um homem que faz um gesto vulgar quando um evento particular lhe causa algum incômodo. Percebe então que está sendo observado — vendo a si mesmo através dos olhos do outro, sente vergonha.[38] Mas podemos sentir vergonha embora inteiramente sós; de fato a vergonha pode ser uma forma persistente e profunda de afeto, que os sinais visíveis para os outros não fazem mais que disparar.[39] A vergonha depende de sentimentos de insuficiência pessoal, que podem incluir um elemento básico da constituição psicológica do indivíduo desde cedo na vida. A vergonha poderia ser entendida em relação à integridade do eu, enquanto a culpa deriva de sentimentos de ter agido errado.

Helen Lewis distinguiu dois estados gerais de vergonha, um que denomina vergonha "aberta, indiferenciada", e outro que chama de vergonha "desviada".[40] A vergonha aberta se refere a sentimentos experimentados por uma criança quando de alguma maneira é humilhada por outra pessoa. A vergonha desviada é o correlato da culpa não reconhecida —, é a vergonha que vem das ansiedades inconscientemente experimentadas sobre inadequações do eu. Na descrição de Lewis, a vergonha desviada se liga diretamente a sentimentos de insegurança ontológica —, consiste em medos reprimidos de que a narrativa da auto-identidade possa não suportar pressões envolventes sobre sua coerência ou aceitabilidade social. A vergonha ataca as raízes da confiança mais corrosivamente do que a culpa, porque a vergonha está envolvida de maneira fundamental com o temor do abandono na infância. A confiança nos outros é a chave para o desenvolvimento de um sentido de segurança ontológica na criança pequena; e seu acompanhamento inevitável é a preocupação que a ausência induz.

A vergonha e a confiança estão intimamente ligadas entre si, uma vez que uma experiência de vergonha pode ameaçar ou destruir a confiança. Onde, por exemplo, uma pessoa interpreta — corretamente ou não — uma resposta de outra como indicando que suas suposições sobre a visão da outra são falsas, o resultado pode ser o comprometimento do conjunto inteiro de relações de confiança construídas. A confiança básica é estabelecida numa criança como parte da experiência de um mundo que tem coerência, continuidade e do qual se pode depender. Onde tais expectativas forem violadas, o resultado pode ser a perda da confiança, não só nas outras pessoas, mas na coerência do mundo-objeto. Como diz Helen Lewis, quando isso acontece, "nos tornamos estranhos num mundo em que pensávamos estar em casa. Experimentamos ansiedade quando percebemos que não podemos confiar em nossas respostas às perguntas, 'Quem sou?', 'Qual é o meu lugar'... com cada sucessiva violação da confiança voltamos a ser crianças inseguras de nós mesmas num mundo alheio".[41]

A vergonha é um lado negativo do sistema motivacional do agente. O outro lado da vergonha é o *orgulho*, ou auto-estima: confiança na integridade e valor da narrativa da auto-identidade. Uma pessoa que acalenta com sucesso um senso de orgulho de si mesma é uma pessoa psicologicamente capaz de sentir que sua biografia é justificada e unitária. Abrigar sentimentos de orgulho tem efeitos que vão além de simplesmente proteger ou melhorar a auto-identidade, por causa das relações intrínsecas entre a coerência do eu, em relação aos outros, e o sentimento de segurança ontológica em termos mais gerais. Onde os elementos centrais da auto-identidade estão ameaçados, pelas razões examinadas anteriormente, outros aspectos da "realidade" do mundo podem estar em perigo.

Fundado sobre o laço social, o orgulho é continuamente vulnerável às reações dos outros, e a experiência da vergonha freqüentemente se localiza naquele aspecto "visível" do eu, o corpo. Freud de fato ligava especificamente a vergonha ao medo da exposição corporal e da nudez — a vergonha se origina em sentir-se nu diante do olhar do outro. O medo de ser pego nu, entretanto, é principalmente um fenômeno simbólico, expressivo da tensão entre orgulho e vergonha na interação social. A diferença entre culpa e vergonha, em termos de sua saliência para a auto-identidade, é indicada pelo fato de que a culpa não tem correlato positivo correspondente ao orgulho ou auto-estima.

Antes de continuar a discussão, pode ser útil adaptar a obra de Erikson e Lynd e contrastar o "eixo da culpa" ao "eixo da vergonha" da personalidade de maneira categórica — embora reconhecendo que cada uma participa das atitudes e comportamento do indivíduo, às vezes na mesma situação.

A vergonha tende a ser relegada a uma posição menor na literatura psicanalítica, em parte porque Freud escreveu pouco sobre ela, mas principalmente porque diz respeito a conceitos — precisamente aos de eu e auto-identidade — que não são facilmente integrados ao *mainstream* da teoria psicanalítica.[42] Piers e Singer ligam culpa e vergonha ao superego e ao ego-ideal respectivamente.[43] A culpa é a ansiedade provocada sempre que os limites do superego forem transgredidos, enquanto que a vergonha deriva de não conseguir viver à altura das expectativas que fazem parte do ego-ideal. Segundo os autores, a culpa é gerada "sempre que uma fronteira é tocada ou transgredida", enquanto que a vergonha "acontece quando um objetivo... não é alcançado" e "indica uma limitação".[44] Em vez de usar a noção de ego-ideal, entretanto, podemos apoiar-nos na obra de Kohut para relacionar a vergonha ao eu ideal, um conceito mais abrangente e valioso. O eu ideal é o "eu como quero ser".

Eixo da Culpa	*Eixo da Vergonha*
Ocupado com atos discretos relacionados à violação de códigos ou tabus	Ocupação com a questão geral de auto-identidade
Envolve processos cumulativos, em que a autonomia é desenvolvida superando repressões	Envolve percepção da natureza da narrativa da auto-identidade, que não progride necessariamente de maneira cumulativa
Exposição de má conduta ou transgressões	Exposição de traços ocultos que comprometem a narrativa da auto-identidade
Ocupado com a violação de códigos de "comportamento apropriado" em relação ao corpo	Ocupado com o corpo em relação aos mecanismos da auto-identidade
Sentimento de agir errado em relação a um outro amado ou respeitado	Sentimento de que se é inadequado a um outro amado ou respeitado
Confiança baseada na ausência de traição ou deslealdade	Confiança baseada em ser "conhecido pelo outro", onde a auto-revelação não incorre em ansiedades sobre a exposição
Superação da culpa leva a sentimentos de correção moral	Transcendência da vergonha leva a auto-identidade segura

A vergonha tem raízes no "ambiente arcaico" no qual o indivíduo originalmente desenvolve um sentido de auto-identidade separado do das figuras que cuidaram dele na infância. O "eu ideal" é parte chave da auto-identidade, porque forma um canal de aspirações positivas em termos das quais a narrativa da auto-identidade é produzida. Em muitos casos, a onipotência precoce se transforma num sentido confiável de auto-estima, pela aceitação das imperfeições e limitações do eu. Uma "diminuição gradual do domínio e poder da fantasia grandiosa", como diz Kohut, "é em geral uma precondição da saúde mental no setor narcisista da personalidade".[45] A experiência da vergonha desempenha um papel básico nesse processo. Entretanto, em algumas circunstâncias, especificamente no caso de desordens narcisísticas da personalidade, a sensação de orgulho de si e de suas realizações se torna superdesenvolvida (embora ocultando sentimentos de inferioridade) ou fraturada. Essa situação é descrita por Kohut como

> a luta do paciente que sofre de uma desordem narcisística da personalidade para reconstruir-se, o desespero — o *desespero sem culpa*, sublinho, daqueles que [por

> exemplo] ao final da meia-idade descobrem que os padrões básicos de seu eu tais como formulados em suas ambições e ideais iniciais não se realizaram... Esse é o momento da desesperança máxima para alguns, da máxima letargia, da depressão sem culpa e da agressão autodirigida, que se apossa daqueles que sentem que fracassaram...[46]

A vergonha está relacionada ao narcisismo, mas não deve ser vista como necessariamente acompanhada por um eu ideal exagerado em termos de suas ambições. A vergonha se liga a dificuldades que os indivíduos têm de separar sua auto-identidade da sua "unidade" original com os que cuidavam deles na infância, e da onipotência mal controlada. A falta de coerência nos ideais, ou a dificuldade de descobrir ideais dignos de serem perseguidos pode ser tão importante em relação à ansiedade da vergonha quanto situações em que os objetivos são exigentes demais para ser alcançados.

Erikson observou que "o paciente de hoje sofre mais com o problema de em que deve acreditar e quem deve — ou, de fato, pode — ser ou se tornar; enquanto que o paciente inicial da psicanálise sofria mais por inibições que o impediam de ser o que e quem ele pensava que sabia que era".[47] Nos próximos capítulos deste estudo, tento iluminar por que isto aconteceria, e também indicar por que, nas condições da modernidade, é a vergonha e não a culpa que tende a ocupar o primeiro plano como característica da organização psíquica.

3. A trajetória do eu

Neste capítulo, ao elaborar o tema do eu, seguirei o mesmo curso do capítulo 1, fazendo uso da análise e sugestões que não apenas descrevem um "tema", mas auxiliam na constituição dos campos de ação a que se referem.

Autoterapia, uma obra de Janette Rainwater, é um livro diretamente orientado à prática. Como o estudo de Wallerstein e Blakeslee, é apenas um dentre uma grande variedade de livros sobre o tema, e figura nesta análise mais por razões sintomáticas do que por si mesmo. Com o subtítulo *Um guia para tornar-se seu próprio terapeuta*, pretende-se como programa de auto-realização que qualquer um pode usar:

> Possivelmente você está inquieto. Ou pode se sentir assoberbado pelas demandas da mulher, filhos, marido, ou do trabalho. Pode se sentir pouco apreciado pelas pessoas mais próximas. Talvez sinta raiva de que a vida está passando e você não conseguiu realizar as grandes coisas que pretendia. Parece que falta algo em sua vida. Você se sentiu atraído pelo título deste livro e desejaria poder estar no comando. O que fazer?[1]

O que fazer? Como agir? Quem ser? São perguntas centrais para quem vive nas circunstâncias da modernidade tardia — e perguntas que, num ou noutro nível, todos respondemos, seja discursivamente, seja no comportamento no dia-a-dia. São questões existenciais, embora, como veremos adiante, suas relações com as questões existenciais discutidas no último capítulo sejam problemáticas.

Uma idéia-chave da perspectiva de Rainwater é colocada bem no começo de seu livro. A terapia com outra pessoa — psicólogo ou analista — é importante e, de fato, muitas vezes uma parte crucial do processo de auto-realização. Mas, diz ela, a terapia só pode ter sucesso quando envolve a própria reflexividade do indivíduo: "quando os clientes também começam a aprender a fazer a autoterapia".[2] Pois a terapia não é algo que é "feito" a uma pessoa, ou que "acontece" a ela; é uma experiência que envolve o indivíduo na reflexão sistemática sobre o curso do desenvolvimento de sua vida. O terapeuta é no máximo um catalisador que pode acelerar o que deve ser um processo de autoterapia. Essa proposição se aplica também, observa Rainwater, a seu livro, que pode informar alguém sobre modos e direções de autotransformação, mas que deverá ser organizado via interpretação pela pessoa em relação aos problemas de sua vida.

A autoterapia se funda antes e acima de tudo na auto-observação contínua. Cada momento da vida, destaca a autora, é um "novo momento", em que o indivíduo pode perguntar "o que eu quero para mim mesmo?" Viver cada momento reflexivamente é uma questão de intensificar a consciência dos pensamentos, sentimentos e sensações corporais. A consciência cria a mudança potencial, e pode de fato induzir a mudança por si mesma. Por exemplo, a pergunta "Você está consciente de sua respiração exatamente agora?", pelo menos quando feita pela primeira vez, em geral produz uma mudança instantânea. Levantar tal questão pode tornar a pessoa "consciente de que está inibindo um ciclo normal de respiração e permite a seu corpo dizer um Ufa! de alívio, fazer uma aspiração profunda, e então soltar o ar". "E", acrescenta Rainwater entre parênteses para o leitor, "como está sua respiração neste exato momento, depois de ler este parágrafo?"[3] — pergunta que eu poderia repetir para quem quer que leia este texto em particular...

A consciência presente, ou o que Rainwater chama de "arte rotineira da auto-observação", não leva a um mergulho crônico na experiência em curso. Ao contrário, ela é a própria condição de planejar o futuro com eficácia. A autoterapia significa viver cada momento plenamente, mas ela enfaticamente não significa sucumbir à sedução do presente. A pergunta "O que quero para mim neste exato momento?" não é o mesmo que viver cada dia de uma vez. A "arte de estar no presente" gera a autocompreensão necessária para planejar para a frente e para construir uma trajetória de vida de acordo com os desejos íntimos do indivíduo. A terapia é um processo de crescimento, um processo que deve abranger as principais transições pelas quais a vida deverá passar. Manter um diário, e desenvolver uma autobiografia nocional ou real, são recomendados como meios de pensar para a frente. O diário, sugere Rainwater, deve ser escrito inteiramente para seu autor, nunca com a idéia de mostrá-lo a qualquer um. É um lugar onde o indivíduo pode ser completamente honesto e onde, aprendendo a partir de experiências e erros previamente observados, ele pode mapear um processo contínuo de crescimento. Quer o diário tenha ou não a forma explícita de autobiografia, o "pensamento autobiográfico" é um elemento central da autoterapia. Pois o desenvolvimento de um sentido coerente de nossa história de vida é um meio fundamental de escapar à escravidão do passado e abrir-se para o futuro. O autor da autobiografia é estimulado a voltar tanto quanto possível à primeira infância e a projetar linhas de desenvolvimento potencial que abarquem o futuro.

A autobiografia é uma intervenção corretiva no passado, e não uma mera crônica de eventos passados. Um de seus aspectos, por exemplo, é "acalentar a criança que fomos". Pensando para trás sobre uma fase difícil ou traumática da infância, o indivíduo fala com a criança que foi, confortando-a e apoiando-a e aconselhando-a. Dessa maneira, diz Rainwater, sentimentos de "se apenas" podem ser superados e postos de lado. "O propósito básico de escrever material autobiográfico é ajudar a ajustar contas com o passado..."[4] Outro aspecto é o "exercício corretivo da experiência emocional". A pessoa anota um evento do passado na forma de um conto escrito no presente, lembrando o que aconteceu e os sentimentos envolvidos de maneira tão acurada quanto for capaz. Então a história é reescrita da maneira como o indivíduo gostaria que ela tivesse acontecido, com novos diálogos, sentimentos e resolução do episódio.

A reconstrução do passado anda junto com a trajetória provável da vida no futuro. A autoterapia supõe o que Rainwater chama de "diálogo com o tempo" — um processo de auto-interrogação sobre como o indivíduo maneja o tempo de sua vida. Pensar sobre o tempo de maneira positiva — como algo que permite que a vida seja vivida em vez de algo que constitui uma quantidade finita que escoa — permite que evitemos uma atitude "desvalida, desesperada". O tempo que "nos transporta" implica uma concepção de sina como a que se encontra em muitas culturas tradicionais, onde as pessoas são prisioneiras dos acontecimentos e situações pré-construídas ao invés de serem capazes de submeter suas vidas aos impulsos de sua própria autocompreensão. Manter um diálogo com o tempo significa identificar os eventos causadores de tensão (eventos reais no passado e eventos passíveis de ser encontrados no futuro) e compreender suas implicações. Rainwater oferece uma "escala de avaliação" de acontecimentos causadores de tensão, baseada nas pesquisas da área (observando que tais acontecimentos podem estar causalmente ligados ao surgimento de doença física). Exemplos incluem a morte, o divórcio ou a separação do cônjuge, a perda do emprego, as dificuldades financeiras, e muitos outros eventos e situações.

"Tomar conta de nossas próprias vidas" envolve risco, porque significa enfrentar a diversidade de possibilidades abertas. O indivíduo deve estar preparado para fazer uma ruptura mais ou menos completa com o passado, se necessário, e deve contemplar novos cursos de ação que não podem ser guiados simplesmente por hábitos estabelecidos. A segurança alcançada pela estrita obediência aos padrões estabelecidos é efêmera, e em algum ponto se romperá. Ela trai um medo do futuro em vez de fornecer os meios de dominá-lo:

Pessoas que temem o futuro tentam "segurar" a si mesmas — com dinheiro, propriedades, seguros de saúde, relações pessoais, contratos de casamento. Os pais tentam colar seus filhos a si. Algumas crianças temerosas relutam em abandonar o ninho familiar. Maridos e mulheres tentam garantir a continuação da vida e serviços do outro. A dura verdade psicológica é que não há permanência nas relações humanas, mais que no mercado de ações, no clima, na "segurança nacional" e assim por diante... esse apego à segurança pode ser muito desencorajador para as relações interpessoais, e impedirá o autocrescimento. Quanto mais cada um de nós puder aprender a estar verdadeiramente no presente com os outros, sem fazer regras ou erigir barreiras para o futuro, tanto mais fortes seremos, e tanto mais próximos e felizes em nossas relações.

Finalmente... a morte: "e a possibilidade de estar no comando também aqui!"[5] Pedir que as pessoas pensem na morte, diz Rainwater, normalmente provoca uma de duas atitudes. Ou a morte é associada ao medo, como no caso dos indivíduos que passam boa parte do seu tempo preocupando-se com a própria morte ou com a de seus entes queridos; ou a morte é vista como o desconhecido e, portanto, um tema a ser evitado tanto quanto possível. Ambas as atitudes — o medo da morte e a negação da morte — podem ser enfrentadas por um programa de auto-ajuda que se apóia nas mesmas técnicas descritas em outra parte do livro de Rainwater. Olhar para o passado, para a primeira experiência com a morte de outra pessoa, permite que comecemos a aguilhoar os sentimentos ocultos sobre a morte. Olhar para a frente nesse caso envolve contemplar os anos de vida que a pessoa acredita ainda ter, e imaginar o ambiente de nossa própria morte futura. Um enfrentamento imaginário com a morte permite que a pergunta seja posta novamente: "O que fazer?"

Imagine que lhe disseram que você só tem mais três anos de vida. Terá boa saúde durante esse tempo... Qual seria sua resposta imediata?... Começaria a planejar como passar esse tempo? Ou ficaria com raiva de o tempo ser tão curto? Em vez de "queixar-se da escuridão" ou perder-se na mecânica de como você morre nesta fantasia, decida como você quer passar esse tempo, *como deseja viver esses últimos três anos.*

Onde você quer morar?
Com quem você quer viver?
Você quer trabalhar?
Estudar?
Existem ingredientes de sua vida de fantasia que você gostaria de incorporar à sua vida corrente?[6]

Auto-identidade, história, modernidade

Quão distintivos em termos históricos são os cuidados e orientações expressas no "manual de auto-ajuda" de Rainwater? Podemos, é claro, simplesmente dizer que a busca da auto-identidade é um problema moderno, talvez originado no individualismo ocidental. Baumeister afirma que nos tempos pré-modernos nossa ênfase atual na individualidade estava ausente.[7] A idéia de que cada pessoa tem um caráter único e potencialidades sociais que podem ou não se realizar é alheia à cultura pré-moderna. Na Europa medieval, a linhagem, o gênero, o status social e outros atributos relevantes da identidade eram relativamente fixos. Eram necessárias transições entre os vários estágios da vida, mas elas eram governadas por processos institucionalizados e o papel do indivíduo neles era relativamente passivo. A análise de Baumeister lembra a de Durkheim — em certo sentido o "indivíduo" não existia nas culturas tradicionais, e a individualidade não era prezada. Só com o surgimento das sociedades modernas e, mais particularmente, com a diferenciação da divisão do trabalho, foi que o indivíduo separado se tornou um ponto de atenção.[8]

Sem dúvida há algo nessa visão. Mas não creio que seja a existência do "indivíduo" que está em jogo, como traço distintivo da modernidade, e menos ainda a do eu. A "individualidade" seguramente tem sido valorizada — dentro de limites variados — em todas as culturas e assim também, em um ou outro sentido, o cultivo das potencialidades individuais. Em vez de falar em termos gerais do "indivíduo", do "eu" ou mesmo da "auto-identidade" como distintivos da modernidade, deveríamos tentar subdividir as coisas mais detalhadamente. Podemos começar a fazê-lo mapeando alguns dos pontos específicos ou implicações — retratados por Rainwater — do que a terapia é e do que ela faz. Os seguintes elementos podem ser derivados de seu texto:

1 O eu é visto como um projeto reflexivo, pelo qual o indivíduo é responsável (esse tema figurou no capítulo 1). Somos não o que somos, mas o que fazemos de nós mesmos. Não seria correto dizer que o eu é visto como inteiramente vazio de conteúdo, pois há processos psicológicos de formação do eu e necessidades psicológicas, que fornecem os parâmetros para a reorganização do eu. Por outro lado, o que o indivíduo se torna depende das tarefas de reconstrução nas quais se envolve. E isso é muito mais do que "conhecer-se a si mesmo" melhor; o auto-entendimento se subordina ao objetivo mais amplo e fundamental de construir/reconstruir um sentido de identidade coerente e satisfatório. O envolvimento de tal reflexividade com a pesquisa social e psicológica é notável, e é um traço difundido da visão terapêutica defendida por Rainwater.

2 O eu tem uma trajetória de desenvolvimento a partir do passado em direção ao futuro antecipado. O indivíduo apropria seu passado peneirando-o à luz do que antecipa como um futuro (organizado). A trajetória do eu tem uma coerência que deriva de uma consciência cognitiva das várias fases da vida. A vida, mais que os eventos no mundo exterior, se torna a "figura de fundo" dominante no sentido da *Gestalt.* Não que todos os eventos ou instituições exteriores sejam uma "mancha", contra a qual só a vida tem forma e é apanhada em claro relevo; mas esses eventos só entram na medida em que ofereçam apoio ao autodesenvolvimento, ponham obstáculos a superar ou sejam uma fonte de incertezas a enfrentar.

3 A reflexividade do eu é contínua, e tudo penetra. A cada momento, ou pelo menos a intervalos regulares, o indivíduo é instado a auto-interrogar-se em termos do que está acontecendo. Começando com uma série de perguntas feitas conscientemente, o indivíduo se acostuma a perguntar "como posso usar este momento para mudar?" Nesse sentido a reflexividade pertence à historicidade reflexiva da modernidade, uma forma distinta do monitoramento reflexivo mais geral da ação. Como Rainwater destaca, é uma arte praticada de auto-observação:

> O que está acontecendo agora?
> O que estou pensando?
> O que estou fazendo?
> O que estou sentindo?
> Como estou respirando?[9]

4 Fica claro que a auto-identidade, como fenômeno coerente, supõe uma narrativa — a narrativa do eu é explicitada. Manter um diário e trabalhar numa autobiografia são recomendações fundamentais para sustentar um sentido integrado do eu. Geralmente é aceito pelos historiadores que a escrita de autobiografias (e também a de biografias) só se desenvolveu no período moderno.[10] A maioria das que foram publicadas, é claro, são celebrações das vidas ou realizações de indivíduos importantes — são uma maneira de singularizar as experiências especiais de tais pessoas em relação à massa da população. Vista desse modo, ela parece uma característica periférica distintiva do indivíduo como um todo. E no entanto a autobiografia — particularmente no sentido amplo de uma auto-história interpretada, produzida pelo indivíduo em questão, seja escrita ou não — está realmente no centro da auto-identidade na vida social moderna. Como qualquer outra narrativa formalizada, ela é algo que deve ser trabalhado, e certamente demanda esforço criativo.

5 A auto-realização implica o controle do tempo — essencialmente o estabelecimento de zonas de tempo pessoal que têm apenas conexões remotas com as ordens temporais exteriores (o mundo rotinizado do espaço-tempo governado pelo relógio e pelos padrões universais de medição). A insistência sobre a primazia do tempo pessoal (a *durée* da vida social cotidiana) está em toda parte no livro de Rainwater — embora, como vimos, não seja apresentada como uma filosofia do "presente absoluto", mas como modo de controlar o tempo disponível de vida. "Manter um diálogo com o tempo" é a base da auto-realização, porque é a condição essencial para alcançar a satisfação em qualquer momento — de viver a vida plenamente. O futuro é pensado como cheio de possibilidades, mas não aberto ao livre jogo das contingências. Tanto quanto possível, o futuro deverá ser ordenado exatamente por aqueles processos ativos de controle temporal e interação ativa de que depende a integração da narrativa do eu.

6 A reflexividade do eu *se estende ao corpo*, onde o corpo (como sugerido no capítulo anterior) é parte de um sistema de ação em vez de ser um mero objeto passivo. A observação dos processos corporais — "Como estou respirando?" — faz parte da atenção reflexiva contínua que o agente é chamado a prestar a seu comportamento. A consciência do corpo é básica para "captar a plenitude do momento", e envolve o monitoramento consciente dos fluxos sensoriais do ambiente, assim como dos principais órgãos e disposições do corpo como um todo. A consciência corporal também inclui a consciência dos requisitos de exercício e de dieta. Rainwater observa que as pessoas falam de "fazer uma dieta" — mas todos estamos em dieta! Nossa dieta é o que comemos; em muitas situações ao longo do dia tomamos decisões sobre comer e beber ou não, e exatamente sobre o que comer e beber. "Se você não gosta da dieta em que está, há um novo momento e um novo ponto de escolha que se aproxima, e você pode mudar a dieta. Você está no comando!"[11]

A consciência do corpo soa semelhante aos regimes praticados em algumas religiões tradicionais, particularmente no Oriente. E de fato Rainwater, como muitos outros que escrevem hoje sobre auto-realização ou terapia, se apóia em tais regimes no programa que oferece. Mas as diferenças são grandes. Pois a consciência do corpo é apresentada por ela como meio de construir um eu diferenciado, e não para a dissolução do ego. Experimentar o corpo é uma maneira de tornar coerente o eu como um todo integrado, uma maneira de o indivíduo dizer "é aqui que vivo".

7 A auto-realização é entendida em termos de um *equilíbrio entre oportunidade e risco*. Libertar-se do passado, através das várias técnicas de libertar-se de

hábitos emocionais opressivos, gera múltiplas oportunidades de autodesenvolvimento. O mundo fica cheio de modos potenciais de ser e agir, em termos de envolvimentos experimentais que o indivíduo é agora capaz de iniciar. Não seria correto dizer que a pessoa psicologicamente liberada enfrenta riscos que o eu mais tradicional não sofre; em vez disso, o que está em jogo é a *consciência secular do risco*, como inerente às estratégias de cálculo a serem adotadas em relação ao futuro.

O indivíduo deve enfrentar novos riscos decorrentes da ruptura com os padrões estabelecidos de comportamento — inclusive o risco de que as coisas possam ficar piores do que estavam. Outro livro sobre a autoterapia descreve a situação da seguinte maneira:

> Para que sua vida mude para melhor, você precisa arriscar. Você deve sair de seu caminho, encontrar novas pessoas, explorar novas idéias e mover-se por vias pouco conhecidas. De certa maneira, os riscos do autocrescimento envolvem uma incursão no desconhecido, numa terra pouco familiar onde a língua é diferente e os costumes são diferentes e você terá que aprender tudo de novo... o paradoxo é que até que tenhamos abandonado tudo o que parece seguro, nunca poderemos confiar no amigo, no colega, ou no trabalho que nos oferece alguma coisa. A verdadeira segurança pessoal não vem de fora, vem de dentro. Quando estamos realmente seguros, devemos pôr toda a confiança em nós mesmos.
>
> Se rejeitarmos assumir riscos para o autocrescimento, ficaremos inevitavelmente presos na armadilha de nossa situação. Ou acabamos por assumir os riscos estando despreparados. De qualquer dessas maneiras, colocamos limites ao nosso crescimento pessoal, e nos impedimos da ação a serviço de mais elevada auto-estima.[12]

8 O tecido moral da auto-realização é a *autenticidade* (embora não no sentido de Heidegger), baseada em "ser verdadeiro consigo mesmo". O crescimento pessoal depende de vencer bloqueios e tensões que nos impedem de compreender a nós mesmos como realmente somos. Ser capaz de agir autenticamente é mais que simplesmente agir em termos de um autoconhecimento tão válido e pleno quanto possível; significa também desembaraçar — nos termos de Laing — o verdadeiro eu do falso eu. Como indivíduos não somos capazes de "fazer história", mas se ignorarmos nossa experiência interior, estaremos condenados a repeti-la, prisioneiros de traços que não são autênticos porque emanam de sentimentos e situações passadas impostas a nós pelos outros (especialmente na primeira infância). A senha na autoterapia é "recupere ou repita".

A moralidade da autenticidade beira todos os critérios morais universais, e inclui referências a outras pessoas apenas na esfera das relações íntimas —

embora essa esfera seja considerada de grande importância para o eu. Ser verdadeiro consigo mesmo significa encontrar-se, mas como esse é um processo ativo de autoconstrução deve ser informado por objetivos gerais — os de libertar-se das dependências e alcançar a realização. A realização é em parte um fenômeno moral, porque significa estimular o sentido de que se é "bom", uma "pessoa digna": "eu sei que à medida que elevo minha auto-estima, sinto mais integridade, honestidade, compaixão e amor".[13]

9 O curso da vida é visto como uma série de "passagens". O indivíduo precisa passar através delas, mas elas não são institucionalizadas ou acompanhadas de ritos formalizados. Todas envolvem perda (assim como ganho potencial) e essas perdas — como no caso da separação conjugal — devem passar pelo luto para que a auto-realização possa seguir seu curso. As passagens da vida dão particular importância à interação de risco e oportunidade referida anteriormente — especialmente, embora não exclusivamente, quando são iniciadas pelo indivíduo a que afetam. Negociar uma transição significativa na vida, sair de casa, conseguir um novo emprego, enfrentar o desemprego, construir uma nova relação, deslocar-se entre áreas ou rotinas diferentes, enfrentar a doença, começar a terapia — tudo isso significa correr riscos conscientemente imaginados para capturar as novas oportunidades que as crises pessoais abrem. Não é só em termos da falta de rituais que as passagens da vida diferem de processos comparáveis em contextos tradicionais. Mais importante é que essas transições são trazidas para a trajetória reflexivamente mobilizada da auto-realização, e superadas por meio dela.

10 A linha de desenvolvimento do eu é *internamente referida* — o único fio significativo de conexão é a trajetória da vida como tal. A integridade pessoal, como a realização de um eu autêntico, vem da integração das experiências da vida com a narrativa do autodesenvolvimento — a criação de um sistema de crenças pessoal por meio do qual o indivíduo reconhece que "sua primeira lealdade é devida a si mesmo". Os pontos de referência centrais são colocados "a partir de dentro", em termos de como o indivíduo constrói/reconstrói a história de sua vida.

Há perguntas que se poderia fazer sobre tudo isso, é claro. Qual a validade dessas concepções? São elas em algum sentido ideológicas? Têm elas mais a ver com a terapia do que com quaisquer mudanças que possam ter afetado o eu nas condições sociais modernas? Por enquanto, quero pôr essas questões entre parênteses. Parece-me justificado afirmar que, por mais parciais, inadequadas e idiossincráticas que as idéias recém-esboçadas sejam, apontam para algo real sobre o eu e a auto-identidade no mundo contemporâneo — o mundo da modernidade tardia. Podemos começar a ver como isso pode acontecer ligando-as às transformações institucionais características desse mundo.

Estilos de vida e planos de vida

O pano de fundo é o terreno existencial da vida moderna tardia. Num universo social pós-tradicional, organizado reflexivamente, permeado por sistemas abstratos, e no qual o re-ordenamento do tempo e do espaço re-alinha o local com o global, o eu sofre mudança maciça. A terapia, inclusive a autoterapia, tanto exprime a mudança como fornece programas de efetivá-la em termos de auto-realização. No nível do eu, um componente fundamental da atividade do dia-a-dia é simplesmente o da *escolha*. Obviamente nenhuma cultura elimina inteiramente a escolha dos assuntos cotidianos, e todas as tradições são efetivamente escolhas entre uma gama indeterminada de padrões possíveis de comportamento. Mas, por definição, a tradição, ou os hábitos estabelecidos, ordena a vida dentro de canais relativamente fixos. A modernidade confronta o indivíduo com uma complexa variedade de escolhas e ao mesmo tempo oferece pouca ajuda sobre as opções que devem ser selecionadas. Várias conseqüências tendem a se seguir.

Uma diz respeito à primazia do *estilo de vida* — e sua inevitabilidade para o agente individual. A noção de estilo de vida soa um tanto trivial porque é muitas vezes pensada apenas em termos de um consumismo superficial — estilos de vida como os sugeridos pelas imagens das revistas ilustradas e da publicidade.* Mas há algo mais fundamental em andamento do que sugere essa concepção:[14] nas condições da alta modernidade, não só seguimos estilos de vida, mas num importante sentido somos obrigados a fazê-lo — não temos escolha senão escolher. Um estilo de vida pode ser definido como um conjunto mais ou menos integrado de práticas que um indivíduo abraça, não só porque essas práticas preenchem necessidades utilitárias, mas porque dão forma material a uma narrativa particular da auto-identidade.

---

* O termo "estilo de vida" é um exemplo interessante de reflexividade. O colunista do *New York Times* William Safire sugeriu que ele deriva dos escritos de Alfred Adler, de onde foi tomado pelos radicais nos anos 1960 e, mais ou menos ao mesmo tempo, pelos redatores de publicidade. Segundo Dennis Wrong, entretanto, a principal influência foi realmente Max Weber: "estilo de vida", tal como associado aos estamentos no uso weberiano, se tornou termo da linguagem cotidiana.

Estilo de vida não é um termo muito aplicável em culturas tradicionais, porque implica em uma escolha dentro de uma pluralidade de opções possíveis, e é "adotado" mais do que "outorgado". Os estilos de vida são práticas rotinizadas, as rotinas incorporadas em hábitos de vestir, comer, modos de agir e lugares preferidos de encontrar os outros; mas as rotinas seguidas estão reflexivamente abertas à mudança à luz da natureza móvel da auto-identidade. Cada uma das pequenas decisões que uma pessoa toma todo dia — o que vestir, o que comer, como conduzir-se no trabalho, com quem se encontrar à noite — contribui para essas rotinas. E todas essas escolhas (assim como as maiores e mais importantes) são decisões não só sobre como agir mas também sobre quem ser. Quanto mais pós-tradicionais as situações, mais o estilo de vida diz respeito ao próprio centro da auto-identidade, seu fazer e refazer.

Pensa-se muitas vezes que a noção de estilo de vida só se aplica especificamente à área do consumo. É verdade que a esfera do trabalho é dominada pela compulsão econômica e que estilos de comportamento no local do trabalho estão menos sujeitos ao controle do indivíduo do que em contextos extratrabalho. Mas embora esses contrastes claramente existam, seria incorreto supor que o estilo de vida só diz respeito a atividades extratrabalho. O trabalho condiciona fortemente as oportunidades de vida no sentido de Weber, e oportunidades de vida por sua vez é um conceito que deve ser entendido em termos da disponibilidade de estilos de vida potenciais. Mas o trabalho não está de nenhuma maneira completamente separado da arena das escolhas plurais, e a escolha de trabalho e do ambiente de trabalho constitui um elemento básico das orientações de estilo de vida na extremamente complexa divisão moderna do trabalho.

Falar de uma multiplicidade de escolhas não é o mesmo que supor que todas as escolhas estão abertas para todos, ou que as pessoas tomam todas as decisões sobre as opções com pleno conhecimento da gama de alternativas possíveis. No trabalho, como na área do consumo, existe uma pluralidade de estilos de vida entre os quais escolher para todos os grupos que se libertaram da influência dos contextos tradicionais de atividade. Naturalmente, como destacou Bourdieu, variações de estilo de vida entre os grupos também são características elementares que estruturam a estratificação, e não apenas "resultados" de diferenças de classe no reino da produção.[15]

Padrões gerais de estilo de vida, é claro, são menos diversos que a pluralidade de escolhas disponíveis nas decisões do dia-a-dia e mesmo nas decisões estratégicas de prazo mais longo. Um estilo de vida envolve um conjunto de hábitos e orientações e, assim, tem uma certa unidade — importante para uma sensação da continuidade da segurança ontológica — que liga as opções num padrão mais ou menos ordenado. Alguém que está comprometido com um determinado estilo de vida necessariamente veria várias opções como "inadequadas" a ele ou ela, da mesma forma que veria os outros com quem estivesse em interação. Além disso, a seleção ou criação de estilos de vida é influenciada por pressões de grupo e pela visibilidade de modelos, assim como pelas circunstâncias socioeconômicas.

A pluralidade de escolhas que confronta os indivíduos nas circunstâncias da alta modernidade deriva de várias influências. Primeiro, há o fato de viver numa ordem pós-tradicional. Agir num mundo de escolhas plurais, envolver-se com ele, é optar por alternativas, tendo em vista que os sinais estabelecidos pela tradição estão agora em branco. Assim, alguém pode decidir, por exemplo, ignorar as descobertas de pesquisa que parecem mostrar que uma dieta rica em frutas e fibras, e com pouco açúcar, gordura e álcool, é fisicamente benéfica e reduz o risco de contrair alguns tipos de doenças. Pode adotar decididamente a mesma dieta de comida densa, gordurosa e doce consumida pelas pessoas em gerações anteriores. No entanto, dadas as opções disponíveis em termos de dieta e o fato de que o indivíduo tem pelo menos algum conhecimento delas, tal comportamento ainda faz parte de um estilo de vida diferenciado.

Segundo, há o que Berger chama de "pluralização de mundos de vida".[16] Como ele observa, durante a maior parte da história humana, as pessoas viveram em ambientes sociais que eram muito ligados entre si. Fosse em situações de trabalho, no lazer ou em família, um indivíduo geralmente vivia dentro de um conjunto de ambientes comparáveis — fenômeno reforçado pelo domínio da comunidade local na maioria das culturas pré-modernas. Os ambientes da vida social moderna são muito mais diversos e segmentados. A segmentação inclui particularmente a diferenciação entre os domínios público e privado — mas cada um deles também está sujeito internamente à pluralização. Os estilos de vida estão caracteristicamente ligados a ambientes específicos de ação, que também expressam. Opções de estilo de vida são muitas vezes decisões de aprofundar-se nesses ambientes, a expensas de possíveis alternativas. Como os indivíduos normalmente se movem entre ambientes ou locais diferentes no curso de sua vida cotidiana, podem sentir-se pouco confortáveis em situações que de alguma maneira põem em questão seu próprio estilo de vida.

Em parte por causa da existência de múltiplos ambientes de ação, as escolhas de estilo de vida e as atividades, muito freqüentemente, tendem a ser segmentadas para o indivíduo — modos de ação seguidos num contexto podem ser mais ou menos diferentes daqueles adotados em outros. Chamarei a esses contextos de setores do estilo de vida. Um setor do estilo de vida se refere a uma "fatia" do tempo-espaço do conjunto das atividades de um indivíduo, dentro do qual um conjunto de práticas relativamente consistentes e ordenadas é adotado e encenado. Setores do estilo de vida são aspectos da regionalização das atividades.[17] Um deles pode incluir, por exemplo, o que se faz em certas noites da semana, ou nos fins de semana, em contraste com outras partes da semana; uma amizade ou um casamento também pode ser um setor do estilo de vida na medida em que se torna internamente coesivo por formas de comportamento escolhidas no tempo-espaço.

Um terceiro fator que condiciona a pluralidade da escolha é o impacto existencial da natureza contextual das crenças garantidas nas condições da modernidade. Como observei no capítulo inicial, o projeto iluminista de substituir a tradição arbitrária e as pretensões especulativas ao conhecimento pela certeza da razão tinha falhas essenciais. A reflexividade da modernidade opera não numa situação de certeza cada vez maior, mas numa situação de dúvida metódica. Só podemos confiar, mesmo nas autoridades mais fidedignas, até "nova ordem"; e os sistemas abstratos que tanto penetram na vida cotidiana normalmente oferecem múltiplas possibilidades em vez de fornecer guias ou receitas fixas de ação. Sempre podemos nos voltar para os peritos, mas eles próprios muitas vezes estão em desacordo sobre teorias e diagnósticos práticos. Considere-se a própria terapia. Alguém que contempla esta possibilidade enfrenta uma atordoante variedade de escolas de pensamento e tipos de programa, e deve também considerar o fato de que alguns psicólogos descartam inteiramente a eficácia da maioria das formas de terapia. O mesmo vale para as áreas mais duras das ciências exatas, especialmente porque suas afirmações gerais estão sujeitas à dúvida. Assim uma pessoa com uma espécie particular de problema médico poderá enfrentar a decisão não só entre formas alternativas de tratamento de alta-tecnologia, mas também entre as afirmações contrárias da medicina científica e da medicina holística (das quais podem existir infinitas variedades oferecendo suas soluções particulares).

Quarto, a prevalência da experiência transmitida através da mídia, sem dúvida, também influencia a pluralidade da escolha, de maneiras óbvias e também de maneiras mais sutis. Com a crescente globalização da mídia, grande número de ambientes se tornam em princípio visíveis para quem quer que queira juntar a informação relevante. O efeito colagem da televisão e dos jornais dá forma específica à justaposição dos ambientes e escolhas potenciais de estilo de vida. Por outro lado, a influência dos meios de comunicação de massa simplesmente não segue totalmente na direção da diversificação e da fragmentação. A mídia oferece acesso a ambientes com os quais o indivíduo pode nunca vir a entrar em contato; mas ao mesmo tempo algumas barreiras entre ambientes que eram antes separados são superadas. Como observa

Meyerowitz, a mídia, especialmente a eletrônica, altera a "geografia situacional" da vida social: "Mais e mais, a mídia nos torna audiências 'diretas' de performances que acontecem em outros lugares e nos dá acesso a audiências que não estão 'fisicamente presentes'."[18] Como resultado, a ligação tradicional entre "ambiente físico" e "situação social" foi solapada; situações sociais que vêm pela mídia constroem novas semelhanças — e diferenças — entre formas pré-constituídas da experiência social. Embora se possa fazer críticas às interpretações particulares de Meyerowitz, as linhas gerais de sua concepção são certamente corretas.

Num mundo de opções alternativas de estilo de vida, o *planejamento* estratégico *da vida* assume especial importância. Como os padrões do estilo de vida, os planos de vida de um tipo ou de outro são como que concomitantes inevitáveis das formas sociais pós-tradicionais.[19] Eles são o conteúdo substancial da trajetória reflexivamente organizada do eu. O planejamento da vida é um meio de preparar um curso de ações futuras mobilizadas em termos da biografia do eu. Podemos também falar da existência de calendários pessoais, ou calendários do plano de vida, em relação aos quais o tempo pessoal da vida é manejado. Eles são instrumentos de tempo para eventos significativos na vida do indivíduo, inserindo tais eventos numa cronologia personalizada. Como os planos de vida, os calendários pessoais são normalmente revisados e reconstruídos de acordo com as alterações nas circunstâncias ou temperamento do indivíduo. "Quando me casei", enquanto data básica dentro do calendário do plano de vida, como a discussão de *Segundas chances* indica, pode ser substituído por "quando meu casamento acabou", como marcador psicológico mais significativo. Calendários pessoais freqüentemente incorporam elementos de experiência transmitida pela mídia — como, por exemplo, quando um casal lembra que se casou "duas semanas depois do assassinato do Presidente Kennedy".[20]

O planejamento da vida pressupõe um modo específico de organizar o tempo porque a construção reflexiva da auto-identidade depende tanto da preparação para o futuro quanto da interpretação do passado, embora "retrabalhar" os eventos passados certamente seja sempre importante nesse processo. O planejamento da vida, é claro, não envolve necessariamente preparar-se estrategicamente para a vida futura como um todo, embora o livro de Rainwater deixe claro que pensar até o final imaginado da vida, e sobre cada uma das principais fases do período, seja fundamental para a auto-realização.[21]

As escolhas de estilo de vida e o planejamento da vida não são simplesmente constitutivos da vida cotidiana dos agentes sociais, mas constituem ambientes institucionais que ajudam a dar forma a suas ações. Essa é uma das razões por que, nas circunstâncias da alta modernidade, sua influência é mais ou menos universal, independente de quão objetivamente limitadoras possam ser as situações sociais de indivíduos ou de grupos particulares. Considere-se a situação de uma mulher negra, chefe de uma família de muitos filhos, vivendo em condições de pobreza no centro da cidade. Pode-se supor que tal pessoa possa olhar com amarga inveja as opções disponíveis para os privilegiados. Para ela só existe o tédio da rotina diária de atividades realizadas em limites estritamente definidos — ela não tem a oportunidade de seguir um estilo de vida diferente, e dificilmente poderia planejar sua vida, posto que dominada por limites externos.

É claro que para todos os indivíduos e grupos, as oportunidades de vida condicionam as escolhas de estilo de vida (e devemos lembrar que essas escolhas muitas vezes são usadas ativamente para reforçar a distribuição das oportunidades de vida). A emancipação de situações de opressão é o meio necessário de ampliar o alcance de certos tipos de opção por estilo de vida (ver o capítulo 7). Mas até os menos privilegiados vivem hoje em situações permeadas pelos componentes institucionais da modernidade. As possibilidades negadas pela privação econômica são diferentes e vividas de maneira diferente — isto é, enquanto possibilidades — da exclusão originada pelo quadro da tradição. Além disso, em algumas situações de pobreza, a influência da tradição talvez se tenha desintegrado mais completamente. Em conseqüência, a criação construtiva do estilo de vida pode tornar-se um traço característico particular de tais situações. Os hábitos do estilo de vida são construídos pelas resistências da vida no gueto e também pela elaboração direta de estilos culturais e modos de atividades distintos.

Em tais situações, a constituição reflexiva da auto-identidade pode ser exatamente tão importante quanto nos estratos mais prósperos, e tão fortemente afetada por influências globalizantes. Uma mulher negra chefe de família, por mais limitada e árdua que seja sua vida, de qualquer maneira sabe dos fatores que alteram a posição das mulheres em geral, e suas próprias atividades serão quase certamente afetadas por esse conhecimento. Tendo em vista a natureza periclitante de sua situação social, ela está quase obrigada a explorar novos modos de atividade, em relação a seus filhos, às relações sexuais e às amizades. Essa exploração, embora possa não ser articulada discursivamente como tal, implica na formação reflexiva da auto-identidade. As privações a que ela está sujeita, porém, podem tornar essas tarefas um peso quase insuportável, uma fonte de desespero e não de auto-enriquecimento.

O planejamento da vida é um exemplo específico de um fenômeno mais geral que discutirei em algum detalhe em capítulo posterior como a "colonização do futuro". O "diálogo com o tempo" de Rainwater certamente é levado de maneiras muito diferentes em contextos sociais diversos e dentro de estratos sociais diferentes. A orientação para o controle do tempo que ela descreve (e defende) gera recusas e deslocamentos temporais assim como a tentativa de trazer o futuro reflexivamente para o presente. Um adolescente que "anda à deriva", que se recusa a pensar sobre uma possível carreira futura, e "não dá bola para o futuro", rejeita essa orientação, mas o faz especificamente em oposição a uma visão temporal cada vez mais dominante.

Finalmente, a pluralidade da escolha também pode estar diretamente ligada às relações com os outros — à transformação da intimidade.[22] Não vou discutir no detalhe se as relações pessoais são hoje significativamente diferentes dos laços interpessoais próximos em contextos pré-modernos. Sabemos que o casamento moderno difere muito das instituições típicas do casamento na Europa pré-moderna, e também da generalidade das culturas não-modernas. Observação semelhante vale para a amizade. Os gregos não tinham uma palavra para "amigo" no sentido de hoje: *philos* era usado para referir-se aos "mais próximos e mais queridos de qualquer um, independente de que fossem parentes, afins, ou de que não tivessem qualquer relação de sangue".[23] A rede de *philos* de uma pessoa era basicamente dada pela posição social do indivíduo; havia pouco espaço para a escolha espontânea. Essa situação é característica de muitas culturas tradicionais, onde, se existe a noção de "amigo", ela se refere principalmente aos de dentro, por contraste com os de fora — estranhos e inimigos potenciais.

É característico dos sistemas modernos de intimidade sexual e de amizade que os parceiros sejam escolhidos voluntariamente entre uma diversidade de possibilidades. É claro que a proximidade é normalmente necessária para que se desenvolvam relações íntimas, e a medida da escolha real varia de acordo com muitas diferenças sociais e psicológicas. Mas a coluna dos corações solitários, os encontros via computador e outras formas de serviços de apresentação mostram suficientemente bem que a escolha plural é fácil de alcançar se se estiver preparado para abandonar os últimos resquícios da maneira tradicional de fazer as coisas. Só quando os laços são mais ou menos livremente escolhidos é que podemos falar de "relacionamentos" no sentido que esse termo recentemente adquiriu no discurso leigo. Laços sexuais razoavelmente duráveis, casamentos e relações de amizade tendem hoje a aproximar-se da pura relação. Nas condições da alta modernidade, outra vez por razões que serão exploradas adiante, a relação pura (que não tem nada a ver com a pureza sexual) acaba por adquirir importância fundamental para o projeto reflexivo do eu. Tudo isso é evidente a partir do livro de Rainwater, como o é em quase todas as obras de terapia, seja ela autoprogramada ou não.

Teoria e prática da relação pura

A seguinte passagem aparece sob o cabeçalho "Incerteza emocional nas relações" no estudo *As mulheres e o amor* de Shere Hite. A pesquisa de Hite baseia-se em extensos comentários obtidos de mulheres norte-americanas sobre suas experiências e sentimentos em relação aos homens. Uma mulher responde assim:

> Eu tenho a constante sensação de nunca estar satisfeita, por alguma razão. Ou ele não aparece, ou, quando aparece, não é romântico, e assim por diante... Quando tento falar com ele, realmente falar, sinto como se não conseguisse explicar... Parece girar em torno de uma pergunta constante que eu estaria fazendo a mim mesma: "Está tudo bem em relação a ele (ele ainda me ama)?", ou "Está tudo bem comigo? Como eu estou?" Se ando muito infeliz, e ele não fala comigo sobre os problemas nem resolve as questões, eu deveria dizer: "Bem, está tudo bem porque ele está bem, está ali e ainda me ama"? Ou deveria dizer: "Esta relação é terrível e vou encerrá-la porque ele não está me fazendo feliz"? Amá-lo dificulta abandoná-lo.
>
> Deveria ajudá-lo a abrir-se mais, ou deveria preocupar-me comigo e romper com ele?... O problema é que primeiro ele diz que é vulnerável e está apaixonado — e então depois o nega, ou age de maneira que o nega, age friamente. Eu me pergunto: "O objetivo é esse homem a qualquer custo?" É quase como se alguém me incitasse a ir para o lado mais fundo da piscina — e então, quando eu chego lá (com minhas emoções) e me apaixono, confio nele, ele diz: "O quê? Por que eu?" Tenho vivido tão assustada, pensando com meus botões, dando-lhe o benefício da dúvida, o que quer que aconteça, "Quero confiar, quero confiar", não me permitindo acreditar nos sinais negativos, pensando que ele só estava inseguro ou reagindo a algo que eu tinha feito em meu próprio esforço de parecer invulnerável. Tenho tido tanto medo, imaginando: "Alguém vai ficar?"[24]

Essas reflexões são as de uma mulher que não vive com o homem de que fala, e descrevem uma relação em seus estágios iniciais; mas por causa de seu caráter "exploratório", permitem uma visão de como as relações são construídas. O amor está no centro, e pode-se supor que uma exploração da intimidade, pelo menos onde um componente sexual fizer parte, deveria concentrar-se na natureza da ligação romântica. O relato reconta a experiência de uma mulher, e embora o ponto de vista do homem envolvido não seja apresentado, podemos concluir que relações de gênero deveriam ser a principal consideração no caso. Sem negar a significação dessas características, quero considerar outras coisas. Pois há elementos centrais envolvidos, como tentarei mostrar, que também são característicos de outras relações íntimas e emocionalmente exigentes — entre, por exemplo, amantes do mesmo sexo ou entre amigos muito próximos. Esses são os elementos da relação pura. E podem ser detalhados (de forma típico-ideal) da forma que segue.

1 Em contraste com laços pessoais próximos em contextos tradicionais, a relação pura não está ancorada em condições exteriores da vida social e econômica — é como se flutuasse livremente. Considere-se, por exemplo, o casamento como foi um dia. Era um contrato muitas vezes iniciado pelos pais ou parentes, em vez de o ser pelos próprios parceiros conjugais. O contrato era em geral fortemente influenciado por considerações econômicas, e fazia parte de redes e transações econômicas mais amplas. Mesmo em tempos modernos, quando os antigos referenciais do casamento já estavam substancialmente desintegrados, o laço conjugal ainda estava preso a uma divisão interna do trabalho, o marido como provedor e a mulher preocupada com os filhos, o lar e a casa (embora convenha não esquecer que a força de trabalho sempre contou com proporção substancial de mulheres). Algumas dessas características tradicionais do casamento persistem, mais pronunciadas entre certos grupos socioeconômicos do que entre outros. Em geral, contudo, a tendência é para uma erradicação desses envolvimentos externos preexistentes — fenômeno originalmente acompanhado do surgimento do amor romântico como motivo básico para o casamento. O casamento se torna mais e mais uma relação iniciada pela satisfação emocional que deriva do contato próximo com o outro, e enquanto essa satisfação persistir ele se mantém. Outros traços — mesmo alguns aparentemente tão fundamentais como ter filhos — tendem a tornar-se fontes de "estorvo inercial" da possível separação, em vez de serem características ligadas à relação.

A moderna amizade expõe essa característica de maneira ainda mais clara. Um amigo é definido especificamente como alguém com quem se tem uma relação que não depende de nada mais que das recompensas que essa relação oferece. É possível tornar-se amigo de um colega, e a proximidade no trabalho ou o interesse compartilhado gerado pelo trabalho podem estimular a amizade — mas ela só será uma amizade se a ligação com a outra pessoa for valorizada em si mesma. E é por isso que se traça uma divisão tão aguda entre amigos e parentes. Mesmo que hoje estejam bem fracas, há obrigações, especificadas por laço de parentesco, que os parentes têm entre si. Além disso, ainda que essas obrigações possam ser gerais e vagas, os laços de parentesco, pelo menos as relações de sangue, não podem ser rompidos. As relações de amizade podem ter seus próprios elementos inerciais, mas na prática e em princípio a amizade com o outro se mantém apenas se os sentimentos de proximidade forem correspondidos por seu valor intrínseco.

2 A pura relação é buscada apenas pelo que a relação pode trazer para os parceiros envolvidos. Este ponto é o concomitante natural do anterior, e é precisamente neste sentido que a relação é "pura". Sem dúvida todas as relações pessoais, qualquer que seja a duração que tenham, geram tanto tensão quanto recompensas. Mas em relações que só existem por si mesmas, o que quer que vá mal entre os parceiros intrinsecamente ameaça a própria relação. Em conseqüência, é muito difícil "seguir com a corrente" como se pode fazer numa relação social dominada por critérios exteriores. Se um parceiro tenta fazê-lo, isso provavelmente desagradará ao outro. As tensões peculiares que isso gera estão bem colocadas em outra passagem do livro de Hite, que considera particularmente o casamento:

> As mulheres estão desertando em massa do casamento, seja pelo divórcio, ou emocionalmente, deixando-o com parte de seus corações... A maioria, depois de um período inicial de tentativas, parte em busca de outros lugares onde investir sua vida emocional. Mulher após mulher, depois dos primeiros anos "tentando", desiste e começa a se afastar em silêncio, gradativamente, talvez até imperceptivelmente.[25]

E, no entanto... a vasta maioria das mulheres não abandona a procura do amor, ou de uma relação viável:

> Como diz uma mulher, o amor continua voltando sobre nós, voltando à superfície talvez como uma espécie de chave: "De alguma maneira para a qual ainda não encontro as palavras, o amor romântico contém a chave de minha identidade — para me descobrir e a meu ser interior." Muitas mulheres se sentem desta maneira. Por quê? Talvez estejam certas em voltar, tentar outra vez fazer que o amor funcione ou compreender por que não dá certo... a maioria não quer apenas "amor", mas o tipo de amor verdadeiro de que falam. E assim não é surpreendente que mulheres que estão dentro de relações tantas vezes ainda falem sobre um "amor mais profundo" por vir, e que exista uma parte oculta delas que acredita que há mais, muito mais na vida... E, em verdade, não deveria haver?[26]

Novamente, podemos pensar que é o amor, ou a demanda por amor, que está em questão, e não qualquer coisa que tenha a ver especificamente com as relações como tais. Por mais que o amor — noção ambígua e difícil — seja realmente uma força codificadora que organiza o caráter da relação sexual, ele não é neste contexto um valor independente. Além disso, há bastante evidência de que os homens estão tão preocupados em encontrar relações emocionais quanto as mulheres.[27] Consideram essas relações mais difíceis de enfrentar, e em geral são menos hábeis em comunicar seus sentimentos e necessidades ao outro, mas essas são questões diferentes da linha de discussão que estou seguindo. As dificuldades de encontrar e continuar uma relação satisfatória dizem respeito, em parte, a problemas do amor e assimetrias de gênero; mas também têm a ver substancialmente com as angústias da relação pura. A sensação de "nunca estar satisfeita" dentro da relação, descrita pela primeira mulher citada, reflete as dificuldades inerentes na criação ou na sustentação de uma relação em que há equilíbrio e reciprocidade entre o que cada um traz para a relação e o que deriva dela, o que seria satisfatório para ambos.

3 A relação pura é reflexivamente organizada, de modo aberto e em base contínua. Isso também está claro nas citações da página 186, em que a pergunta: "Está tudo bem?" aparece como motivo principal. Quanto mais a relação depender de si mesma, tanto mais esse questionamento reflexivo será seu centro — contribuindo para as tensões observadas em 2. O auto-exame inerente à relação pura claramente se liga muito de perto com o projeto reflexivo do eu. "Como estou?" é uma pergunta diretamente envolvida com as recompensas que a relação propicia assim como com a dor que pode infligir. (A resposta "por que eu?" do parceiro também é uma questão relacionada às ligações entre a auto-identidade e as demandas da relação pura.)

A coordenação reflexiva de todas as relações próximas hoje, independente da distância que possam estar do estado "plenamente puro", participa da reflexividade mais ampla da modernidade. Grande quantidade de artigos de revistas e jornais, textos e manuais de especialistas, programas de televisão e de rádio trazem informação de pesquisas e debates sobre relações próximas, reconstruindo continuamente o fenômeno que descrevem. A própria obra de Hite mantém uma relação interessante mas de nenhuma maneira atípica com tal reflexividade. Seu livro, como seus estudos anteriores,[28] se baseia em procedimentos padrões de questionário utilizados em inúmeras pesquisas sociais. Sua obra, porém, alcançou um grande público, cujas atitudes se conformarão às visões que a pesquisa delineia, ao mesmo tempo que sua leitura dos resultados da pesquisa pode modificar essas visões e as disposições comportamentais a elas relacionadas.

4 O "compromisso" tem um papel central nas relações puras. O compromisso pareceria genérico a muitas formas de atividade social humana, e poder-se-ia supor que ele é encontrado em todos os contextos culturais. Por exemplo, poder-se-ia dizer que o verdadeiro crente de uma ordem religiosa tem um compromisso generalizado com os valores e práticas em questão. Mas convicção não é o mesmo que compromisso, e quando falamos deste último ligado às relações próximas de hoje estamos provavelmente considerando algo que é

historicamente novo. O compromisso, dentro da relação pura, é essencialmente o que substitui as âncoras externas que as relações pessoais próximas costumavam ter em situações pré-modernas. O amor, no sentido do amor romântico contemporâneo, é uma forma de compromisso, mas entre os dois, o compromisso é a categoria mais ampla. O que é uma "pessoa comprometida" no contexto de uma relação próxima? É alguém que, reconhecendo as tensões intrínsecas a uma relação da forma moderna, ainda assim está disposta a correr o risco, pelo menos até certo ponto — e que aceita que as únicas recompensas serão aquelas inerentes à própria relação. Um amigo é *ipso facto* uma pessoa comprometida. A pessoa casada será provavelmente uma pessoa comprometida exceto se a relação for mantida apenas por envolvimentos externos ou por arrasto inercial de um ou de outro tipo. O compromisso é conhecido por ganhar tempo — fornecer apoio emocional que resistirá pelo menos a algumas das perturbações que a relação pode vir a sofrer (embora quase certamente algo venha a ser pedido em troca).

Até certo ponto o compromisso pode ser regulado pela força do amor, mas sentimentos de amor não geram em si mesmos e por si mesmos o compromisso, nem em qualquer sentido o autorizam. Uma pessoa só fica comprometida com outra quando, por qualquer razão, assim o decidir. A mulher, na passagem citada do livro de Hite, sente que ama seu parceiro, mas seu amor não supre o compromisso que ela deseja. Nem poderia, porque o compromisso quase sempre deve fazer parte de uma troca de esforços; a relação pura não pode existir sem elementos substanciais de reciprocidade. O programa de autoterapia de Rainwater o reconhece, como a maioria dos empreendimentos terapêuticos. Uma das razões por que a reflexividade do eu tende a produzir um autoconhecimento mais acurado e próprio é que ajuda a reduzir a dependência de relações próximas. A relação que funciona bem, diz ela, é aquela em que cada pessoa é autônoma e segura de seu próprio valor. Onde isso não acontece, o que chamei de arrasto inercial se instala — como é o caso, por exemplo, em relações co-dependentes. A "co-dependência" foi antes de tudo formulada como uma palavra para descrever a posição dos indivíduos em relações com outros que sofriam de dependência química — de álcool e de outros tipos de drogas. A pessoa co-dependente é o parceiro que, por mais que deteste a relação ou esteja insatisfeito com ela, é psicologicamente incapaz de sair dela. Por razões que são opacas para a pessoa de que se trata (embora possam ser reveladas pela terapia individual ou familiar), tornou-se dependente de uma relação que oferece poucas recompensas psíquicas.[29]

O compromisso é de construção difícil precisamente porque supõe um alinhamento mútuo dentro da relação pura. Mantém uma ligação incômoda com a reflexividade que é igualmente central para o ordenamento da relação.

A pessoa comprometida está preparada para aceitar os riscos que o sacrifício de outras opções potenciais envolve. Nas fases iniciais de uma relação, cada pessoa provavelmente examina minuciosamente as atividades da outra, pois um avanço muito rápido na direção do compromisso por parte de uma delas pode provocar de uma vez a retirada da outra da relação nascente. A mulher citada por Hite demonstra uma astuciosa sensibilidade exatamente para esse aspecto de sua situação.

5 A relação pura enfoca a intimidade, que é uma condição principal de qualquer estabilidade de longo prazo que os parceiros logrem atingir. A intimidade deve ser distinguida do fenômeno mais negativo da falta de privacidade, característica da maior parte das situações da vida na Europa pré-moderna e em muitas culturas não-modernas em geral. A proximidade física — e, em termos modernos, a falta de privacidade — era conseqüência quase inevitável da arquitetura da vida cotidiana na pequena comunidade, mas também era característica dos grupos mais prósperos.[30] Dentro das casas, mas também nos outros ambientes da vida diária, as pessoas estavam quase sempre ao alcance das outras. O desenvolvimento da vida "pessoal" durante o período inicial da modernidade foi bem documentado pelos historiadores, ainda que a natureza das conexões causais envolvidas esteja sujeita a considerável debate. A intimidade é o outro lado da privacidade, ou pelo menos só se torna possível (ou desejada) no caso de uma privacidade substancial.[31]

Bensman e Lilienfeld destacam o crescente interesse em alcançar a intimidade nas sociedades modernas: "a demanda por intimidade leva ao ponto em que ela é virtualmente compulsiva".[32] Explicam essa situação em termos dos efeitos alienantes do desenvolvimento de grandes organizações impessoais no mundo moderno. Boa parte da vida social corre ao longo de linhas impessoais, em ambientes distantes do indivíduo comum, e sobre os quais ele tem pouco ou nenhum controle. A procura da intimidade é uma tentativa de assegurar uma vida significativa em ambientes conhecidos não incorporados a esses sistemas maiores. Voltarei mais tarde a essa tese, uma vez que outros autores têm sugerido coisas semelhantes. Não creio que seja inteiramente correta. A busca da intimidade tem um valor positivo. Não se baseia apenas em reações negativas a um mundo envolvente de sistemas e processos sociais de larga-escala. A privacidade torna possíveis as satisfações psíquicas que a intimidade tem para oferecer.

A expectativa da intimidade fornece talvez os laços mais próximos entre o projeto reflexivo do eu e a relação pura. A intimidade, ou a procura dela, está no centro das formas modernas de amizade e relações sexuais estabelecidas. A maioria dos manuais de terapia, inclusive o de Rainwater, deixa claro que a intimidade é quase sempre obtida apenas pelo "trabalho" psicológico, e que ela só é possível entre indivíduos seguros de suas próprias auto-identidades. Um estudo terapêutico mencionado anteriormente resume tudo isso muito bem: uma amizade ou parceria íntima, diz a autora, é "uma escolha entre duas pessoas que se comprometem entre si a compartilhar um estilo de vida significativo".[33] Ela descreve diversos tipos de relação que não atingiram uma intimidade desenvolvida. Algumas relações estão cheias de conflito, e as brigas e disputas se tornam a regra — o sofrimento emocional torna-se parte integrante da relação, e sem ele a relação pode de fato se romper. Relações eivadas de conflitos contrastam com relações "desenergizadas". Nestas, há pouco antagonismo entre os parceiros, mas também há pouco ou nada de fortes laços — a inércia mantém a relação. Os parceiros convivem entre si de maneira bastante razoável nos assuntos cotidianos, mas muitas vezes estão entediados e se ressentem mutuamente. Uma relação de "conveniência" é uma relação em que os indivíduos envolvidos aberta ou tacitamente concordam em manter o que têm à luz de recompensas externas, ou por causa das dificuldades que teriam de enfrentar se a relação se dissolvesse, ou pelo conforto de não ficar sós.

Todas essas relações contrastam com os laços íntimos, que requerem um compromisso com a "qualidade da relação"; quando a relação ameaça cair num dos outros tipos, é preciso tomar "uma decisão de renovar o compromisso mútuo e fazer as mudanças e escolhas necessárias para voltar a aproximar-se". Um compromisso "com a própria recuperação pessoal" também é necessário se um dos parceiros é incapaz de desenvolver a integridade requerida pela procura da intimidade.[34] A intimidade, destaca a autora, requer uma certa medida de privacidade da parte de cada parceiro, pois é preciso alcançar um equilíbrio entre a autonomia e o compartilhamento de sentimentos e experiências para que a proximidade pessoal não se transforme em dependência. Segundo essa concepção, a intimidade obviamente não deve ser confundida com laços sexuais. A intimidade desenvolvida é possível em relações não sexuais ou amizades; e um alto nível de atividade sexual pode ser mantido numa situação conflituosa. Por outro lado, o envolvimento sexual é muitas vezes parte da obtenção da intimidade — e também parte da reflexividade do corpo, que discutirei mais adiante.

6 A relação pura depende da confiança mútua entre os parceiros, que por sua vez se liga de perto à realização da intimidade. Na relação pura, a confiança não é e não pode ser tida como "dada": como outros aspectos da relação, deve ser trabalhada — a confiança do outro precisa ser ganha. Na maioria das situações pré-modernas, em que as relações pessoais eram estabilizadas por critérios externos no sentido assinalado acima, a confiança tendia a ser dirigida

às posições estabelecidas. Nem sempre se podia confiar nos parentes em tais situações, como demonstram as conspirações e golpes na luta pelo poder em casas reais. E no entanto as obrigações de parentesco provavelmente eram aceitas a maior parte do tempo, e forneciam ambientes razoavelmente estáveis de confiança dentro dos quais a vida cotidiana podia ser ordenada. Despidos dessas qualidades, os laços pessoais na relação pura requerem novas formas de confiança — precisamente aquela confiança que é construída pela intimidade com o outro. Essa confiança supõe a abertura do indivíduo para o outro, pois saber que o outro está comprometido conosco e que não abriga ressentimentos é o único referencial para a confiança quando praticamente não existem suportes exteriores.[35]

Para construir a confiança, um indivíduo deve ser tanto confiante quanto confiável, pelo menos dentro dos limites da relação. Como está tão proximamente ligada com a intimidade, a confiança implica no mesmo equilíbrio de autonomia e revelação mútua necessárias para sustentar trocas íntimas. O que importa na construção da confiança na relação pura é que cada pessoa deve conhecer a personalidade da outra, e ser capaz de saber como obter certos tipos de respostas desejadas da outra. Essa é uma das razões (não a única) por que a autenticidade tem um lugar tão importante na auto-realização. O que importa é que se pode depender do que o outro diz e faz. Se a capacidade de alcançar a intimidade com outros for parte importante do projeto reflexivo do eu — e ela é — o autodomínio é uma condição necessária da autenticidade.

Como se cria a confiança nas relações? Podemos voltar-nos outra vez para os manuais de terapia para obter um guia. Wegscheider-Cruse oferece uma gama de propostas práticas para construir a confiança que deriva de pesquisa sistemática sobre relacionamentos. Devemos "tomar tempo para ouvir o outro diariamente", dado que a comunicação é tão importante para a intimidade. Esse falar e ouvir não deve limitar-se sempre aos eventos triviais do dia. Onde houver questões substantivas a enfrentar, elas devem ser discutidas seriamente. Os parceiros devem "ater-se à questão até resolvê-la, e então encerrá-la", pois "repor a mesma questão diminui a confiança e cria novos problemas". Velhas disputas que continuam não resolvidas têm maior capacidade de destruir a confiança do que novas dificuldades, que podem ser mais fáceis de enfrentar. É preciso "chegar aos sentimentos por trás das questões", porque aparências superficiais podem ocultar a verdadeira dinâmica de uma situação, e a comunicação que não é "em profundidade" não consegue chegar a ela. Outras recomendações incluem a criação de uma atmosfera de atenção, a busca de prazeres e recreações mutuamente envolventes e o aprendizado da expressão construtiva da raiva.[36]

7 Numa relação pura, o indivíduo não só "reconhece o outro" e vê afirmada sua auto-identidade nas respostas desse outro. Além disso, como decorrer dos pontos precedentes, a auto-identidade é negociada por processos associados de auto-exploração e de desenvolvimento da intimidade com o outro. Tais processos ajudam a criar "histórias partilhadas" de uma espécie que tem um potencial de ligação maior do que as que caracterizam os indivíduos que partilham experiências em virtude de uma posição social comum. Essas histórias partilhadas podem ser bem diferentes dos ordenamentos de tempo e espaço prevalentes no mundo social mais amplo. Mas é importante destacar — questão que será mais tarde desenvolvida com detalhe — que elas estão caracteristicamente interpoladas dentro daquele mundo mais amplo em vez de estarem separadas dele. Histórias partilhadas são criadas e sustentadas, em verdade, substancialmente na medida em que integram as agendas dos planos de vida dos participantes.

A relação pura é em geral diádica, mas suas implicações e influência não se limitam a casos de duas pessoas. Um indivíduo qualquer provavelmente estará envolvido em diversas formas de relação social que tendem ao tipo puro; e relações puras estão tipicamente interconectadas, formando ambientes específicos de intimidade. Esses ambientes, como discutirei no próximo capítulo, exprimem uma divisão institucionalmente afirmada entre arenas públicas e privadas.

Relações puras começam a existir principalmente nos domínios da sexualidade, do casamento e da amizade. A medida da transformação das esferas íntimas desta maneira simplesmente varia conforme o contexto e a posição socioeconômica diferencial, como a maioria dos traços da modernidade discutidos neste livro. Relações entre pais e filhos, e relações de parentesco mais extensas, são em parte diferentes da relação pura. Elas continuam substancialmente ligadas a critérios exteriores — conexões biológicas que constituem as condições fundamentais de manutenção da relação. Mas cada uma delas é permeada por algumas das influências geradoras da relação pura. À medida que as relações de parentesco são despidas dos deveres e obrigações tradicionais, sua continuidade tende a depender cada vez mais das qualidades enumeradas acima. Ou essas relações se atenuam e passam a ser apenas nominais ou são reformadas pela obtenção reflexiva da intimidade.

Relações pai-filho são um caso especial, tendo em vista o desequilíbrio de poder envolvido, e sua importância para os processos de socialização. Os laços de proximidade estabelecidos entre os pais e os filhos são formados num contexto de dependência infantil, mas são também o nexo psicológico dentro do qual a criança pequena desenvolve a capacidade de estabelecer laços íntimos mais tarde na vida. Mas nas condições da modernidade, quanto mais a criança avança na direção da vida adulta e da autonomia, mais elementos da relação pura entram em jogo. Uma pessoa que saiu de casa pode manter contato constante com os pais, como obrigação; mas a confiança reflexivamente ordenada deve ser desenvolvida, envolvendo um compromisso mutuamente aceito, para que a relação se aprofunde. Se a pessoa se torna pai adotivo ou mãe adotiva de uma criança mais velha, as ligações estabelecidas desde o começo assumem as características da relação pura.

Que fazer? Do modo como são as coisas, essas questões se ligam através da reflexividade institucional. O que se aplica ao eu, e ao domínio das relações puras, aplica-se igualmente à esfera do corpo. Em outras palavras, o corpo se torna, na modernidade tardia, cada vez mais socializado e integrado à organização reflexiva da vida social.

O corpo e a auto-realização

"O corpo" parece uma noção simples, particularmente se comparado a conceitos como "eu" e "auto-identidade". O corpo é um objeto em que todos temos o privilégio de viver ou somos condenados a viver; fonte das sensações de bem-estar e de prazer, mas também das doenças e das tensões. Entretanto, como foi destacado, o corpo não é só uma entidade física que "possuímos", é um sistema de ação, um modo de práxis, e sua imersão prática nas interações da vida cotidiana é uma parte essencial da manutenção de um sentido coerente de auto-identidade.

Podem ser distinguidos diversos aspectos do corpo com relevância especial para o eu e a auto-identidade. A aparência corporal diz respeito a todas as características da superfície do corpo, incluindo modos de vestir e de se enfeitar, que são visíveis pelo indivíduo e pelos outros, e que são normalmente usados como pistas para interpretar as ações. A postura determina como a aparência é usada pelo indivíduo dentro dos ambientes genéricos das atividades cotidianas; é como o corpo é mobilizado em relação às convenções constitutivas da vida diária. A sensualidade do corpo se refere ao manejo da disposição ao prazer e à dor. Finalmente, temos os regimes a que o corpo é submetido.

Certos tipos de aparência e postura corporal simplesmente se tornam particularmente importantes com o advento da modernidade. Em muitas situações em culturas pré-modernas, a aparência era, em geral, padronizada em termos de critérios tradicionais. Modos de adorno facial ou de vestir, por exemplo, sempre foram até certo ponto meios de individualização; mas a medida em que isso era possível ou desejável era em geral muito limitada. A aparência denotava principalmente a identidade social, mais que a identidade pessoal. A roupa e a identidade social não estão hoje inteiramente dissociadas, e a primeira continua sendo um instrumento de sinalização do gênero, da posição de classe e do status ocupacional. Modos de vestir são influenciados por pressões de grupo, propaganda, recursos socioeconômicos e outros fatores que muitas vezes promovem a padronização mais que a diferença individual. Mas o fato de que tenhamos uma palavra especial, o "uniforme", para referir estilos de vestir que são padronizados em relação a determinadas posições sociais indica que em outras situações a escolha da roupa é relativamente livre. A aparência, para dizê-lo claramente em termos das idéias discutidas até aqui, vira um elemento central do projeto reflexivo do eu.

A postura é fortemente influenciada pela pluralização dos ambientes. O indivíduo não só deve estar preparado para interagir com os outros nos espaços públicos, onde se espera que a postura atenda a certos critérios gerais de competência cotidiana, mas também deve ser capaz de ter um comportamento apropriado em grande variedade de ambientes e lugares. Naturalmente, até certo ponto, os indivíduos ajustam tanto a aparência quanto a postura de acordo com a maneira como percebem as demandas do ambiente particular. Isso levou alguns autores a suporem que o eu essencialmente se parte — que os indivíduos tendem a desenvolver múltiplos eus em que não há um centro interior de auto-identidade. Mas esse não é definitivamente o caso, como grande número de estudos sobre a auto-identidade mostra. A manutenção de uma postura constante em vários ambientes de interação é um dos principais meios pelos quais a coerência da auto-identidade é em geral preservada. O potencial para o desvendar da auto-identidade é mantido sob controle porque a postura mantém um laço entre "sentir-se em casa no próprio corpo" e a narrativa personalizada. A postura deve ser efetivamente integrada a essa narrativa para que a pessoa seja capaz de manter as "aparências normais", sem deixar de se convencer da continuidade pessoal no tempo e no espaço; na maioria das situações isso é realizado sem grandes dificuldades (embora a qualquer momento possa entrar em tensão).

Nos ambientes pós-tradicionais da alta modernidade, nem a aparência nem a postura podem ser consideradas definitivas; o corpo participa de maneira muito direta do princípio de que o eu deve ser construído. Regimes corporais, que também se referem diretamente aos padrões de sensualidade, são o meio principal pelo qual a reflexividade institucional da vida social moderna se centra no cultivo — quase se poderia dizer na criação — do corpo.

Olhemos mais uma vez para um guia particular como meio de investigar essas questões. *O sentido do corpo*, de Vernon Coleman, é uma dentre grande número de obras de auto-ajuda que têm por objetivo oferecer um meio de nos orientarmos entre a dependência dos hábitos corporais preestabelecidos e a barragem de nova informação desenvolvida dentro dos sistemas abstratos (emanando de médicos — e Coleman é um deles —, praticantes da saúde holística, dietetas, e assim por diante).[37] Uma vez mais, olhamos para a obra como sintoma.

O livro oferece um "compreensivo programa de triagem", por meio do qual podemos monitorar muitos aspectos de nossa própria saúde e suscetibilidade a diferentes indisposições ou incapacidades. Trata-se do planejamento da vida num sentido muito concreto; inclui uma lista de controle, por exemplo, que permite o cálculo da expectativa de vida da pessoa. Cada seção do livro (referido como uma "clínica") contém um questionário na área da saúde, um "arquivo do que se sabe" (que resume o estado corrente dos fatos médicos sobre o tema ou temas em questão) e um "plano de ação" (o que o indivíduo pode fazer para melhorar sua saúde nos aspectos relevantes). O conceito de risco é o eixo da obra como um todo. Os questionários permitem que o indivíduo some pontos numa fórmula para estimar seu risco de contrair doenças específicas — em particular, câncer, problemas circulatórios e do coração, doenças do aparelho respiratório, problemas digestivos e dificuldades com os músculos e as articulações.

Duas das seções mais importantes dizem respeito a hábitos alimentares e cuidados com a saúde. Cada uma fornece uma lição objetiva sobre as dificuldades que até mesmo os profissionais têm em selecionar entre a variedade de afirmações e contra-afirmações características dos sistemas especializados. Como diz Coleman:

> Se você acreditar em tudo o que lê sobre alimentos hoje em dia, você provavelmente nunca mais vai querer comer. Ligue a TV ou o rádio, abra uma revista ou um jornal e verá e ouvirá estórias horríveis sobre as coisas sinistras que o fornecedor faz contra você. Isso já seria suficientemente ruim. Não é agradável sentar-se diante de um prato de boa aparência se você imaginar que pode ser o último de sua vida. Tudo ficou ainda mais preocupante pelo fato de que a informação que é oferecida neste momento muitas vezes entra em conflito com os dados da semana passada... Qual é então a verdade sobre a comida que comemos?.. O que é bom e o que é mau para você? O que deve evitar e o que pode comer impunemente?[38]

Coleman tenta dar respostas de autoridade, embora reconheça que muitas das coisas que diz podem ser disputadas por outros especialistas; e em muitos casos os riscos não podem ser calculados porque o conhecimento existente é incompleto.

Segundo o programa de Coleman, é preciso reduzir a ingestão de colesterol; e a de gordura animal, de sal, de açúcar e de álcool deve ser reduzida ao mínimo: essas recomendações são feitas com segurança. Ao contrário, o café — que, por exemplo, Rainwater recomenda cortar inteiramente por motivos de saúde — é tido como não merecedor da má fama que obteve, pois "não há evidência sólida para sustentar a teoria de que o café é mau para você".[39] Fibras e farelos são defendidos como importantes para um sistema digestivo saudável, enquanto que os aditivos são tratados pelo autor de maneira ambivalente. Observando que uma ampla gama de aditivos é agora usada regularmente na manufatura de comidas processadas, e pesticidas são pulverizados nas colheitas, Coleman destaca que muitos desses produtos químicos foram testados de maneira inadequada em relação aos seus efeitos na saúde — em verdade tal teste, a longo prazo, é quase impossível. Ele sugere que, embora seja muito difícil erradicar inteiramente da dieta os aditivos artificiais, deve-se comprar tanto quanto possível dos pequenos produtores locais, lavradores e quitandas que vendem comida fresca e produzida organicamente.

O "sentido do corpo" envolve o "cuidado do corpo", e isso é algo, diz Coleman, que os especialistas não podem oferecer. Embora os profissionais devam ser consultados quando necessário, a resistência à doença é principalmente questão de desenvolver a "habilidade própria" do corpo. O cuidado do corpo significa "ouvir o corpo" constantemente, tanto para aproveitar plenamente os benefícios da boa saúde, quanto para captar os sinais de que alguma coisa pode estar errada. O cuidado do corpo produz a "força do corpo", a capacidade crescente de evitar doenças graves e a capacidade de enfrentar pequenos sintomas sem recorrer a remédios. A força do corpo pode ajudar a pessoa a manter ou até mesmo melhorar a aparência pessoal; entender como o corpo funciona e monitorar de perto seu funcionamento com atenção mantém a pele da pessoa fresca e o corpo esguio.

O que significa dizer que o corpo se tornou parte da reflexividade da modernidade? Regimes corporais e a organização da sensualidade na alta modernidade se abrem à atenção reflexiva contínua, contra o pano de fundo da pluralidade da escolha. Tanto o planejamento da vida quanto a adoção de opções de estilo de vida se integram (em princípio) aos regimes corporais. Seria muita miopia ver esse fenômeno apenas em termos dos novos ideais de aparência corporal (como a esbelteza ou a juventude), ou apenas como produzido pela influência mercantilizada da propaganda. Tornamo-nos responsáveis pelo desenho de nossos próprios corpos, e em certo sentido, indicado acima, somos forçados a fazê-lo quanto mais pós-tradicionais forem os contextos sociais em que vivemos.

O estudo da anorexia nervosa, aparentemente uma pura obsessão com a aparência corporal e a esbelteza, oferece um meio de destacar claramente esta questão.

A anorexia nervosa e a reflexividade do corpo

A seguinte é uma descrição pessoal de um episódio de compulsão anoréxica, escrita por uma mulher que eventualmente conseguiu livrar-se de seu jugo:

> Comecei a usar roupas estranhas; de bazares e de minha própria lavra. E cosméticos — estranhos cosméticos — lábios brancos ou pretos; pálpebras escuras, com cores violentas. Tirei as sobrancelhas e penteei os cabelos para trás. Minha mãe detestou e gritou comigo. Não me deixaria sair com aquela aparência. Então, tirei tudo e voltei a pô-lo no ônibus. E era tudo fachada: por baixo, eu estava assustada e solitária, mas queria desesperadamente ser eu mesma, definir quem era, expressar minha verdadeira natureza. Não podia encontrar as palavras, por isso usei o rosto. Olhava as fotografias nas revistas: as meninas eram belas e esbeltas. Pareciam expressar algo que eu sentia. Mas eu não era esbelta e queria ser. Parei de comer, não de maneira dramática, mas pouco a pouco. Virei vegetariana, e minha mãe reclamou. Perdi peso. Minha mãe me levou ao médico que tentou me persuadir a comer peixe, pelo menos, e eu o fiz...

Mais tarde foi levada ao hospital para remover o apêndice:

> Dois meses depois da operação, fui a uma festa. Lá encontrei um velho conhecido. Ele comentou minha perda de peso e disse que eu estava bem; em verdade, ele disse, eu estava muito mais atraente. Reduzi a comida consideravelmente desse momento em diante. Parei de comer batatas e pão; depois manteiga e queijo. Comecei a "devorar" toda informação que conseguia sobre calorias; lia livros de dietas com interesse que me consumia. Minha comida era pesada; medida segundo o valor calórico... Minha dieta era invariável. Cada dia tinha que ser o mesmo. Eu entrava em pânico se a loja não tinha exatamente a marca de torrada que eu queria; entrava em pânico se não pudesse comer, ritualmente, à mesma hora...

Por fim encontrou uma médica simpática e competente que a ajudou a começar a comer outra vez alimentos mais substanciais.

> Confiava nela. Precisava dela; essa pessoa que ouvia tão atentamente o que eu dizia, que não me julgava, que não me dizia o que fazer, que me deixava viver. Tentei, com sua ajuda, desvendar o emaranhado de minhas emoções confusas e conflitantes.

> Mas, no fim, dependia de mim. Era tão duro de aceitar. Ela me ajudaria mas não me diria como viver. Tratava-se da minha vida. Ela me pertencia. Eu podia cultivá-la; eu podia alimentá-la ou deixá-la passar fome. Eu podia escolher. Era tão pesada a escolha, que às vezes pensava que não poderia agüentar sozinha... É uma coisa arriscada ser mulher. Descobri diferentes estratégias; algumas que estão sob meu controle. A luta para ser eu mesma, autônoma e livre, continua.[40]

O jejum e a rejeição de vários tipos de alimentos obviamente são, há muito tempo, parte de práticas religiosas, e encontrados em muitos quadros culturais diferentes. Era relativamente comum na Europa medieval que os indivíduos à procura da salvação se submetessem a jejuns prolongados. A santidade feminina alcançada pela privação de comida era particularmente importante. Muitas crônicas dos tempos medievais contam estórias de mulheres santas cujos jejuns regulares as ajudavam a alcançar a graça espiritual — os médicos dos séculos XVII e XVIII denominaram a prática de *anorexia mirabilis*, ou perda de apetite milagrosamente inspirada.[41] Mas há um consenso de que a *anorexia mirabilis* é muito diferente da anorexia nervosa, que faz parte dos tempos modernos, e é particularmente característica do período contemporâneo — a fase da modernidade tardia. A *anorexia mirabilis* não era particularmente comum entre as adolescentes ou as jovens, como muitas vezes acontece hoje, e não tinha a ver com a questão da aparência corporal, mas dizia respeito à superação dos apetites sensuais na busca de valores mais altos. A anorexia nervosa começa com o fenômeno das "meninas que jejuam", observadas ao final do século XIX, embora essa ainda fosse uma síndrome de transição, como se fosse "uma relíquia evocativa, num momento de secularização, de uma antiga cultura religiosa feminina".[42] A condição propriamente dita só se difundiu a partir do surgimento das "dietas", no sentido mais restrito desse termo, em torno de 1920 até os dias de hoje.

O fato de que a anorexia está tão ligada à divisão entre os gêneros tem sem dúvida a ver com a associação entre a dieta e os novos valores da aparência corporal. A conexão preestabelecida entre uma figura corpulenta e a prosperidade tinha virtualmente desaparecido ao final das primeiras duas ou três décadas do século XX. As mulheres começaram a ficar preocupadas com o peso muito antes que a maioria dos homens, e de maneira diferente. Mas é muito importante reconhecer que a década de 1920 foi também o período em que a "dieta", no sentido amplo, foi associada pela primeira vez ao controle do peso e à auto-regulação da saúde; e foi também o período em que a manufatura da comida começou a se acelerar, levando a uma disponibilidade muito maior de alimentos variados. "Estar de dieta" no sentido estrito da expressão é apenas uma versão particular de um fenômeno muito mais geral — o cultivo de regimes corporais como meio de influenciar reflexivamente o projeto do eu.

Desse ponto de vista, a anorexia, e seu aparente oposto polar, a superalimentação compulsiva, devem ser entendidas como acidentes da necessidade — e responsabilidade — do indivíduo na criação e manutenção de uma auto-identidade distintiva.[43] São versões extremas do controle dos regimes corporais que se tornaram hoje genéricos nas circunstâncias da vida cotidiana.

A anorexia é um fenômeno complexo, sobre o qual há hoje volumosa literatura, e dificilmente seria possível neste contexto fazer uma análise detalhada dela. Concentrar-me-ei apenas naquelas características diretamente relevantes para as teses gerais deste livro. A anorexia pode ser entendida como uma patologia do autocontrole reflexivo, operando em torno de um eixo de auto-identidade e aparência corporal, em que a vergonha desempenha papel preponderante. Todos os elementos importantes relacionados à anorexia aparecem na experiência da mulher descrita acima. Sua preocupação em ficar esbelta surgiu não como uma repentina rejeição da comida, mas como um fenômeno controlado e progressivo, que aconteceu "pouco a pouco"; ela devotava muito cuidado à sua dieta, um ascetismo deliberado no regime corporal em meio às escolhas plurais da comida disponível; havia um componente reflexivo marcado, como sugerido por sua determinação de "devorar" toda informação sobre calorias que pudesse obter; a consciência da necessidade de forjar um estilo de vida distintivo, em relação à sua auto-identidade, aparece muito claramente; e uma polaridade de vergonha e orgulho surge com clareza na "fachada" que ela procurou construir em contraste com sua eventual convicção de que podia "nutrir" sua auto-estima em vez de "deixá-la com fome".

Por que a anorexia nervosa seria principalmente característica das mulheres, sobretudo das relativamente jovens? Uma razão é sem dúvida a maior pressão pela atração física sobre as mulheres, por contraste com os homens (embora o desequilíbrio esteja mudando), associada ao fato de que o começo da vida adulta é uma fase crítica na formação da identidade. Uma visão comum da anorexia é que ela representa uma "recusa a tornar-se adulta" — com efeito, uma negação da puberdade, o desejo de permanecer uma menina em vez de tornar-se uma mulher. Mas essa interpretação não é convincente e, como nota um observador, trata equivocadamente a anorexia como uma patologia específica e não como uma "resposta extremamente complicada a uma auto-identidade confusa".[44] A anorexia deveria ser entendida em termos da pluralidade de opções que a modernidade tardia torna disponíveis — contra o pano de fundo da exclusão continuada das mulheres da participação plena no universo da atividade social que gera essas opções. As mulheres hoje têm a oportunidade nominal de seguir toda uma variedade de possibilidades e chances; mas, numa cultura machista, muitas dessas vias permanecem efetivamente fechadas. Ademais, para abraçar as que existem, as mulheres devem abandonar suas antigas identidades "fixas" de maneira mais completa que os homens. Em outras palavras, experimentam a abertura da modernidade tardia de uma maneira mais plena e ao mesmo tempo mais contraditória.

A anorexia, como diz Orbach, é uma forma de protesto; uma forma que não se caracteriza pela fuga, mas pelo compromisso sustentado com a reflexividade do desenvolvimento corporal.[45] Em outros tempos, quando a posição social das mulheres era em geral estritamente definida, elas exprimiam a rebelião com o corpo na forma de sintomas histéricos. Hoje, seu protesto está misturado com o controle reflexivo que uma ordem pós-tradicional implica: "A mulher anoréxica envolve em seu sintoma um modo de ser completamente oposto à resposta fleumática de sua irmã histérica do século XIX. Não são para ela os desmaios, quedas e punhos agitados; seu protesto é marcado pela realização de uma transformação séria e bem-sucedida de seu corpo..."[46] Quando as opções diante de uma mulher eram poucas e estreitas, sua resistência inconsciente através do corpo era difusa; numa situação de aparente multiplicidade de possibilidades, sua reação é confinada e exibe estrito controle. Como indica Orbach, a mulher anoréxica não é a vítima passiva do dieteta; ao contrário, a anorexia envolve regimes corporais que são altamente ativos e coordenados.

Nos estilos de vida anoréxicos vemos então uma versão específica da exortação de Rainwater: "Você está no comando", salvo que a tentativa de controle se torna compulsiva. Os regimes corporais de indivíduos anoréxicos são freqüentemente extremos. Uma pessoa pode, por exemplo, correr diversos quilômetros, tomar parte numa longa e penosa sessão de exercícios para então malhar um certo período nos aparelhos. Essas atividades produzem um sentido de realização, mais do que o simples desespero, e podemos ver claramente nelas aspectos importantes de "empoderamento" [*empowerment*]. Há uma "urgência e força" no ascetismo da anorexia, que tem mais a ver com a autonegação *per se* do que com uma imagem corporal de esbelteza. "Morrer de fome num mar de objetos", como diz John Sours, é uma negação que paradoxalmente afirma com grande força a construção reflexiva da auto-identidade e do corpo.[47]

Porém o domínio compulsivo é muito diferente do autêntico monitoramento reflexivo, e não é de surpreender que a pessoa anoréxica freqüentemente se sinta "tomada" pelo próprio regime a que submete seu corpo. Nos termos de Winnicott e de Laing, o corpo se torna parte de um sistema de falso eu, afastado das aspirações interiores do indivíduo, mas rigorosamente governado por elas. Sentimentos de destruição, derivados da vergonha inconsciente, se fixam nos regimes corporais. A extraordinária intensidade que o ascetismo anoréxico pode assumir carrega a marca de uma implacável dedicação interior, de cujas fontes no projeto da auto-identidade o indivíduo só está parcialmente consciente. O "caráter alheio" do corpo — em que o eu não se sente confortável — ajuda a explicar por que os regimes anoréxicos podem às vezes ser seguidos até o limite de um verdadeiro "jejum até a morte". O indivíduo só se sente "digno" na base de um regime de auto-regulação tão completo que o menor lapso é ameaçador.

A anorexia representa uma procura de segurança num mundo de opções plurais, mas ambíguas. O corpo estritamente controlado é um emblema de uma existência segura num ambiente social aberto. Como vimos antes no relato pessoal: "É um negócio arriscado, ser mulher". A construção da auto-identidade e do corpo acontece no quadro de referência de uma cultura do risco, e olhar mais diretamente para ela é a tarefa do próximo capítulo.

4. Destino, risco e segurança

Sina, fatalismo, momentos decisivos

Viver no universo da alta modernidade é viver num ambiente de oportunidade e risco, concomitantes inevitáveis de um sistema orientado para a dominação da natureza e para a feitura reflexiva da história. Sina e destino não têm papel formal a desempenhar em tal sistema, que opera (por princípio) através do que chamarei de controle humano aberto dos mundos natural e social. O universo dos eventos futuros está aberto para ser moldado pela intervenção do homem — dentro de limites que, tanto quanto possível, são regulados pela aferição do risco. Mas as noções de sina e destino de maneira nenhuma desapareceram nas sociedades modernas, e uma investigação sobre sua natureza tem muitas e ricas implicações para a análise da modernidade e da auto-identidade.

Embora a afirmação possa parecer radical, pode-se dizer com alguma segurança que não há cultura não-moderna que não incorpore em algum sentido, como parte central de sua filosofia, as noções de sina e destino. O mundo não é visto como uma sucessão de eventos sem direção, em que os únicos agentes ordenadores são as leis naturais e os homens, mas como algo que tem uma forma intrínseca que relaciona a vida individual a acontecimentos cósmicos. O destino de uma pessoa — a direção que sua vida deve seguir — é especificada pela sina dessa pessoa, o que o futuro lhe reserva. Ainda que exista uma grande variedade de crenças que podem ser agrupadas sob esses dois termos, na maioria delas o ponto de conexão entre o destino e a sina é a morte. No pensamento grego, a sina (*moira*) era portadora da condenação e da morte, e era considerada um grande poder — mais antiga que o mais antigo dos deuses.[1]

Dada a natureza da vida social e da cultura modernas, tendemos hoje a contrapor a sina e a abertura dos eventos futuros. A sina é considerada uma forma de determinismo pré-ordenado, ao qual se opõe a visão moderna. Mas embora o conceito de sina tenha a conotação de um futuro parcialmente "determinado", também envolve normalmente uma concepção moral de destino e uma visão esotérica dos eventos cotidianos — onde "esotérico" significa que os eventos são experimentados não só em termos de sua relação causal, mas em termos de seu significado cósmico. Nesse sentido, a sina tem pouco a ver com o fatalismo do modo como este termo é entendido hoje. Fatalismo é a recusa da modernidade — o repúdio a uma orientação de controle em relação ao futuro em favor de uma atitude que deixa que os eventos venham como vierem.

Um importante ponto de conexão entre idéias preexistentes de sina e as do período pós-medieval era o conceito de *fortuna*, que deriva originalmente do nome da deusa romana da "fortuna", e que mantinha uma difícil tensão com as crenças cristãs dominantes. A idéia da Divina Providência era claramente uma versão da sina mas, como observou Max Weber, o cristianismo introduziu um papel mais dinâmico para os homens nesta Terra do que aquele que caracterizava as religiões tradicionais da Grécia e de Roma.[2] A deusa era desdenhada pela Igreja, pois a idéia de "fortuna" implicava que se poderia alcançar a graça sem precisar trabalhar como instrumento de Deus no mundo. Ainda assim a idéia de fortuna continuou importante e chegava a superar a recompensa da providência na outra vida como característica das crenças culturais locais. O uso que Maquiavel faz de fortuna marca uma transição significativa entre o uso tradicional da noção e o surgimento de novos modos de atividade social de que a sina é excluída. Em *O príncipe* ele diz:

> Muitos acreditavam, e ainda mantêm a opinião, que as coisas deste mundo são, de certa maneira, controladas pela *fortuna* e por Deus, que os homens em sua sabedoria não podem controlá-las, e, até mesmo, que os homens não podem remediá-las; e por essa razão podem julgar que não precisam gastar muito suor nessas questões, mas deixar que sejam governadas pela sina... Acredito que é verdade que a fortuna é o árbitro de metade de nossas ações, mas que ainda nos deixa o controle da outra metade, ou quase isso... Digo que vemos um príncipe prosperar hoje e arruinar-se amanhã sem que o tenhamos visto mudar seu caráter ou qualquer de seus traços... um príncipe que se apóia completamente na fortuna se arruinará tão logo ela mude; também acredito que o homem que adapta seu curso de ação à natureza dos tempos será bem-sucedido e, da mesma maneira, que o homem que determina seu curso de ação fora de tom com o momento haverá de lamentar-se.[3]

Não surpreende que o estudo da política forneça a área inicial na qual as noções de sina se transformam, pois embora a propaganda das nações possa vê-las como conduzidas pela sina a um destino específico, a prática da política — no contexto moderno — supõe a arte da conjectura. Pensar como as coisas podem acontecer caso seja seguido um determinado curso de ação, e comparar isso com as alternativas, é a essência do juízo político. Maquiavel é celebrado como o iniciador da estratégia política, mas sua obra apresenta outras inovações mais fundamentais. Ele prenuncia um mundo em que o risco e o cálculo do risco ultrapassam a fortuna em praticamente todos os domínios da atividade humana. Parece que não havia uma palavra genérica para o risco ao tempo de Maquiavel; a noção aparece no pensamento europeu aproximadamente um século mais tarde. (Em inglês, até o século XIX a palavra era usada em sua versão francesa, *risque*. Durante certo tempo o termo francês continuou a ser usado ao lado na nova palavra anglicizada, que foi utilizada em primeiro lugar em relação aos seguros. O termo *risqué*, significando uma piada que pode ofender, ainda apresenta a grafia anterior.)[4]

A noção de risco se torna central numa sociedade que está deixando o passado, o modo tradicional de fazer as coisas, e que se abre para um futuro problemático. Essa afirmação se aplica tanto a ambientes de risco institucionalizado quanto a outras áreas. Os seguros, como vimos no capítulo 1, são um dos elementos centrais da ordem econômica do mundo moderno — são parte de um fenômeno mais geral relacionado ao controle do tempo a que chamarei de colonização do futuro. A "abertura" das coisas por vir expressa a maleabilidade do mundo social e a capacidade que os homens têm de dar forma aos ambientes físicos de sua existência. Ainda que se saiba que o futuro é intrinsecamente imprevisível, e como ele é cada vez mais segregado do passado, esse futuro se torna um novo terreno — um território de possibilidades contrafactuais. Sendo assim, tal terreno se presta à invasão colonial pelo pensamento contrafactual e pelo cálculo do risco. Este, como mencionei antes, nunca pode ser completo, pois mesmo em ambientes de risco relativamente confinados há sempre resultados não intencionais e imprevistos. Em ambientes em que a sina desapareceu, toda ação, mesmo a que se atém a padrões fortemente estabelecidos, é em princípio "calculável" em termos de risco — alguma espécie de estimativa geral do risco pode ser feita para praticamente todos os hábitos e atividades, em relação a resultados específicos. A intromissão dos sistemas abstratos na vida cotidiana, junto com a natureza dinâmica do conhecimento, significa que a consciência do risco se infiltra nas ações de quase qualquer um.

Uma discussão mais ampla do risco e de sua relação com a auto-identidade será apresentada em breve. Antes, porém, é necessário apresentar uma ou duas outras noções ligadas à de sina. E necessário dizer algo mais sobre o fatalismo, um termo que, como mostramos, tem mais a ver com a vida social moderna do que com culturas mais tradicionais. Fatalismo, como o entendo aqui, difere de estoicismo, uma atitude de força em face dos impasses e tribulações da vida. Uma posição fatalista é uma posição de aceitação resignada de que se deve deixar que as coisas sigam seu curso. É uma posição nutrida pelas principais orientações da modernidade, embora se oponha a elas.

O fatalismo deve ser separado de uma sensação de fatalidade dos eventos. Acontecimentos ou circunstâncias decisivos são aqueles que têm conseqüências particulares para um indivíduo ou grupo.[5] Incluem os resultados não desejados que se enfrenta no que chamei de riscos de alta conseqüência, riscos que afetam grande número de pessoas de maneira potencialmente ameaçadora da vida, mas eles também figuram ao nível do indivíduo. Momentos decisivos são aqueles em que os indivíduos são chamados a tomar decisões que têm conseqüências particulares para suas ambições ou, em termos mais gerais, para suas vidas no futuro. São de alta conseqüência para o destino de uma pessoa.

Momentos decisivos podem ser entendidos como os traços mais amplos das atividades portadoras de conseqüências que um indivíduo leva consigo na vida cotidiana e no curso de sua existência. Boa parte da vida cotidiana, no que diz respeito ao indivíduo, não tem conseqüências, e não é vista como particularmente decisiva para os objetivos gerais. No entanto, alguns tipos de atividade são geralmente pensados pela pessoa em questão como tendo mais conseqüências para ela do que outros — como a atividade que se desenrola na esfera do trabalho. Consideremos o fenômeno do tempo "morto" ou "matado", analisado com brilho característico por Goffman.[6] O tempo que se deve "matar" é também — e isso é interessante — muitas vezes chamado de tempo "livre" — é um tempo que sobra, nos intervalos dos setores mais conseqüentes da vida. Se uma pessoa descobre que tem meia hora entre um compromisso e o próximo, ela pode decidir gastar esse tempo flanando ou lendo o jornal, em vez de usá-lo de uma maneira "útil". O tempo matado está fora dos limites da vida do indivíduo e (a menos que aconteça algo inesperado) não tem conseqüências para ela.

Em claro contraste, muitas atividades mais conseqüentes da vida são rotinizadas. A maioria daquelas "ligadas ao tempo" — no setor formal ou no informal da vida — não é problemática, ou só o é em termos do manejo ordinário das tarefas consideradas. Em outras palavras, decisões difíceis podem vir a ser tomadas, mas elas são manejadas por estratégias desenvolvidas para lidar com elas como parte das atividades correntes em questão. Às vezes, porém, uma situação ou episódio particular pode ao mesmo tempo ser problemático e ter muitas conseqüências — são esses episódios que constituem os momentos decisivos. Eles são momentos em que os eventos se reúnem de tal maneira que o indivíduo fica como se estivesse na encruzilhada da vida; ou em que uma pessoa recebe informações com conseqüências fatais.[7] Momentos decisivos incluem a decisão de casar, a própria cerimônia do casamento — e mais tarde, talvez, a decisão de separar-se e de partir. Outros exemplos são: submeter-se a exames escolares, optar por certo aprendizado ou curso de estudos, entrar em greve, trocar um emprego por outro, ouvir o resultado de um exame médico, perder muito numa aposta, ou ganhar grande soma na loteria. Muitas vezes os momentos decisivos acontecem devido a coisas que se abatem sobre o indivíduo, quer ele queira ou não; mas tais momentos são também construídos como, por exemplo, quando uma pessoa decide reunir a totalidade de suas economias para começar um negócio. Há, é claro, momentos decisivos na história das coletividades como nas vidas dos indivíduos. São fases em que as coisas saem dos eixos, quando um estado de coisas é repentinamente alterado por alguns eventos-chave.

Momentos decisivos, ou aquela categoria de possibilidades que um indivíduo define como decisivas, mantêm uma relação particular com o risco. São os momentos em que o apelo da fortuna é forte, momentos em que em ambientes mais tradicionais, os oráculos teriam sido consultados ou as forças divinas invocadas. Especialistas são freqüentemente chamados quando se aproxima um momento decisivo ou quando uma decisão fatal deve ser tomada. É muito comum que o conhecimento seja o veículo através do qual uma circunstância é declarada decisiva — por exemplo, no caso de um diagnóstico médico. Mas há relativamente poucas situações em que uma decisão sobre o que fazer se torna clara como resultado da consulta ao especialista. A informação derivada dos sistemas abstratos pode ajudar na estimativa do risco, mas é o indivíduo em questão que deve correr os riscos. Decisões fatais são em geral, quase que por definição, difíceis de se tomar por causa da mistura de problemas e conseqüências que as caracteriza.

Momentos decisivos são ameaçadores para o casulo protetor que defende a segurança ontológica do indivíduo, porque a atitude "tudo bem" que é tão importante para o casulo é inevitavelmente atravessada. Há momentos em que o indivíduo deve lançar-se a algo novo, sabendo que a decisão tomada, ou o específico curso de ação seguido, tem uma qualidade irreversível, ou pelo menos que será difícil, a partir de então, voltar aos velhos caminhos. Momentos decisivos não significam necessariamente enfrentar uma alta probabilidade de que as coisas dêem errado, isto é, situações com altas probabilidades de perder. O que tende a tornar o ambiente de risco difícil de ser enfrentado é antes a escala das penalidades em conseqüência de se ter tomado a decisão errada. Momentos decisivos revelam grandes riscos para o indivíduo, que são comparáveis aos que caracterizam a atividade coletiva.

Os parâmetros do risco

Como o risco e tentativas de estimativa do risco são tão fundamentais para a colonização do futuro, o seu estudo pode nos dizer muito sobre elementos centrais da modernidade. Diversos fatores fazem parte disso: a redução dos riscos que ameaçam a vida do indivíduo, como conseqüência da expansão da segurança na atividade cotidiana garantida pelos sistemas abstratos; a construção de ambientes de risco institucionalmente confinados; o monitoramento do risco como aspecto-chave da reflexividade da modernidade; a criação de riscos de alta conseqüência resultantes da globalização; e a operação de tudo isso contra o pano de fundo de um "clima de risco" inerentemente instável.

A preocupação com o risco na vida social moderna não tem nada a ver diretamente com a prevalência de perigos para a vida. Ao nível da existência do indivíduo, em termos da expectativa de vida e do grau de liberdade em relação à doença séria, as pessoas nas sociedades desenvolvidas estão numa posição muito mais segura do que a maioria em épocas anteriores. No fim do século XIX na Inglaterra, então a sociedade economicamente mais avançada do mundo, epidemias mortais que matavam centenas de milhares de pessoas eram lugar-comum. Uma proliferação de doenças endêmicas teve de ser suportada, mesmo que não fossem necessariamente fatais. Muitos puderam observar:[8]

> A exaustão, a febre e os lamentos,
> Aqui, onde os homens estão e se ouvem gemer,
> Onde a paralisia faz estremecer os últimos e tristes cabelos brancos,
> Onde a juventude empalidece, e definha, e morre.

Foi só a partir do começo do século XX que estatísticas suficientes ficaram disponíveis para mapear com alguma precisão as mudanças que afetaram resultados ameaçadores. Um estudo que tomou o ano de 1907 como ponto de partida mostrou que naquele tempo os recém-nascidos "entravam num campo minado"[9] (embora as taxas de mortalidade infantil tivessem sido muito reduzidas em comparação ao século anterior). Num gráfico de 1907, aproximadamente um de cada sete morria no primeiro ano de vida, em contraste com um em cada sessenta e sete num gráfico de 1977 tomado como base de comparação. A lista a seguir registra alguns dos mais importantes avanços na redução de riscos, avanços relevantes para a saúde durante os anos 1907-1977 — isto é, os anos que abarcavam a vida de alguém com 70 anos em 1977:

- água tratada
- esgoto sanitário
- preparação higiênica da comida
- leite pasteurizado
- refrigeração
- aquecimento central
- ampla aplicação de princípios científicos de nutrição
- ampla aplicação de princípios científicos de higiene pessoal
- erradicação das principais doenças causadas por parasitas, inclusive a malária
- controle de insetos e de roedores
- aperfeiçoamento contínuo dos cuidados pré-natais e pós-natais
- aperfeiçoamento contínuo da atenção a bebês e crianças
- aperfeiçoamento contínuo do tratamento das doenças infecciosas
- aperfeiçoamento contínuo do tratamento cirúrgico
- aperfeiçoamento contínuo da anestesia e dos cuidados intensivos
- ampla aplicação de princípios científicos de imunização
- generalização da transfusão de sangue
- organização de unidades de terapia intensiva nos hospitais
- expansão e aperfeiçoamento contínuos dos procedimentos de diagnóstico
- aperfeiçoamento contínuo do tratamento do câncer
- aperfeiçoamento contínuo do tratamento das doenças arteriais
- disponibilidade crescente de métodos de planejamento familiar
- métodos aperfeiçoados e legais de interrupção da gravidez
- ampla aceitação da segurança no trabalho
- cintos de segurança obrigatórios nos automóveis
- métodos continuamente aperfeiçoados de preservação dos dentes, da visão e da audição
- reconhecimento dos efeitos nocivos para a saúde do fumo, obesidade, pressão alta e vida sedentária.[10]

Não se pode dizer até que ponto cada um dos itens dessa lista afetou as mudanças destacadas na comparação entre 1907 e 1977, pois o impacto total de alguns deles, ou mesmo de muitos, só poderá ser sentido pelas gerações futuras. Contra essas mudanças que reduzem os riscos, porém, precisamos mencionar um número considerável de influências negativas. Duas guerras mundiais, envolvendo maciça destruição de vidas, ocorreram durante a existência da geração de 1907. O risco de morte ou de ferimentos graves em acidentes de automóvel aumentou durante a maior parte do período. Desde a década de 1930 até o final da de 1960, essa geração consumiu muitos medicamentos que, pelos padrões de hoje, foram testados de maneira inadequada antes de terem sido postos à disposição. Os membros dessa geração beberam muito álcool e fumaram milhões de cigarros antes que os efeitos tóxicos fossem inteiramente percebidos; a poluição ambiental, que muitos médicos especialistas acreditam aumentar a suscetibilidade a doenças de vários tipos, aumentou drasticamente; e por grande parte de suas vidas comeram alimentos contendo muitos aditivos e tratados com fertilizantes químicos cujas conseqüências para a saúde são na melhor das hipóteses desconhecidas e, na pior, podem ajudar a produzir algumas das principais doenças mortais.

Em termos da segurança básica da vida, de qualquer maneira, os elementos redutores do risco parecem superar substancialmente os novos riscos. Há várias maneiras de avaliar essa afirmação. Uma é calcular como a coorte de 1907 viveu em comparação a como teria vivido caso os principais riscos à vida que existiam naquele ano tivessem continuado a prevalecer durante toda a vida dos que nele nasceram — um cálculo especulativo, mas que pode ser feito com razoável base estatística. Esse cálculo não indica diferenças, em termos de porcentagens de sobrevivência, até os vinte anos. Depois dessa idade, a curva real de sobrevivência começa a se distanciar para cima de maneira progressiva em relação à curva correspondente aos novos dados projetados.

Também se podem fazer comparações entre o gráfico de 1907 e o de 1977 contrastando a expectativa de vida do primeiro grupo com a expectativa prevista para a geração do segundo. E isso mostra uma divergência substancial, começando no primeiro ano de vida e até idade avançada, a favor da coorte de 1977 (embora, é claro, não tenhamos maneira de saber que fatores adicionais podem influenciar os riscos para a vida dessa geração nos próximos anos).

O risco se refere a acontecimentos futuros — ligados às práticas presentes — e portanto a colonização do futuro abre novas situações de risco, algumas das quais institucionalmente organizadas. Em contextos relativamente menos importantes tais situações sempre existiram, por exemplo no caso culturalmente generalizado do jogo. Ocasionalmente existiram ambientes organizados de risco em culturas não-modernas para os quais não há formas institucionais equivalentes na vida social moderna. Assim, Firth descreve um tipo institucionalizado de tentativa de suicídio entre os Tikopia.[11] É uma prática aceita que a pessoa com alguma queixa vá sozinha para o mar numa canoa. Como as águas são traiçoeiras, há grande chance de que o indivíduo não sobreviva à experiência; a chance de sobrevivência depende da rapidez com que os outros na comunidade notam a ausência da pessoa e reagem a ela. Embora esse empreendimento de risco apresente claramente semelhanças com o risco nas tentativas de suicídio em ambientes modernos, neste caso falta o elemento institucionalizado.[12]

Em sua maioria, contudo, situações de risco institucionalmente estruturadas são mais importantes nas sociedades modernas do que nas pré-modernas. Tais sistemas institucionalizados de risco afetam praticamente qualquer um, faça ele ou não parte desses sistemas como "jogador" — mercados competitivos de produtos, de força de trabalho, de investimentos ou de capitais são os exemplos mais significativos. A diferença entre esses sistemas institucionalizados e outros parâmetros de risco é que eles são constituídos pelo risco, não se tratando de uma situação em que ele é acidental. Ambientes institucionalizados de risco ligam riscos individuais e coletivos de muitas maneiras — as oportunidades individuais de vida, por exemplo, estão agora diretamente amarradas à economia capitalista global. Mas em relação à presente discussão esses ambientes são mais importantes pelo que revelam sobre a forma de colonização do futuro.

Consideremos a bolsa de valores. Ela é um mercado regulado que oferece uma gama de ações que os tomadores emitem e os poupadores detêm, criando uma escolha de maneiras de estruturar os riscos de firmas e poupadores em seu objetivo de obter ganho financeiro. Possui também o efeito de valorizar as ações em relação a seus rendimentos esperados, levando em conta os riscos dos investidores.[13] Poupadores e tomadores têm uma variedade de interesses financeiros. Alguns poupadores querem acumular dinheiro a longo prazo, enquanto outros procuram ganhos de curto prazo e podem estar preparados para assumir riscos consideráveis com seus capitais com vistas a esse objetivo. Os tomadores normalmente querem dinheiro a longo prazo, mas é inevitável certo risco de perda por parte dos que emprestam. Na bolsa de valores, os investidores podem escolher entre uma variedade de riscos e modos de cobertura contra eles, enquanto os tomadores podem procurar ajustar os termos do capital que recebem aos riscos dos empreendimentos para que o utilizarão. A bolsa de valores é um domínio teorizado de reflexividade refinada — um fenômeno que influencia diretamente a natureza dos azares de poupar e tomar emprestado. Assim, os estudos indicam que a razão preços-ganhos parece predizer mal os ganhos subseqüentes ou o crescimento de dividendos. Algumas teorias aplicadas ao investimento em bolsas de valores vêem isso como evidência de que a bolsa de valores não pode identificar quais as empresas que utilizarão de maneira mais satisfatória recursos financeiros escassos, para calcular as estratégias de risco adequadas. Outras mantêm que a retenção dos ganhos, mais outros fatores especificáveis, explicam esse fato, e de modo correspondente adotam estratégias diferentes. Uma medida da complexidade reflexiva dessa situação é dada pelo fato de que as próprias políticas de retenção provavelmente são influenciadas pelo tipo de teoria adotada.[14]

As bolsas de valores, como outros ambientes de risco institucionalizado, usam ativamente o risco para criar o "futuro" que é então colonizado. Isso é bem entendido pelos participantes. Uma das melhores ilustrações disso é a existência específica de mercados a termo, futuros. Todas as poupanças e empréstimos criam possíveis mundos futuros pela mobilização do risco. Mas mercados de futuros hipotecam o futuro de maneira direta, assegurando uma base adiante no tempo que oferece uma segurança particular para certos tipos de tomadores de empréstimos.

O monitoramento reflexivo do risco é intrínseco a sistemas institucionalizados de risco. Em relação a outros parâmetros ele é extrínseco, mas não menos fundamental para as oportunidades de vida e para o planejamento da vida. Uma parte significativa do pensamento especializado e do discurso público de hoje é feita da análise de perfis de risco — a análise de qual é, no estado corrente do conhecimento e nas condições correntes, a distribuição dos riscos em dados ambientes de ação. Como o que é "corrente" em cada um desses aspectos está constantemente sujeito à mudança, tais perfis devem ser permanentemente revisados e atualizados.

Considere-se "do que morremos" — representando os principais riscos associados à mortalidade.[15] O estudo dos perfis de risco das principais doenças que ameaçam a vida mostra grandes diferenças entre a virada do século XIX para o XX e os dias de hoje nos países desenvolvidos. Por volta de 1940 as doenças infecciosas como tuberculose, nefrite e difteria já não faziam parte das dez principais causas de morte. As mortes atribuídas às doenças do coração e ao câncer passaram para primeiro e segundo lugares depois de 1940, e aí ficaram. Há quem pense que a principal causa dessa mudança é a maior proporção de pessoas que vivem até os 50 anos ou mais, mas essa visão é contestada por outros que a atribuem a fatores ambientais e alimentares. Vale notar que os conceitos usados para identificar as principais causas de morte mudaram substancialmente desde 1900. O que na virada do século era chamado de "lesões intracranianas de origem vascular", tornou-se "lesões vasculares afetando o sistema nervoso central" nos anos 1960, e desde então mudou para "doenças vasculares cerebrais". Essas mudanças são mais do que modismos: refletem alterações na visão médica sobre as patologias em questão.

Acredita-se que aproximadamente dois terços da população acima dos 30 anos de idade em países com altas taxas de doenças cardíacas coronarianas, como a Inglaterra e os Estados Unidos, têm algum estreitamento em suas artérias coronárias, embora não o suficiente para provocar sintomas patológicos distintivos ou mudanças no eletrocardiograma. A cada ano, aproximadamente uma pessoa em cada oitenta acima dos 35 anos tem um ataque cardíaco, embora apenas uma proporção desses ataques seja fatal. A doença cardíaca é mais comum nos homens do que nas mulheres, embora a distância esteja diminuindo. Nos Estados Unidos e em um ou dois outros países, depois de um crescimento constante durante muitos anos, a taxa de mortes por doença cardíaca coronariana começou a cair. Há muito debate sobre por que isso ocorreu; pode ser devido a mudanças na dieta, aperfeiçoamento dos serviços de emergência, diminuição do fumo ou maior participação de adultos em exercícios regulares. Há em geral um consenso de que fatores de estilo de vida de um ou de outro tipo influenciam fortemente o risco de contrair doenças do coração. Há bastante evidência comparativa sobre a questão. Assim, o Japão tem a menor taxa de doenças do coração de todas as sociedades industrializadas. Os filhos e netos de imigrantes japoneses nos Estados Unidos, porém, têm taxas comparáveis às deste país e não às do Japão. Mas não é de todo claro que influência a dieta, por contraste com outros aspectos do estilo de vida, tem na etiologia das doenças do coração. A França, por exemplo, registra baixa taxa de mortes por doenças coronarianas, embora a dieta francesa seja rica em substâncias que são tidas por muitos como suas causadoras.

O câncer não é uma só doença, pelo menos com relação ao risco de morte associado a ele. A partir da virada do século XIX para o XX, as diferentes formas da doença seguiram caminhos divergentes. Por exemplo, houve um crescimento continuado na taxa de morte por câncer do pulmão desde aproximadamente 1930, provavelmente devido aos efeitos adiados da ampla popularidade do cigarro até aproximadamente o fim dos anos 1960. Por outro lado, houve uma queda regular em alguns outros tipos de câncer. Os peritos discordam em relação à explicação. Também discordam sobre se a dieta ou fatores ambientais desempenham um papel no começo da doença.

O monitoramento regular e detalhado dos riscos para a saúde, em relação a informações como as que acabamos de descrever, oferece um excelente exemplo, não apenas da reflexividade rotineira em relação ao risco extrínseco, mas da interação entre sistemas especializados e o comportamento leigo em relação ao risco. Especialistas médicos e outros pesquisadores produzem os materiais a partir dos quais são estudados os perfis de risco. Mas esses perfis não são mais um segredo dos peritos. A população em geral está consciente deles, ainda que muitas vezes de maneira vaga, e de fato a medicina e outras agências se dão ao trabalho de pôr suas descobertas ao alcance dos leigos. Os estilos de vida seguidos pela população como um todo são influenciados pela recepção dessas descobertas, embora normalmente existam diferenças de classe na alteração dos padrões de comportamento, com os grupos profissionais e mais educados na liderança. Mas o consenso da opinião informada — se existir tal consenso — pode mudar mesmo enquanto as mudanças de estilo de vida que provocaram anteriormente estiverem sendo adotadas. Não nos esqueçamos de que o hábito de fumar foi alguma vez defendido por setores da profissão médica como relaxante; e se dizia que a carne vermelha, a manteiga e o creme eram importantes para construir corpos saudáveis.

Os conceitos e terminologias médicas mudam à medida que as teorias são revisadas ou descartadas. Além disso, a qualquer momento há desacordo substancial, às vezes radical, dentro da profissão médica sobre os fatores de risco e também sobre a etiologia dos maiores perigos para a saúde. Mesmo em caso de doenças tão sérias como as doenças cardíacas coronarianas e o câncer há muitos praticantes de medicinas alternativas — alguns dos quais são hoje levados mais a sério pelos especialistas médicos ortodoxos do que anteriormente — que discordam das posições dominantes. A avaliação dos riscos para a saúde está misturada ao "quem tem razão" nessas disputas. Pois embora um perfil de risco desenvolvido em qualquer momento no tempo possa parecer objetivo, a interpretação do risco para um indivíduo ou para uma categoria de indivíduos depende de terem ou não sido feitas mudanças de estilo de vida, e de essas mudanças se basearem em suposições válidas. Uma vez estabelecido, um setor do estilo de vida — digamos, uma dieta particular — pode ser muito difícil de ser rompido, porque provavelmente estará integrado a outros aspectos do comportamento da pessoa. Todas essas considerações influenciam a adoção reflexiva pelos leigos de parâmetros de risco filtrados pelos sistemas abstratos. Diante de tal complexidade, não é de surpreender que algumas pessoas deixem de confiar em praticamente todos os praticantes da medicina, quem sabe consultando-os apenas em momentos de desespero, e atendo-se aos hábitos estabelecidos formados por elas mesmas.

Em contraste com os perigos para a saúde, os riscos de alta conseqüência estão por definição distantes do agente individual, embora — outra vez por definição — interfiram diretamente nas oportunidades de vida de cada indivíduo. Seria claramente um equívoco supor que as pessoas que vivem em condições sociais modernas tenham sido as primeiras a temer as terríveis catástrofes que poderiam assolar o mundo. Visões escatológicas eram muito comuns na Idade Média, e houve outras culturas que viam o mundo como eivado de grandes perigos. Mas a experiência e a natureza dessas visões do perigo são, em alguns aspectos, muito diferentes da consciência dos riscos de alta conseqüência de hoje. Tais riscos são o resultado de turbulentos processos de globalização, e nem mesmo meio século atrás a humanidade chegou a sofrer o mesmo tipo de ameaça.

Esses riscos fazem parte do lado escuro da modernidade, e eles, ou fatores de risco comparáveis, estarão presentes enquanto durar a modernidade — enquanto a rapidez da mudança social e tecnológica continuar a produzir conseqüências não previstas. Riscos de alta conseqüência têm uma qualidade distintiva. Quanto mais calamitosos os perigos envolvidos, menor a nossa experiência real do risco que corremos — pois se as coisas "derem errado", já será tarde demais. Certos desastres deixam o sabor do que pode acontecer —

como o acidente nuclear de Chernobyl. Como em relação a muitas de tais questões, os especialistas não estão inteiramente de acordo sobre os efeitos de longo prazo da radiação que vazou naquele acidente para as populações dos países que afetou. Em geral, acredita-se que ela aumentou o risco de certos tipos de doenças no futuro, e sem dúvida teve conseqüências devastadoras para as pessoas mais diretamente afetadas na União Soviética. Mas inevitavelmente não passa de adivinhação a estimativa das conseqüências de um desastre nuclear maior — para não falar de um conflito nuclear, mesmo que de pequena escala.

Empreendimentos de aferição de risco, no caso de riscos de alta conseqüência, devem ser consideravelmente diferentes dos que lidam com riscos cujos resultados podem ser regularmente observados e monitorados — embora essas interpretações devam ser constantemente revisadas e atualizadas à luz de novas teorias e informações. A tese de que a própria aferição do risco é inerentemente arriscada é muito bem ilustrada na área de riscos de alta conseqüência. Um método comum usado na tentativa de cálculo dos riscos de acidentes com reatores nucleares é o projeto de uma árvore de erros. Uma árvore de erros é projetada listando todos os caminhos conhecidos para uma falha possível do reator, especificando depois os caminhos possíveis para esses caminhos, e assim sucessivamente. O resultado final é supostamente uma indicação razoavelmente precisa do risco. O método vem sendo utilizado em estudos da segurança de reatores nos Estados Unidos e em diversos países europeus. Mas não contempla vários imponderáveis.[16] É impossível fazer um cálculo confiável do risco de erro humano ou de sabotagem. O desastre de Chernobyl foi resultado de erro humano, como também foi, num período anterior, o incêndio em uma das maiores plantas nucleares do mundo, em Brown's Ferry, nos Estados Unidos. O fogo começou porque um técnico utilizou uma vela para verificar um vazamento de ar, em clara desobediência aos procedimentos de segurança estabelecidos. Alguns caminhos para o desastre potencial podem não ser notados. Foram esquecidos em muitas ocasiões em situações de risco menor, e no caso dos riscos de alta conseqüência os perigos muitas vezes só foram percebidos pelas revisões retroativas de dados e hipóteses. Isso aconteceu numa situação hipotética quando um estudo da Academia Nacional de Ciências dos Estados Unidos foi solicitado para determinar os riscos para o abastecimento de alimentos em caso de uma guerra nuclear de certa intensidade. O grupo que dirigiu o estudo concluiu que a resultante redução da camada de ozônio da Terra não ameaçaria os recursos alimentares dos sobreviventes, pois muitos produtos que sobreviveriam numa atmosfera de crescente radiação ultravioleta continuariam a ser cultivados. Nenhum dos membros da equipe percebeu, porém, que o aumento da radiação tornaria praticamente impossível trabalhar no campo para cultivar esses produtos.[17]

Riscos de alta conseqüência constituem um segmento do generalizado "clima de risco" característico da modernidade tardia — que se caracteriza por mudanças regulares nas reivindicações ao saber mediadas pelos sistemas especializados. Como observa Rabinovitch: "Um dia ouvimos sobre o perigo do mercúrio, e corremos a jogar fora latas de atum de nossas prateleiras; no dia seguinte a comida a evitar pode ser a manteiga, que nossos avós consideravam como o máximo para a saúde; e depois devemos raspar a tinta à base de chumbo de nossas paredes. Hoje o perigo espreita nos fosfatos de nosso detergente favorito; amanhã o dedo aponta os inseticidas, que eram saudados há alguns anos como salvadores de milhões de vidas da fome e da doença. As ameaças de morte, da insanidade e — talvez ainda mais temível — do câncer estão em tudo o que comemos e tocamos."[18] Isso foi escrito há vinte anos: desde então, outros traços contaminados foram descobertos no atum, alguns tipos de detergentes considerados seguros no início dos anos 1970 foram banidos, enquanto alguns médicos dizem que é mais saudável comer manteiga do que margarinas de baixos teores de gordura, que eram antes amplamente recomendadas como preferíveis.

A questão não é que a vida cotidiana seja hoje inerentemente mais arriscada do que em épocas anteriores. É que, nas condições da modernidade, tanto para os leigos quanto para os peritos em campos específicos, pensar em termos de risco e estimativas de risco é um exercício quase que permanente, e seu caráter é em parte imponderável. Vale lembrar que somos todos leigos em relação à vasta maioria dos sistemas especializados que interferem em nossas atividades diárias. A proliferação de especializações anda junto com o avanço das instituições modernas, e o crescente estreitamento das áreas de especialização parece um resultado inevitável do desenvolvimento técnico. Quanto mais se concentram as especializações, tanto menor em termos relativos o campo em que qualquer indivíduo pode reivindicar competência; em outras áreas da vida ele estará na mesma situação que todos os demais. Mesmo em campos nos quais os peritos chegam ao consenso, por causa da natureza cambiante do saber moderno, os efeitos de "retorno" sobre o pensamento e prática leigos serão ambíguos e complicados. O clima de risco da modernidade é inquietante para todos; ninguém escapa.

Cortejar ativamente o risco

É claro que há diferenças entre os riscos que se corre voluntariamente e aqueles que fazem parte das limitações da vida social ou de um padrão de estilo de vida a que se aderiu. Ambientes institucionalizados de risco geram algumas situações dentro das quais os indivíduos podem escolher arriscar recursos escassos, inclusive suas vidas — como em esportes perigosos ou atividades similares. No entanto, a distinção entre riscos que são assumidos voluntariamente e riscos que afetam o indivíduo de uma maneira menos intencional é muitas vezes confusa, e simplesmente nem sempre corresponde à divisão entre ambientes extrínsecos e ambientes institucionalizados de risco. Os fatores de risco que fazem parte de uma economia moderna, como já foi dito, afetam a quase todos, independente de se o indivíduo é diretamente ativo dentro da ordem econômica. Dirigir automóvel e fumar são outros exemplos. Dirigir é em muitas situações uma atividade voluntária; mas há certos contextos onde compromissos com estilos de vida ou outras limitações podem tornar o ato de dirigir um carro quase uma necessidade. Pode-se começar a fumar voluntariamente, mas uma vez que se torna um vício, passa a ter um caráter compulsivo, como o consumo de álcool.[19]

Abraçar ativamente certos tipos de risco é parte importante do clima de risco. Alguns aspectos ou tipos de risco podem ser valorizados em si mesmos — a euforia que pode provir de dirigir em alta velocidade ou de maneira perigosa lembra a emoção oferecida por certos empreendimentos institucionalizados de risco. Começar a fumar diante dos riscos conhecidos para a saúde pode demonstrar certa bravata que o indivíduo talvez considere psicologicamente satisfatória. Se isso for verdade, tais atividades podem ser entendidas em termos de dimensões de "risco cultivado" que serão mais discutidas adiante. Mas, a aceitação passiva dos perigos de certas práticas como dirigir ou fumar por amplos setores da população deve ser interpretada, em parte considerável, de maneira diferente. Dois tipos de interpretação têm sido oferecidas. Uma é que as grandes corporações e outras agências poderosas conspiram para enganar o público sobre os verdadeiros níveis de risco, ou usam a propaganda e outros métodos de condicionamento para assegurar que uma proporção substancial da população se envolva nesses hábitos de risco. A outra sugere que a maioria dos leigos não é sensível ao risco individualmente distribuído ou adiado — ainda que reajam fortemente a desastres coletivos ou a riscos mais "visíveis". Ambas as explicações tendem a dar ênfase considerável a componentes aparentemente irracionais da ação. Nenhuma delas parece particularmente convincente, embora sem dúvida ambas apontem para fatores não inteiramente destituídos de importância. As principais influências envolvidas provavelmente derivam de certas características do planejamento da vida e dos hábitos do estilo de vida. Como as práticas específicas são ordinariamente dirigidas a um conjunto integrado de hábitos de estilo de vida, os indivíduos nem sempre, e quem sabe nem mesmo em geral, avaliam os riscos como itens separados, cada um em seu próprio domínio. O planejamento da vida considera um "pacote" de riscos, em vez de calcular as implicações de setores distintos de comportamento de risco. Em outras palavras, assumir certos riscos na busca de um certo estilo de vida é aceito como dentro dos "limites toleráveis" do pacote como um todo.

Os indivíduos procuram colonizar o futuro para si mesmos como parte integrante de seu planejamento da vida. Como no caso dos futuros coletivos, o grau em que o domínio futuro pode ser invadido com sucesso é limitado, e sujeito às diversas incertezas da aferição do risco. Todos os indivíduos montam um demonstrativo de estimativas de risco, que podem ser mais ou menos articuladas, bem informadas e "abertas"; ou, alternativamente, inerciais. Pensar em termos de riscos se torna mais ou menos inevitável e a maioria das pessoas também está consciente dos riscos da recusa a pensar desta maneira, ainda que decidam ignorar tais riscos. Nas complexas situações reflexivas da alta modernidade, viver no "piloto automático" se torna cada vez mais difícil, e se torna também mais difícil proteger qualquer estilo de vida, por mais firmemente estabelecido que seja, do clima geral de risco.

É preciso compreender bem o argumento neste ponto. Boa parte da estimativa de risco se dá ao nível da consciência prática e, como indicaremos abaixo, o casulo protetor da confiança básica bloqueia a maioria dos eventos potencialmente perturbadores que interferem nas circunstâncias da vida do indivíduo. Estar "à vontade" no mundo é certamente problemático na era da alta modernidade, em que o referencial de "atenção" e o desenvolvimento de "histórias compartilhadas" com os outros são realizações basicamente reflexivas. Mas tais histórias muitas vezes criam situações em que a segurança ontológica se sustenta de maneira não problemática, pelo menos em fases específicas da vida de um indivíduo.

Risco, confiança e o casulo protetor

O mundo das "aparências normais", já o disse, é mais do que simplesmente uma exibição mutuamente sustentada de interação que os indivíduos fazem entre si. As rotinas que os indivíduos seguem, à medida que seus caminhos no espaço-tempo se cruzam nos contextos da vida diária, constituem essa vida enquanto "normal" e "previsível". A normalidade é manejada em fino detalhe nas tessituras da atividade social — isso também se aplica ao corpo e à articulação dos envolvimentos e projetos do indivíduo. O indivíduo precisa estar lá em carne e osso,[20] e a carne que é o eu corpóreo deve ser cronicamente protegida e socorrida — na imediatidade de cada situação cotidiana assim como no planejamento da vida que se estende no tempo e no espaço. O corpo está em certo sentido permanentemente em risco. A possibilidade de ferimento corporal está sempre presente, mesmo no mais familiar dos ambientes. A casa, por exemplo, é um lugar perigoso — grande proporção dos ferimentos sérios são provocados por acidentes no meio doméstico. "Um corpo", como diz concisamente Goffman, "é uma peça de equipamento conseqüente, e seu dono está sempre mantendo-o na linha".[21]

Sugeri no capítulo 2 que a confiança básica é fundamental para as conexões entre as rotinas diárias e as aparências normais. Dentro das circunstâncias da vida cotidiana, a confiança básica se expressa como um parêntese em torno de possíveis eventos ou questões que poderiam, em certas circunstâncias, causar sobressaltos. O que outras pessoas parecem fazer, e quem elas parecem ser, é geralmente aceito como o que elas realmente fazem e quem realmente são. Consideremos, porém, o mundo do espião que, no interesse da autopreservação, não pode aceitar o âmbito das aparências normais da mesma maneira que as outras pessoas geralmente o fazem. O espião suspende parte da confiança generalizada que é geralmente depositada nas "coisas como elas são", e sofre ansiedades torturantes sobre o que em outras circunstâncias seriam acontecimentos mundanos. Para a pessoa comum um engano telefônico pode ser uma irritação menor, mas para o agente disfarçado isso pode ser um sinal perturbador, que causa um sobressalto.

Uma sensação física e psíquica de estar à vontade nas circunstâncias rotineiras da vida cotidiana, como foi destacado antes, só é adquirida com grande esforço. Se em geral parecemos menos frágeis do que realmente somos no contexto de nossas ações é por causa de processos de aprendizado de longo prazo através dos quais ameaças potenciais são evitadas ou imobilizadas. A ação mais simples, como caminhar sem cair, evitar a colisão com objetos, atravessar a rua ou usar a faca e o garfo, tiveram de ser aprendidas em circunstâncias que originalmente tinham conotações decisivas. O caráter "não decisivo" de boa parte da vida cotidiana é resultado de uma atenção treinada que só o estudo prolongado produz, e é crucial para o casulo protetor que toda ação regular supõe.

Esses fenômenos podem ser bem analisados usando a noção de *Umwelt* de Goffman, um núcleo de normalidade (realizada) com que os indivíduos e grupos se cercam.[22] A noção se origina do estudo do comportamento animal. Os animais têm uma sensibilidade para a área física circundante em termos das ameaças que podem emanar dela. A área de sensibilidade varia entre diferentes espécies. Alguns tipos de animais são capazes de sentir sons, cheiros e movimentos a muitos quilômetros de distância; para outros animais, a extensão da *Umwelt* é mais limitada.

No caso dos homens, a *Umwelt* inclui mais que as cercanias físicas imediatas. Ela se estende por porções indeterminadas do tempo e do espaço, e corresponde ao sistema de relevâncias, para usar o termo de Schutz, que emoldura a vida do indivíduo. Os indivíduos estão quase sempre alertas para os sinais que relacionam as atividades aqui e agora a pessoas ou eventos espacialmente distantes que lhes digam respeito e a projetos de planejamento da vida de alcance temporal variado. A *Umwelt* é um mundo de normalidade "em movimento" que o indivíduo transporta de situação para situação, embora esse feito dependa de outros que confirmem esse mundo ou tomem parte em sua reprodução. O indivíduo cria, como se fosse, uma "barreira móvel de relevância" que ordena os eventos contingentes em relação ao risco e alarmes potenciais. Movimentos no espaço e no tempo — a mobilidade física do corpo a cada situação — centram a preocupação do indivíduo nas propriedades físicas do contexto, mas os perigos contextuais são monitorados em relação a outras fontes mais difusas de ameaça. Nas circunstâncias globalizadas de hoje, a *Umwelt* inclui a consciência dos riscos de alta conseqüência, que representam perigos de cujo alcance ninguém consegue escapar completamente.

Nas situações da modernidade, das quais a fortuna está basicamente ausente, o indivíduo ordinariamente divide a *Umwelt* em acontecimentos projetados e acidentais. Os acidentais formam um pano de fundo para as relevâncias com as quais o indivíduo cria um fluxo de ação. A diferenciação também permite que a pessoa ponha entre parênteses todo um conjunto de acontecimentos reais e potenciais, confinando-os a um domínio que ainda precisa ser monitorado, mas com mínimos cuidados. O corolário disso é que cada pessoa numa situação de interação supõe que muito do que ela faz é indiferente para os outros — embora a indiferença ainda deva ser manejada em situações públicas de co-presença, na forma de códigos de desatenção civil.

Ao contrário do paranóico, o indivíduo comum é assim capaz de acreditar que momentos que são decisivos para sua vida não são resultado da sina. A sorte é o que precisamos quando contemplamos uma ação arriscada, mas ela tem uma conotação mais ampla, também, como meio de relacionar a oportunidade e a fatalidade (como boa ou má sorte). Como a distinção entre o que é acidental e o que não é, muitas vezes, é difícil de traçar, porém, podem surgir sérias tensões quando os eventos ou atividades são "mal interpretados" — como quando um evento que afeta a outro é considerado parte de uma conspiração, mas não o é, ou vice-versa. A descoberta de conspiração pode ser causa para alarme — um marido é levado a suspeitar de infidelidade quando descobre que um encontro casual de sua mulher com um ex-amante afinal não foi tão casual assim. A hipótese de confiança generalizada que o reconhecimento de acontecimentos acidentais envolve diz respeito tanto a antecipações do futuro quanto a entendimentos interpretativos correntes. Na maioria das situações de interação, um indivíduo supõe que os outros presentes não usarão seu relacionamento corrente com ele como base para atos de malevolência num momento futuro. A exploração futura de situações correntes, porém, é sempre uma área de vulnerabilidade potencial.

O casulo protetor é *a cobertura de confiança que torna possível sustentar uma* Umwelt *viável.* Esse substrato de confiança é condição e resultado da natureza rotinizada de um mundo "sem incidentes" — um universo de eventos reais e possíveis que cercam as atividades e projetos do indivíduo para o futuro, em que o grosso do que acontece não tem conseqüências para a pessoa de que se trata. Nesse sentido, confiança incorpora eventos reais e possíveis no mundo físico, e também encontros e atividades na esfera da vida social. Viver nas circunstâncias das instituições sociais modernas, em que o risco é reconhecido como tal, cria certas dificuldades específicas para o investimento generalizado de confiança em "possibilidades descontadas" — possibilidades que são postas entre parênteses como irrelevantes para a auto-identidade e objetivos do indivíduo. A segurança psicológica que concepções de sina podem oferecer está excluída de antemão, da mesma forma que a personalização de eventos naturais na forma de espíritos, demônios e outras entidades. A intromissão crônica e constitutiva dos sistemas abstratos na vida cotidiana cria problemas adicionais influenciando a relação entre a confiança generalizada e a *Umwelt.*

Nas condições sociais modernas, quanto mais o indivíduo procura forjar reflexivamente uma auto-identidade, tanto mais estará consciente de que as práticas correntes moldam os resultados futuros. Na medida em que as concepções de *fortuna* são completamente abandonadas, a aferição do risco — ou o equilíbrio entre risco e oportunidade — se torna o elemento central da colonização pessoal de domínios futuros. Mas uma parte psicologicamente crucial do casulo protetor é o desvio das perigosas conseqüências que o pensamento em termos de risco supõe. Como a análise dos perfis de risco é parte central da modernidade, o conhecimento das probabilidades de diferentes tipos de atividades ou eventos constitui um dos meios pelos quais isso pode ser realizado. O que pode "dar errado" é posto de lado por ser tão improvável. Viajar de avião é geralmente considerado como a forma mais segura de transporte em termos de vários critérios. O risco de morrer num acidente de avião, para as companhias aéreas comerciais regulares, é de aproximadamente um em 850.000 por viagem — número obtido dividindo o número total de viagens de passageiros num determinado período de tempo pelo número de vítimas de acidentes durante o mesmo período.[23] Às vezes se diz que estar sentado na poltrona de um avião a oito quilômetros de altitude é o lugar mais seguro do mundo, tendo em vista o número de acidentes que acontecem em casa, no trabalho e em outros ambientes comuns. Mas muitas pessoas continuam com medo de voar, e certa minoria que tem os recursos e a oportunidade de viajar de avião recusa-se a fazê-lo. Não conseguem tirar de suas mentes como seria se as coisas dessem errado.

É interessante que algumas dessas pessoas aceitam viajar pelas estradas sem muita preocupação, ainda que provavelmente estejam cientes de que os riscos de ferimentos graves e de morte sejam maiores. O peso do contrafactual parece ser muito importante nisto — por horríveis que os acidentes na estrada possam ser, talvez não evoquem o mesmo grau de terror do cenário de um acidente de avião.

O adiamento no tempo e a distância no espaço são também fatores que podem reduzir a inquietação que a consciência do risco como risco pode produzir. Uma pessoa jovem de boa saúde pode estar bem consciente dos riscos de fumar, mas confinar os perigos potenciais a um tempo que parece infinitamente distante no futuro — quando chegar aos 40 — e assim apagar eficazmente tais perigos. Os riscos distantes dos contextos cotidianos da vida do indivíduo — como os riscos de alta conseqüência — também podem ser deixados de fora da *Umwelt*. Os perigos que apresentam, em outras palavras, são considerados suficientemente distantes dos envolvimentos práticos da própria pessoa e assim não devem ser seriamente contemplados como possibilidades.

Mas a idéia de sina se recusa a desaparecer de vez, e é encontrada em estranha combinação com noções de risco de tipo secular e com atitudes de fatalismo. Uma crença na natureza providencial das coisas é uma das maneiras em que uma concepção de fortuna aparece — fenômeno importante conectado com certas características básicas da própria modernidade. Interpretações providenciais da história eram elementos importantes na cultura iluminista, e não surpreende que seus resíduos ainda sejam encontrados em modos de pensar na vida cotidiana. Atitudes em relação a riscos de alta conseqüência provavelmente muitas vezes retêm fortes traços de uma visão providencial. Podemos viver num mundo apocalíptico, diante de uma série de perigos globais; e o indivíduo pode imaginar que os governos, cientistas ou outros especialistas técnicos serão capazes de dar os passos apropriados para enfrentá-los. Ou então sente que "tudo vai dar certo no fim".

Alternativamente, essas atitudes podem cair no fatalismo. Um etos fatalista é uma resposta geral possível a uma cultura secular de risco. Há riscos que todos enfrentamos mas em relação aos quais, enquanto indivíduos — e talvez mesmo coletivamente — não há muito que possamos fazer. As coisas que acontecem na vida, um defensor de tal orientação pode dizer, são afinal resultados do acaso. Portanto, bem podemos decidir que "o que tiver de ser, será" e deixar as coisas como estão. Dito isso, seria difícil ser fatalista em todas as áreas da vida, dadas as pressões que hoje nos impelem a uma atitude ativa e inovadora em relação a nossas circunstâncias pessoais e coletivas. O fatalismo em contextos específicos de risco tende a evoluir para as atitudes mais abrangentes do que em outro lugar chamei de "aceitação pragmática" ou "pessimismo cínico". A primeira é uma atitude de lida generalizada — aceitar cada dia como vier — e o último repele as ansiedades com um humor cansado do mundo.[24]

Há muitos eventos não buscados que podem atravessar o manto protetor da segurança ontológica e provocar sobressaltos. Estes aparecem de todas as formas e tamanhos, desde o aviso de quatro minutos do Armagedom até o proverbial escorregão na casca de banana. Alguns são sintomas ou falhas corporais, outros são ansiedades provocadas pelo fracasso real ou previsto de um projeto acalentado, ou por eventos inesperados que invadem a *Umwelt*. As situações mais difíceis para o indivíduo dominar, porém, são aquelas em que o sobressalto coincide com mudanças conseqüenciais — momentos decisivos. Neles, o indivíduo provavelmente percebe que enfrenta um conjunto alterado de riscos e de possibilidades. Em tais circunstâncias, é levado a questionar hábitos rotineiros de espécies relevantes, às vezes até mesmo aqueles mais fortemente integrados à auto-identidade. Várias estratégias podem ser adotadas. Uma pessoa pode, por qualquer razão, simplesmente prosseguir com os modos estabelecidos de comportamento, escolhendo talvez desconsiderar se eles se adaptam ou não às novas demandas da situação. Em algumas situações, no entanto, isso é impossível — por exemplo, alguém que se separou do cônjuge não pode continuar da mesma maneira que quando casado. Muitos momentos decisivos por sua própria natureza obrigam o indivíduo a mudar de hábitos e a reajustar projetos.

Momentos decisivos nem sempre "acontecem" aos indivíduos — às vezes são cultivados ou deliberadamente procurados. Ambientes institucionalizados de risco, e outras atividades de risco mais individualizadas, fornecem uma importante categoria de situações em que a fatalidade é ativamente criada.[25] Tais situações tornam possível a exibição de audácia, habilidade, capacidade e perseverança, onde as pessoas estão claramente conscientes dos riscos envolvidos no que estão fazendo, mas os usam para criar uma incerteza que falta às circunstâncias rotineiras. A maioria dos ambientes institucionalizados de risco, inclusive os do setor econômico, são competições — espaços em que o risco coloca os indivíduos frente a frente, ou contra obstáculos no mundo físico. Competições requerem uma ação comprometida e oportunista diferente da das situações de "puro azar", como a loteria. As emoções que podem ser atingidas no risco cultivado dependem da exposição deliberada à incerteza, e permitem que a atividade em questão se destaque das rotinas da vida comum. As emoções podem ser buscadas no alto risco, imediatamente como espectador de esportes ou em atividades onde o nível real de risco para a vida e para o corpo é pequeno, mas onde situações perigosas são simuladas (como uma corrida de patins). A emoção das atividades de risco, como diz Balint, envolve diversas atitudes discerníveis — consciência da exposição ao perigo, exposição voluntária a tal perigo, e uma expectativa mais ou menos confiante de superá-lo.[26] Os parques de diversões imitam a maioria das situações em que as emoções são procuradas em outros lugares, mas de uma maneira controlada que lhes subtrai dois elementos-chave: o domínio ativo do indivíduo; e a incerteza que clama por aquele domínio e permite que ele seja demonstrado.

Goffman observa que alguém fortemente inclinado a assumir riscos — como um jogador inveterado — é capaz de discernir oportunidades para a intervenção da sorte em muitas circunstâncias que outros tratariam como rotineiras e tranqüilas. Descobrir tais ângulos, podemos acrescentar, é uma maneira de gerar possibilidades para o desenvolvimento de novos modos de atividade em contextos familiares. Pois onde a contingência é descoberta, ou fabricada, situações que pareciam fechadas e pré-definidas podem parecer outra vez abertas. O cultivo do risco converge aqui com algumas das orientações mais básicas da modernidade. A capacidade de perturbar a fixidez das coisas, de abrir novos caminhos e assim colonizar um segmento de um futuro novo é parte do caráter desestabilizador da modernidade.

Poderíamos dizer que o cultivo do risco representa um "experimento com a confiança" (no sentido da confiança básica) que conseqüentemente tem implicações para a auto-identidade do indivíduo. Poderíamos redefinir a "expectativa confiante" de Balint como confiança — confiança em que os perigos que são deliberadamente cortejados serão superados. Dominar tais perigos é um ato de autojustificação e uma demonstração, para o eu e para os outros, de que se pode sair de circunstâncias difíceis. O medo produz a emoção, mas é o medo que é redirecionado em forma de domínio. A emoção do risco cultivado se nutre daquela "coragem de ser" que é característica da primeira socialização. A coragem é demonstrada no risco cultivado precisamente como uma qualidade que é posta em julgamento — o indivíduo se submete a um teste de integridade mostrando capacidade de perceber o lado "de baixo" dos riscos que corre, e segue em frente apesar de tudo, mesmo não sendo obrigado a fazê-lo. A procura da emoção ou, de maneira mais sóbria, da sensação de domínio que vem com o enfrentamento deliberado do perigo, sem dúvida deriva em parte de seu contraste com a rotina. Mas também toma combustível psicológico do contraste com satisfações adiadas e mais ambíguas que surgem de outros encontros com o risco. No risco cultivado, o encontro com o perigo e sua resolução estão reunidos na mesma atividade, enquanto em outras situações o resultado das estratégias adotadas pode não ser conhecido senão anos depois.

Risco, confiança e sistemas abstratos

Os sistemas abstratos da modernidade criam grandes áreas de segurança relativa para a continuidade da vida cotidiana. Pensar em termos de riscos certamente tem aspectos inquietantes, como foi sugerido antes, mas também é um meio de procurar estabilizar os resultados, um modo de colonizar o futuro. O ritmo mais ou menos constante, profundo e rápido da mudança característica das instituições modernas, juntamente com a reflexividade estruturada, significa que ao nível da prática cotidiana, e também da interpretação filosófica, nada pode ser tido como certo. O comportamento aceitável/apropriado/recomendado de hoje pode ser considerado de maneira diferente amanhã à luz de circunstâncias alteradas ou de novos conhecimentos. Mas ao mesmo tempo, no que diz respeito a muitas transações diárias, as atividades são rotinizadas com sucesso através de sua recombinação no tempo e no espaço.

Consideremos alguns exemplos. O dinheiro moderno é um sistema abstrato de extraordinária complexidade, importante ilustração de um sistema simbólico que conecta processos verdadeiramente globais às trivialidades mundanas da vida diária. A economia monetária ajuda a regularizar a provisão de muitas necessidades diárias, mesmo para os estratos mais pobres nas sociedades desenvolvidas (ainda que muitas transações, incluindo algumas de natureza puramente econômica, sejam manejadas em termos não monetários). O dinheiro se mistura a muitos outros sistemas abstratos nas arenas globais e nas economias locais. A existência do câmbio monetário organizado torna possíveis os contatos e trocas "à distância" (no tempo e no espaço) de que depende esse entrelaçamento de influências globais e locais. Em conjunto com uma divisão do trabalho de complexidade semelhante, o sistema monetário rotiniza a provisão dos bens e serviços necessários à vida cotidiana. A variedade de bens e comidas disponíveis para qualquer indivíduo não só é muito maior do que nas economias pré-modernas, mas essa disponibilidade não é mais governada tão diretamente pelas idiossincrasias de tempo e lugar. Alimentos sazonais, por exemplo, hoje podem ser obtidos em qualquer época do ano, e produtos que simplesmente não podem ser cultivados em certo país ou região podem ser regularmente obtidos nele.

Trata-se de uma colonização do tempo, e de um ordenamento do espaço, uma vez que provisões para o futuro tornam-se desnecessárias para o consumidor individual. De fato não há vantagem em empilhar estoques de comida — embora alguns possam decidir fazê-lo, considerando riscos de alta conseqüência — para a vida comum numa economia monetária que funciona com vigor. Tal prática aumentaria os custos, pois comprometeria renda que de outra maneira poderia ser usada para outros fins. A acumulação de qualquer forma não poderia ser mais do que uma estratégia de curto-prazo, a menos que o indivíduo tivesse desenvolvido a capacidade de fornecer sua própria alimentação. Enquanto a pessoa confiar no sistema monetário e na divisão do trabalho, os dois sistemas permitem maior segurança e previsibilidade do que poderia ser obtido por quaisquer outros meios.

Como outra ilustração, consideremos o fornecimento de água, de energia para aquecimento e iluminação, e de serviços de saneamento de esgotos. Tais sistemas, e o saber de que dependem, atuam para estabilizar muitas das situações da vida cotidiana — ao mesmo tempo que, como o dinheiro, as transformam radicalmente em relação aos modos de vida pré-modernos. Nos países desenvolvidos, para a maior parte da população, a água só depende de abrir a torneira, o aquecimento e a iluminação também estão à mão, e o esgoto pessoal é rapidamente eliminado por descarga de água. O encanamento organizado da água reduziu substancialmente uma das maiores incertezas que afligiam a vida em muitas sociedades pré-modernas, o caráter inconstante do suprimento de água.[27] A água encanada, prontamente disponível nas casas, tornou possíveis os padrões de limpeza e higiene pessoais que tanto contribuiram para a melhora da saúde. A água corrente também é necessária para os sistemas modernos de esgotos, e portanto foi importante para a contribuição que o saneamento trouxe para a saúde. A eletricidade, o gás e os combustíveis sólidos também ajudam a regular padrões de conforto corporal, fornecendo energia para cozinhar e para a operação de muitos aparelhos domésticos. Todas têm ambientes regulares de atividade dentro e fora da casa. A luz elétrica tornou possível a colonização da noite.[28] No meio doméstico, as rotinas são governadas pela necessidade de sono diário regular e não mais pela alternância de dia e noite, que pode ser atravessada sem qualquer dificuldade. Fora do lar, crescente número de organizações opera vinte e quatro horas por dia.

A intervenção tecnológica na natureza é condição do desenvolvimento de sistemas abstratos como esses, mas é claro que também afeta muitos outros aspectos da vida social moderna. A "socialização da natureza" ajudou a estabilizar uma variedade de influências sobre o comportamento humano que antes eram irregulares ou imprevisíveis. O controle da natureza era um empreendimento importante em épocas pré-modernas, especialmente nos grandes estados agrários, em que esquemas de irrigação, a derrubada de florestas e outros modos de manejo da natureza para benefício do homem eram lugares-comuns. Como destacou Dubos, a Europa já entrou no período moderno como um ambiente amplamente socializado, formado por várias gerações de camponeses a partir das florestas e pântanos originais.[29] Mas foi nos últimos dois ou três séculos que o processo de intervenção humana na natureza se intensificou maciçamente; além disso, não se limita mais a certas áreas ou regiões, mas como outros aspectos da modernidade se tornou globalizado. Muitos aspectos da atividade social se tornaram mais seguros como resultado desses desenvolvimentos. Viajar, por exemplo, tornou se mais regular e seguro com a construção das estradas modernas, e dos trens, navios e aviões. Como aconteceu com todos os sistemas abstratos, enormes mudanças na natureza e alcance das viagens se associam a essas inovações. Mas é fácil hoje, para quem quer que tenha os recursos financeiros necessários, encarar casualmente jornadas que há dois séculos só seriam enfrentadas pelos mais intrépidos, e teriam tomado muitíssimo mais tempo.

Há mais segurança em muitos aspectos da vida cotidiana — mas também é preciso pagar um certo preço por esses avanços. Sistemas abstratos dependem de confiança, mas não trazem nenhuma das recompensas morais que podem ser obtidas da confiança personalizada, ou de que se dispunha em ambientes tradicionais a partir dos quadros morais dentro dos quais a vida cotidiana se desenvolvia. Ademais, a penetraação geral dos sistemas abstratos na vida cotidiana cria riscos que o indivíduo não se encontra nas melhores condições para enfrentar; os riscos de alta conseqüência caem nesta categoria. Maior interdependência, até o ponto de inclusão de sistemas globalmente independentes, significa maior vulnerabilidade quando ocorrem eventos desfavoráveis afetando esses sistemas como um todo. É o que acontece com todos os exemplos mencionados acima. O dinheiro que uma pessoa possui, por pouco que seja, está sujeito a oscilações da economia global que nem mesmo a mais poderosa das nações seria capaz de resolver. Um sistema monetário local pode entrar em completo colapso, como aconteceu com a Alemanha na década de 1920 — em algumas circunstâncias, que no momento talvez não possamos imaginar, isso poderá acontecer à ordem monetária global, com conseqüências desastrosas para bilhões de pessoas. Uma seca prolongada, ou outros problemas com os sistemas centralizados de água, podem às vezes ter resultados mais perturbadores do que tiveram em períodos pré-modernos os racionamentos periódicos de água; e qualquer racionamento prolongado de energia afeta as atividades ordinárias de grande número de pessoas.

A natureza socializada fornece uma ilustração significativa e substantivamente muito importante. McKibben argumenta, com grande plausibilidade, que a intervenção humana no mundo natural foi tão profunda e abrangente que hoje podemos falar do "fim da natureza". A natureza socializada é muito diferente do antigo ambiente natural, que existia separado dos afazeres humanos e lhes fornecia um pano de fundo relativamente imutável. "É como a antiga natureza que produz seus efeitos através daquilo que concebemos como processos naturais (chuva, vento, calor), mas não oferece nenhum consolo — a fuga do mundo humano, um sentido de permanência, ou mesmo de eternidade."[30]

A natureza no sentido antigo, diz McKibben, era imprevisível: tempestades podiam chegar sem aviso, maus verões podiam destruir safras, enchentes devastadoras podiam decorrer de chuvas inesperadas. A tecnologia e o saber modernos tornaram possível um melhor monitoramento das condições do tempo, e o manejo aperfeiçoado do ambiente natural permitiu a superação de perigos existentes ou pelo menos a minimização de seus impactos. Mas a natureza socializada é sob certos aspectos menos confiável que a "antiga natureza", porque não podemos estar seguros de como a nova ordem natural vai se comportar. Tomemos a hipótese do aquecimento global, fenômeno que, se estiver de fato ocorrendo, provocará o caos em todo o mundo. McKibben conclui que a evidência disponível apóia a visão de que o "efeito estufa" é real, e de fato argumenta que os processos envolvidos já estão muito adiantados para poderem ser controlados eficazmente a curto ou médio prazo. Talvez esteja certo. A questão é que, no momento em que escrevemos, ninguém pode dizer com certeza que *não* está acontecendo. Os perigos gerados pelo aquecimento global são riscos de alta conseqüência que enfrentamos coletivamente, mas sobre os quais uma estimativa precisa do risco é praticamente impossível.

Segurança, desqualificação e sistemas abstratos

Os sistemas abstratos desqualificam — não só no local de trabalho, mas em todos os setores da vida social que atingem. A desqualificação da vida social cotidiana é um fenômeno alienante e fragmentador no que diz respeito ao eu. Alienante porque a intromissão dos sistemas abstratos, especialmente os sistemas especializados, em todos os aspectos da vida cotidiana solapa as formas preexistentes de controle local. Na vida muito mais fortemente local da maioria das sociedades pré-modernas, todos os indivíduos desenvolviam muitas habilidades e tipos de "saber local", no sentido de Geertz, relevantes para suas vidas cotidianas. A sobrevivência dependia de integrar tais habilidades em modos práticos de organizar as atividades nos contextos da comunidade local e do ambiente físico. Com a expansão dos sistemas abstratos, porém, as condições da vida diária se transformam e recombinam em porções maiores de tempo e espaço, e tais processos de desencaixe são processos de perda. Mas seria errado ver essa perda como a transferência de poder de alguns indivíduos ou grupos para outros. Transferências de poder ocorrem dessa maneira, mas não são exaustivas. Por exemplo, o desenvolvimento da medicina levou à exclusão do saber e das habilidades curativas outrora possuídos por leigos. Os médicos e outros tipos de peritos derivam poder das reivindicações ao saber que seus códigos de prática incorporam. Mas como a especialização inerente ao saber significa que os peritos são leigos na maior parte das situações, o advento dos sistemas abstratos constitui modos de influência social que ninguém controla diretamente. É justamente esse fenômeno que está por baixo do surgimento dos riscos de alta conseqüência.

Braverman estava enganado ao supor que, na esfera do trabalho, acontece um processo de desqualificação em mão única. No local de trabalho são constantemente criadas novas qualificações, que são em parte desenvolvidas por aqueles cujas atividades foram desqualificadas. Algo parecido é verdade em muitos outros setores da atividade social onde a influência dos sistemas abstratos se fez sentir. A reapropriação do saber e do controle por parte dos leigos é um aspecto básico do que às vezes chamo de "dialética do controle". Por mais qualificações e formas de saber que os leigos percam, eles continuam qualificados e competentes nos contextos de ação em que suas atividades têm lugar — contextos que, em parte, essas atividades reconstituem continuamente. A qualificação e a competência cotidianas mantêm assim uma conexão dialética com os efeitos expropriadores dos sistemas abstratos, influenciando e reformulando continuamente o impacto de tais sistemas sobre a existência no dia-a-dia.

O que está envolvido não é apenas a reapropriação mas, em certas circunstâncias e contextos, o *empoderamento*. Juntamente com o desencaixe, a expansão dos sistemas abstratos cria quantidades crescentes de poder — de poder que os homens têm de alterar o mundo material e transformar as condições de suas próprias ações. A reapropriação desse poder oferece oportunidades genéricas não disponíveis em eras históricas anteriores. Esse empoderamento é tanto individual quanto coletivo, embora as relações entre esses dois níveis seja muitas vezes emaranhada e difícil de elucidar, tanto pelo analista quanto pelo leigo no nível da vida cotidiana.

A profusão de sistemas abstratos está diretamente ligada aos panoramas de escolha que confrontam o indivíduo na atividade diária. De um lado, há muitas vezes uma seleção a ser feita entre maneiras locais ou leigas de fazer as coisas e procedimentos oferecidos a partir dos sistemas abstratos. Isso não é simplesmente um confronto do "tradicional" com o moderno, embora tal situação seja bastante comum. Como resultado de processos de reapropriação, abre-se um número indeterminado de espaços entre a crença e a prática leigas e a esfera dos sistemas abstratos. Em qualquer situação, se os recursos de tempo e outros requisitos estiverem disponíveis, o indivíduo tem a possibilidade de uma requalificação parcial ou mais completa em relação a decisões específicas ou cursos de ação contemplados.

Empoderamento e dilemas do saber

Consideremos, por exemplo, uma pessoa com dor nas costas. Que deveria fazer para procurar tratamento? Se estivesse na Inglaterra, poderia ir a um clínico geral ligado ao Serviço Nacional de Saúde. O clínico geral talvez a encaminhasse a um especialista, que poderia fazer recomendações ou oferecer serviços que a satisfizessem. Mas também poderia acontecer que ela descobrisse que nada do que o especialista tivesse sugerido oferecia qualquer ajuda no alívio da condição que a afligia. O diagnóstico de problemas de dores nas costas é notoriamente problemático, e a maioria das formas de tratamento disponíveis são controversas dentro e fora da profissão médica. Alguns especialistas, por exemplo, recomendam a cirurgia de hérnias de disco. Mas há estudos indicando que pacientes com o referido problema de disco têm tanta chance de recuperar-se sem cirurgia como com ela. Há grandes diferenças entre os países em relação à questão. Assim, o número de pacientes por mil habitantes para quem são recomendadas cirurgias de disco é dez vezes mais elevado nos Estados Unidos do que na Inglaterra, e a diferença representa, entre outras coisas, uma variação nas filosofias gerais sobre a melhor forma de tratar dores nas costas entre os dois países. Se decidir investigar mais, nosso paciente descobrirá que em círculos médicos ortodoxos há enormes diferenças de opinião sobre técnicas de operação, ainda que haja acordo sobre a técnica invasiva como melhor estratégia. Por exemplo, alguns cirurgiões preferem a microcirurgia em relação a procedimentos cirúrgicos mais convencionais para a coluna.

Aprofundando sua investigação, o paciente descobrirá que há disponível uma variedade de outros métodos de terapia da coluna, cujos proponentes afirmam servir para hérnias de disco e para outros problemas, transitórios ou permanentes. Essas terapias diferem não só nas formas de tratamento que oferecem, mas em relação à interpretação que fazem das origens das dores e patologias da colunas. A osteopatia se baseia em princípios diferentes daqueles que o quirográfico utiliza. Cada uma dessas orientações contém ainda escolas em competição. Outras formas disponíveis de tratamento da coluna incluem fisioterapia, massagens, acupuntura, exercícios, reflexologia, sistemas de ajuste postural como o Método Alexander, terapias com drogas, dietas, imposição das mãos — e também outros métodos terapêuticos. Uma escola de pensamento afirma que a grande maioria dos problemas da coluna, inclusive alguns de natureza muito séria, têm sua origem em distúrbios psicossomáticos, e devem portanto ser tratados remediando as fontes da tensão, sem concentração direta nas próprias costas. Segundo tais escolas, psicoterapia, meditação, ioga e outros modos de relaxamento, ou uma combinação deles, fornecem o melhor modo de tratamento.

A essa altura, o paciente pode, de modo muito razoável, chegar à conclusão que já chega e resolver informar-se sobre a natureza de sua queixa e os possíveis remédios. Estão disponíveis no mercado popular muitos livros não técnicos sobre a coluna. A maioria faz uma interpretação do estado geral do saber médico sobre o assunto e tenta fornecer um guia informado das terapias disponíveis. Há certamente consenso entre as autoridades (que em outros aspectos discordam) sobre a anatomia estrutural do corpo. Não demora muito até que o paciente alcance um entendimento básico dos problemas estruturais que afetam sua coluna. A requalificação/apropriação seria prontamente possível em relação ao aprendizado das linhas gerais dos diferentes tratamentos disponíveis e como estes se comparam com aqueles sugeridos pelo especialista original. Decidir sobre qual escolher será mais difícil, porque o paciente precisará comparar as várias afirmações feitas pelas diferentes escolas. Não há autoridade máxima a quem recorrer — dilema característico da muitas situações nas condições da alta modernidade.

Mas se essa pessoa se dedica apropriadamente à requalificação, uma escolha razoavelmente informada pode ser feita. Tais escolhas não são simplesmente opções comportamentais — tendem a voltar-se sobre a narrativa da autoidentidade, que também ajudam a desenvolver. Uma decisão entre a medicina convencional e a de alta tecnologia, por exemplo, é só em parte uma questão de escolha informada — normalmente ela também "diz alguma coisa" sobre o estilo de vida da pessoa. Pode significar que o indivíduo está seguindo um padrão de comportamento razoavelmente estabelecido, talvez junto com certas formas de deferência. Isso pode acontecer se a pessoa consultar o clínico geral e depois o especialista recomendado, e simplesmente seguir o que o segundo sugere, em deferência a ambos como membros destacados da profissão médica. Optar por uma forma de medicina alternativa, especialmente de uma das variedades mais esotéricas, pode sinalizar alguma coisa sobre certas decisões de estilo de vida que a pessoa toma, e de fato contribuir para isso.

Na maioria de tais decisões, provavelmente se misturam concepções de fortuna, fatalismo, pragmatismo e risco conscientemente assumido. Como os peritos discordam com tanta freqüência, mesmo profissionais no centro de um determinado campo de conhecimento podem se encontrar em posição muito semelhante à do leigo diante de decisão análoga. Num sistema sem autoridades definitivas, mesmo as crenças mais acalentadas subjacentes aos sistemas especializados estão abertas à revisão, e muito comumente são alteradas de maneira regular. O empoderamento está disponível rotineiramente para o leigo como parte da reflexividade da modernidade, mas muitas vezes há problemas sobre como esse empoderamento se traduz em convicções e em ação. Um certo elemento de fortuna, ou de fatalismo, permite assim que a pessoa chegue a uma decisão que só pode ser parcialmente garantida à luz da informação local e especializada disponível.

Resumo: autoridade, conhecimento e risco

Foi destacado anteriormente que ninguém pode se livrar completamente dos sistemas abstratos da modernidade — essa é uma das conseqüências de viver num mundo de riscos de alta conseqüência. Mas é claro que os estilos de vida e setores do estilo de vida podem ser ajustados para navegar entre as diferentes possibilidades oferecidas num mundo reconstituído pelo impacto dos sistemas abstratos. A confiança em alguns ou em muitos dos sistemas que rotineiramente ou de maneira esporádica interferem com a vida do indivíduo pode ser suspensa. Seria muito difícil, se não impossível, retirar-se completamente do sistema monetário moderno. Mas o indivíduo pode escolher manter seus ativos na forma de bens ou de propriedade pessoal; e pode reduzir ao mínimo suas relações com bancos e outras organizações financeiras. Muitas nuances possíveis de ceticismo ou de dúvida podem ser conciliadas com uma atitude pragmática ou fatalista em relação aos sistemas abstratos que afetam nossas chances de vida.

Outros podem tomar decisões sobre estilos de vida que os levam de volta na direção das autoridades mais tradicionais. O fundamentalismo religioso, por exemplo, oferece respostas claras sobre o que fazer numa época que abandonou as autoridades definitivas — que podem ser novamente conjuradas pela invocação das antigas fórmulas da religião. Quanto mais "inclusiva" uma determinada denominação religiosa, mais ela "resolve" o problema de como viver num mundo de múltiplas opções. Formas mais atenuadas de crença religiosa, entretanto, também podem oferecer apoio importante na tomada de decisões vitais significativas.

A maioria desses dilemas torna-se particularmente aguda, ou é experimentada como tal, durante os momentos decisivos da vida do indivíduo. Como os momentos decisivos, por definição, são de alta conseqüência, o indivíduo se sente numa encruzilhada em termos de seu planejamento geral da vida. Momentos decisivos são fases em que as pessoas podem resolver recorrer a autoridades mais tradicionais. Nesse sentido, podem procurar refúgio em crenças preestabelecidas e em modelos familiares de atividade. Por outro lado, momentos decisivos muitas vezes também marcam períodos de requalificação e empoderamento. São pontos em que, independente de quão reflexivo o indivíduo possa ser na formação de sua auto-identidade, ele deve parar para perceber as novas demandas e também as novas possibilidades. Em tais momentos, quando a vida precisa ser vista com um novo olhar, não surpreende que as tentativas de requalificação sejam particularmente importantes e muito procuradas. No que diz respeito a decisões de alta conseqüência, os indivíduos são muitas vezes estimulados a devotar o tempo e a energia necessários para gerar maior domínio das circunstâncias que enfrentam. Momentos decisivos são pontos de transição que têm implicações não só para a conduta futura do indivíduo, mas para a auto-identidade. Pois as decisões de conseqüência, uma vez tomadas, refazem o projeto reflexivo da identidade pelas conseqüências que ocasionam para o estilo de vida.

Portanto, não surpreende que nos momentos decisivos os indivíduos tendam a encontrar sistemas especializados centrados precisamente na reconstrução da auto-identidade — análise ou terapia. A decisão de submeter-se à terapia pode gerar empoderamento. Ao mesmo tempo, vale acrescentar, tal decisão não é de natureza diferente de outras decisões relativas ao estilo de vida tomadas em situações de modernidade. Que tipo de terapia seguir, e por quanto tempo? Como mostra o livro *Autoterapia*, talvez seja possível para o indivíduo reorientar efetivamente sua vida sem consultar diretamente um especialista ou profissional. Por outro lado, muitos terapeutas sustentam que sem contato regular com um analista não há esperança real de mudança pessoal. Existe hoje uma considerável diversidade de terapias, todas afirmando tratar uma gama semelhante de problemas. Como exemplo do desacordo entre as diferentes escolas, podemos comparar a psicanálise clássica com a terapia comportamental baseada no condicionamento. Há muitos terapeutas que obedecem aos princípios básicos estabelecidos por Freud para a psicanálise, e formulam seus procedimentos terapêuticos de acordo com eles. Mas alguns proponentes da terapia do comportamento afirmam que a psicanálise carece inteiramente de validade como modo de terapia. Além disso, existe uma variedade de subdivisões na psicanálise, aliadas a dúzias de outras escolas de pensamento e técnica diferentes. O encontro reflexivo com sistemas especializados que ajudam a reconstituir o eu expressa portanto alguns dos dilemas centrais que a modernidade faz surgir.

5. A segregação da experiência

Diz-se freqüentemente que a ênfase dominante da modernidade está no controle — a subordinação do mundo ao domínio do homem. A afirmação é certamente correta, mas apresentada dessa forma precisa de considerável elaboração. Um dos significados do controle é a subordinação da natureza aos propósitos do homem, organizados pela via da colonização do futuro. Esse processo parece à primeira vista uma extensão da "razão instrumental" — a aplicação dos princípios humanamente organizados da ciência e da tecnologia ao controle do mundo natural. Olhando mais de perto, contudo, o que vemos é o surgimento de um sistema internamente referido de conhecimento e poder. É nesse sentido que devemos entender a expressão "fim da natureza". Tiveram lugar uma aceleração e um aprofundamento marcados do controle da natureza pelo homem, que estão diretamente envolvidos com a globalização da atividade social e econômica. O "fim da natureza" significa que o mundo natural se tornou em grande parte um "ambiente criado", que consiste em sistemas humanamente estruturados cujo poder e dinâmica derivam de reivindicações ao saber socialmente organizadas e não de influências exógenas à atividade dos homens.

Como o ambiente natural parece tão distinto do universo da atividade social, é preciso destacar que a natureza torna-se um sistema internamente referido. Talvez seja mais fácil ver que a própria vida social se torna internamente referida, junto com a mobilização da auto-identidade. Ora, a referencialidade interna da vida social moderna muitas vezes é confundida com uma distinção entre "sociedade" e "natureza"; e, de maneira correspondente, tal referencialidade muitas vezes é pensada como intrínseca a todos os sistemas sociais, e não apenas às instituições da modernidade. Mas os sistemas sociais só se tornam internamente referidos, pelo menos numa base continuada, à medida que se tornam institucionalmente reflexivos e assim amarrados à colonização do futuro. Na medida em que a vida social é organizada segundo a tradição, pelo hábito rotineiro ou pelo ajuste pragmático à natureza exógena falta-lhe aquela referencialidade interna fundamental à dinâmica da modernidade. A evaporação da moralidade é crucial a esses processos, particularmente à medida que as perspectivas morais são integradas de maneira segura à prática cotidiana. Pois os princípios morais são contrários ao conceito de risco e à mobilização da dinâmica do controle. A moralidade é extrínseca no que diz respeito à colonização do futuro.

À diferença do mero hábito, a tradição sempre tem um caráter normativo "vinculante". "Normativo" por sua vez implica um componente moral — nas práticas tradicionais, a obrigatoriedade das atividades expressa preceitos sobre como as coisas devem ou não ser feitas. As tradições de comportamento têm sua própria carga moral, que resiste especificamente ao poder técnico de introduzir algo novo. A fixidez da tradição não deriva de sua acumulação do saber passado; melhor dizer que a coordenação do passado e do presente é alcançada pela adesão aos preceitos normativos que a tradição incorpora. Como comenta Shils:

> a tradição é assim muito mais que uma recorrência estatisticamente freqüente, numa sucessão de gerações, de crenças, de práticas, de instituições e de obras semelhantes. A recorrência é resultado das conseqüências normativas — e às vezes da intenção normativa — da apresentação e da aceitação da tradição como normativa. É essa transmissão normativa que liga as gerações dos mortos com as gerações dos vivos na constituição de uma sociedade... os mortos... são objetos de compromisso, mas o que é mais significativo é que suas obras e as normas contidas em suas práticas influenciam as ações de gerações posteriores que nem ao menos os conhecem. O centro normativo da tradição é a força inercial que mantém a sociedade numa forma dada ao longo do tempo.[1]

A referencialidade interna e a vida

O desenvolvimento de sistemas sociais internamente referidos está na origem do projeto reflexivo do eu. A criação de uma vida internamente referida foi influenciada decisivamente por uma série de mudanças sociais concorrentes. Cada uma delas atua para separar a vida como uma trajetória distinta e fechada de outros eventos das seguintes maneiras:

1 A vida surge como um segmento separado do tempo, distanciado do ciclo da vida das gerações. A idéia do "ciclo da vida", de fato, não tem muito sentido uma vez que as conexões entre a vida individual e o intercâmbio das gerações foram rompidas. Como as observações de Shils destacam de maneira adequada, a tradição e a continuidade das gerações estão inerentemente ligadas entre si. Diferenças geracionais são essencialmente um modo de lidar com o tempo nas sociedades pré-modernas. Uma geração é uma coorte ou ordem distinta de

parentesco que coloca a vida do indivíduo dentro de uma seqüência de transições coletivas. Nos tempos modernos, contudo, o conceito de "geração" cada vez mais só faz sentido contra o pano de fundo do tempo padronizado. Falamos, em outras palavras, da "geração dos anos 50", da "geração dos 60" e assim por diante. A sucessão temporal nesse sentido retém muito pouco da ressonância dos processos coletivos de transição característicos de eras anteriores. Em contextos tradicionais, o "ciclo da vida" carrega fortes conotações de renovação, pois cada geração em grande parte redescobre e revive modos de vida de seus predecessores. A renovação perde muito de seu significado nas situações da alta modernidade onde as práticas são repetidas apenas se forem reflexivamente justificáveis.[2]

2 A vida se separa das externalidades do lugar, enquanto que o próprio lugar é solapado pela expansão dos mecanismos de desencaixe. Na maioria das culturas tradicionais, não obstante as migrações de populações que eram relativamente comuns e as longas distâncias às vezes percorridas por alguns, a maior parte da vida social era localizada. O principal fator que alterou essa situação não está no aumento da mobilidade; melhor dizer que o lugar é inteiramente atravessado pelos mecanismos de desencaixe, que recombinam as atividades locais em relações espaço-temporais de amplitude cada vez maior. O lugar se torna fantasmagórico.[3] Embora os meios em que as pessoas vivem permaneçam como fontes de ligações locais, o lugar não constitui o parâmetro da experiência; e não oferece a segurança do sempre familiar, característica dos lugares tradicionais. A intensificação da experiência transmitida pela mídia também desempenha um papel aqui. A familiaridade (com os eventos sociais e com as pessoas, e também com os lugares) não mais depende apenas, ou mesmo principalmente, dos meios locais.

O lugar torna-se assim muito menos significativo do que costumava ser como referente externo da vida do indivíduo. A atividade espacialmente localizada fica cada vez mais envolvida com o projeto reflexivo do eu. Onde a pessoa vive, pelo menos a partir do início da vida adulta, é uma questão de escolha organizada principalmente em termos do planejamento da vida da pessoa. É claro que, como em todos os processos do tipo, formas dialéticas de reação são possíveis. Tentativas ativas de reencaixar a vida no meio local podem ser empreendidas de várias maneiras. Algumas, como o cultivo de um sentido de orgulho comunitário, são provavelmente vagas demais para recapturar mais que um lampejo do que eram antigamente. O reencaixe só pode ocorrer de maneira significativa se for possível ajustar as práticas regulares a especificidades do lugar — mas nas condições da alta modernidade isso é difícil de conseguir.

3 A vida passa a ser cada vez mais livre das externalidades associadas com os laços preestabelecidos com outros indivíduos e grupos. Laços de parentesco de vários tipos eram claramente as principais ancoragens externas da experiência de vida do indivíduo na maioria dos contextos pré-modernos. Relações de parentesco ajudavam a determinar e em muitos casos definiam completamente as decisões-chave que afetavam o curso dos acontecimentos durante toda a vida do indivíduo. Decisões sobre quando casar e com quem, onde viver, quantos filhos deseja ter, como cuidar dos filhos, como passar a velhice são alguns dos exemplos mais óbvios. As externalidades de lugar e de parentesco normalmente se ligavam de perto. A transmissão da propriedade, inclusive de peças de herança e de moradias familiares, também desempenhavam papel importante. Nas condições sociais modernas, grupos familiares sucessivos raramente continuam a viver no mesmo prédio. Em áreas rurais, ou entre uns poucos grupos aristocráticos remanescentes, ainda existem casas que foram habitadas pelos membros da mesma família por longos períodos, até mesmo séculos. Mas para a massa da população um tal fenômeno se torna praticamente desconhecido e a noção de "ancestrais", tão importante para as vidas de muitos em situações pré-modernas, se torna difusa e difícil de recuperar.

Sem as referências externas fornecidas pelos outros, a vida mais uma vez surge como uma trajetória relacionada acima de tudo aos projetos e planos do indivíduo. Os outros sempre figuram nesse planejamento da vida, é claro, desde os membros da família de orientação até os subseqüentes parceiros familiares, filhos, amigos, colegas e conhecidos. Novas esferas de intimidade com algumas dessas pessoas tornam-se elementos cruciais dos referenciais de confiança desenvolvidos pelo indivíduo. Mas devem ser mobilizados pelo ordenamento reflexivo da vida como um fenômeno isolado e internamente referido.

4 A vida passa a ser estruturada em torno de "limiares abertos de experiência", e não mais de passagens ritualizadas. O próprio ritual é uma referência externa e muitos observadores já apontaram o declínio das atividades rituais em relação às principais transições da vida — nascimento, adolescência, casamento e morte. A relativa ausência do ritual nos contextos sociais modernos, alguém sugeriu, remove uma importante escora psicológica para a capacidade que o indivíduo tem de enfrentar essas transições. Seja esse ou não o caso — pois, afinal, Radcliffe-Brown sugeriu, em seu famoso debate com Malinowski sobre a questão, que o ritual muitas vezes produz ansiedade em vez de aliviá-la — o que é importante para a nossa discussão diz respeito às conseqüências para a tomada de decisão do indivíduo. Cada fase de transição tende a tornar-se uma crise de identidade — e muitas vezes o indivíduo sabe disso por

reflexão.[4] A vida de fato é construída em termos da necessidade antecipada de enfrentar e resolver tais fases de crise, pelo menos onde a consciência reflexiva do indivíduo for altamente desenvolvida.

Falar da vida como internamente referida não é o mesmo que argumentar a partir das premissas do individualismo metodológico. A idéia de um "indivíduo auto-suficiente" certamente surgiu de modo substancial como uma resposta às instituições da modernidade que começavam a se desenvolver. Mas tal posição metodológica não faz parte da análise elaborada neste livro. Nem se segue, do que foi dito acima, que o indivíduo fique separado dos contextos mais amplos dos eventos sociais. Até certo ponto, é o contrário: o eu estabelece uma trajetória que só pode tornar-se coerente pelo uso reflexivo do ambiente social mais amplo. O ímpeto para o controle, engatado à reflexividade, lança o eu no mundo externo de uma maneira que não tem paralelo claro em tempos anteriores. Os mecanismos de desencaixe invadem o coração da auto-identidade; mas não "esvaziam" o eu: simplesmente removem apoios anteriores em que se fundava a auto-identidade. Melhor: permitem (em princípio) que o eu alcance maior domínio sobre as relações e contextos sociais incorporados reflexivamente na forja da auto-identidade do que era previamente possível.

Influências institucionais

A orientação da modernidade para o controle em relação à reprodução social e à auto-identidade tem certas conseqüências características ao nível da experiência moral. Referir-me-ei a essas conseqüências genericamente como segregação da experiência. O fenômeno está diretamente ligado com o caráter internamente referido da vida social e do eu. Com o amadurecimento da modernidade, os sistemas abstratos desempenham um papel cada vez mais abrangente na coodenação dos vários contextos da vida diária. "Perturbações" externas a tais sistemas reflexivamente organizados são minimizadas.

Podemos descobrir a origem desses desenvolvimentos por referência a diversos conjuntos de influências, estabelecidas durante a fase de decolagem do período moderno, mas que tornam-se cada vez mais acentuadas com a radicalização e a globalização das instituições modernas. A primeira, e de certa maneira mais importante, é a extensão do poder administrativo provocada pela aceleração dos processos de vigilância.[5] A expansão das capacidades de vigilância é o principal meio de controle da atividade social por meios sociais. A vigilância faz surgirem particulares assimetrias de poder, e consolida em graus variados a dominação de certos grupos ou classes sobre outros. Mas é um erro concentrar-se demais nesse aspecto. Muito mais importante é a intensificação do controle administrativo mais geral, um fenômeno não inteiramente conduzido por alguém em particular porque afeta as atividades de todos. A vigilância sempre opera em conjunto com a reflexividade institucional, mesmo em sistemas pré-modernos. Ela é condição da reflexividade institucional e ao mesmo tempo, até certo ponto, seu resultado, expressando assim de uma forma institucional específica aquela recursividade característica de toda reprodução social. Entretanto, em sistemas em que a vigilância é altamente desenvolvida, as condições de reprodução social tornam-se cada vez mais automobilizadas.

De maneira particular sob a forma da codificação da informação ou do conhecimento envolvidos na reprodução do sistema, os mecanismos de vigilância separam os sistemas sociais de seus referentes externos ao mesmo tempo em que permitem sua extensão para setores cada vez mais amplos do espaço-tempo. Vigilância mais reflexividade significa "aplainar as diferenças" de tal forma que o comportamento não integrado num sistema — isto é, que não faz parte dos mecanismos de reprodução do sistema — torna-se alheio e isolado. Quando tais externalidades se reduzem a zero, o sistema torna-se inteiramente um sistema internamente referido. Isso não quer dizer que tais sistemas sejam consensuais ou livres de conflitos; ao contrário, podem ser internamente contraditórios e assolados por confrontos crônicos. Contudo, esses conflitos são organizados em termos de princípios do sistema por seus diversos potenciais de transformação e não em relação a critérios ou demandas externas.

Na prática há muitos conflitos provocados pela tensão entre a reprodução de sistemas reflexivos e a inércia do hábito ou as externalidades da tradição. O caso da tradição é complicado, de qualquer maneira, porque os apelos aos símbolos ou práticas tradicionais podem ser reflexivamente organizados, fazendo parte do conjunto internamente referido de relações sociais em vez de opor-se a ele. A questão de se a tradição pode ser "reinventada" em ambientes que tornaram-se completamente pós-tradicionais deve ser entendida nesses termos. A observação se aplica não só às conexões humanas envolvidas em relações sociais mas também aos artefatos materiais. Assim, nos debates contemporâneos em arquitetura sobre o pós-modernismo e a volta do romantismo, a questão-chave é saber se as reações contra o "modernismo" sustentam elementos dos modos tradicionais extrínsecos, ou se alternativamente ficaram inteiramente envolvidos num sistema internamente referido. Se este último for o caso, as tentativas de reviver os estilos tradicionais provavelmente degenerarão rapidamente no kitsch.

A segunda transformação institucional importante que afeta a referencialidade interna é o reordenamento dos domínios público e privado. Esse fenômeno pode ser parcialmente entendido em termos da criação de esferas da sociedade civil que não existiam em sistemas pré-modernos. O estabelecimento da sociedade civil se liga diretamente com o surgimento da forma moderna do Estado, sendo assim referencialmente ligado a ele. Nos Estados tradicionais, a maior parte da vida do dia-a-dia, pelo menos nas áreas rurais, estava fora do alcance do poder administrativo do Estado. A comunidade local era em grande parte autônoma em termos de suas tradições e modos de vida, e a maioria das formas de atividade pessoal ficavam completamente intocadas pelo aparato administrativo. Mas essa área externa não era a sociedade civil. Representava em vez disso a persistência de modos de vida extrínsecos à ordem reflexiva do centro político.

Nas formas sociais modernas, o Estado e a sociedade civil se desenvolvem em conjunto como processos interligados de transformação. A condição para isso é paradoxalmente a capacidade que o Estado tem de influenciar muitos aspectos do comportamento diário. A sociedade civil é estruturada como o "outro lado" da penetração do Estado na vida diária. Tanto o Estado como a sociedade, em uma palavra, são internamente referidos dentro dos sistemas reflexivos estabelecidos pela modernidade. O que vale para a distinção Estado/sociedade civil também vale para a distinção público/privado. A esfera do privado se opõe à do público em dois sentidos, ambos fortemente influenciados, se não inteiramente provocados, pelas mudanças associadas ao desenvolvimento da modernidade. A diferenciação de Estado e sociedade civil marca uma dessas oposições. O domínio público é o do Estado, enquanto que o privado é o que resiste à invasão das atividades de vigilância do Estado. Como ele é o guardião da lei, o privado nesse sentido é em parte uma questão de definição legal. Não é simplesmente o que fica de fora da competência do Estado, tendo em vista que ele também ajuda a definir os direitos e prerrogativas privados de maneira positiva.

Num segundo sentido, a oposição privado/público separa o que é mantido oculto dos outros daquilo que lhes é abertamente revelado. Outra vez seria um equívoco interpretar o aumento da privacidade (e a necessidade da intimidade) em termos da erosão de uma esfera pública que costumava existir em comunidades mais tradicionais. Tal sugestão está contida nas primeiras obras de Richard Sennett.[6] Ele observa que as palavras "público" e "privado" são criações do período moderno. "Público" se origina num sentido emergente de propriedade e de bens possuídos em comum e "privado" vem dos privilégios dos estratos dominantes. No século XVIII, os termos vieram a adquirir o sentido que têm hoje. "Público" passou a ser identificado com o eleitorado —

no sentido de "o público" — e com áreas da vida abertas aos olhos de todos ou com o domínio do bem comum. A esfera do "privado" tornou-se a área da vida especificamente excluída do domínio público.[7] Sennett argumenta que a fase inicial da modernidade assistiu ao surgimento da ordem pública, centrada na vida cosmopolita das cidades, que mais tarde entrou em decadência sob o impacto de mudanças sociais subseqüentes.

Mas a tese não é inteiramente convincente. O que Sennett chama de vida pública faz parte tanto dos ambientes urbanos mais tradicionais como daqueles característicos da vida social moderna. As cidades pré-modernas já dispunham de uma florescente cultura cosmopolita. Nessas cidades, as pessoas já encontravam estranhos de maneira regular. Mas a maioria dos encontros urbanos preservava um caráter colegiado e era dominada por interações com os pares ou parentes. O privado ainda não se tornara um domínio inteiramente oculto ou separado, como a obra de Elias deixa claro.[8] O público só se distingue inteiramente do privado quando a sociedade dos estranhos se estabelece em sentido pleno, isto é, quando a noção de "estranho" perde seu sentido. Desse momento em diante, a indiferença civil, que é o mecanismo de engate da confiança pública generalizada, se diferencia quase completamente do domínio privado, e particularmente da esfera das relações íntimas.

A privacidade, e as necessidades psicológicas associadas a ela, foi quase certamente condicionada por uma separação adicional, a da infância em relação à vida adulta. Nos tempos pré-modernos, certamente na Europa e sem dúvida também na maioria das outras culturas não modernas, a criança desde muito cedo vivia num ambiente coletivo em interação com os adultos em lugares domésticos assim como em outros lugares. O surgimento de uma província separada para a "infância" demarca a experiência de crescer em relação a outras arenas de atividade. A infância passa a ser oculta e domesticada, e também sujeita à influência principal da escolaridade formal. Como a infância é separada das atividades dos adultos, ou pelo menos moldada de maneiras distintas, ela constitui uma área de ocultação dentro da qual são estruturadas as experiências privadas. A educação é num certo sentido uma atividade pública, pois funciona fora de casa. Mas permanece para os alunos um ambiente segregado distinto do mundo adulto do trabalho e de outros envolvimentos. A ocultação gradual de vários atributos do desenvolvimento, inclusive aspectos importantes da sexualidade, é o resultado desses processos de segregação.[9] Esse é um fator importante que explica as relações próximas entre o surgimento da terapia e o foco no aprendizado infantil em relação aos objetivos terapêuticos. A infância como esfera separada torna-se uma "infra-estrutura" da personalidade. Isso não implica aceitar a equação da modernidade com o aumento da repressão psicológica, visão que não está de acordo com a posição mantida neste livro. Ao contrário, a reconstrução terapêutica sobre a base da experiência infantil torna-se possível por causa do surgimento de novos "campos de aprendizado" derivados da "invenção" da infância.

Nos dois sentidos distinguidos acima — a privacidade como o "outro lado" da penetração do Estado e a privacidade como o que pode não ser revelado — o privado é uma criação do público, e vice-versa; cada um faz parte de sistemas emergentes de referencialidade interna. Essas mudanças são parte fundamental do quadro geral da transformação da intimidade.

Terceiro, uma conseqüência psicológica dos dois amplos processos descritos é a crescente predominância da vergonha sobre a culpa, em relação à auto-identidade. A culpa depende essencialmente de mecanismos extrínsecos aos sistemas internamente referidos da modernidade. A culpa tem a conotação de transgressão moral — é a ansiedade que deriva de não ter sido capaz de satisfazer certas formas de imperativo moral no curso da conduta pessoal. É uma forma de ansiedade que atinge importância máxima em tipos de sociedade onde o comportamento social é governado segundo preceitos morais estabelecidos, inclusive os formulados e sancionados pela tradição. A vergonha está mais direta e extensamente relacionada com a confiança básica do que a culpa, porque a culpa diz respeito a formas específicas de comportamento ou cognição em vez de ameaçar o eu enquanto tal. Diferentemente da culpa, a vergonha corrói diretamente a sensação de segurança tanto no eu como nos meios sociais circundantes. Quanto mais internamente referida torna-se a auto-identidade, tanto mais a vergonha passa a desempenhar um papel fundamental na personalidade adulta. O indivíduo não vive mais em função de preceitos morais extrínsecos mas através da organização reflexiva do eu. Esse é um ponto importante, pois segue-se dele que a civilização moderna não se funda, como pensava Freud, na renúncia ao desejo.

Em suas obras, Freud usa "civilização" num sentido muito amplo — não está falando simplesmente da modernidade.[10] Civilização é qualquer forma de organização social ou cultural que vai além do mero "primitivo". É uma ordem social progressiva, que implica em crescente complexidade da vida social. O preço pago por essa complexidade, assim como pelas "mais altas realizações culturais" que a vida civilizada torna possíveis, é a crescente repressão e, portanto, a culpa. A civilização deve supor a privação corporal porque os impulsos que de outra maneira levariam a um investimento erótico desviado em direção de estranhos, ou a uma agressividade inaceitável em relação a eles, devem ser mantidos sob controle. A vida civilizada, Freud aceita, é em geral mais segura que a dos "seres primitivos". Tal segurança, por outro lado, é trocada por severas restrições a tendências humanas arraigadas. Desse ângulo, portanto, a civilização é um empreendimento mais moral que formas anteriores de ordem social que ela suplanta de maneira crescente. A agressividade reprimida pela civilização, em conjunto com os impulsos eróticos, são canalizados de volta para o ego na forma de uma dura consciência moral. Esse superego produz um sentido difuso de culpa. A civilização e um forte superego, "como uma guarnição numa cidadela conquistada", andam juntos. A culpa, conclui Freud, é "o problema mais importante no desenvolvimento da civilização"; "o preço que pagamos por nosso avanço em civilização é uma perda da felicidade pela intensificação desse sentido de culpa".[11]

Se fizermos a equivalência entre "civilização" e modernidade, e olharmos para seu período inicial de desenvolvimento, tem sentido a conexão com culpa e consciência. Se a interpretação que Max Weber faz da associação entre o puritanismo e o surgimento do capitalismo for correta, podemos ver um mecanismo de formação de consciência.[12] Afinal, o capitalista, segundo descrito por Weber, fornece o ímpeto para o surgimento das instituições modernas renunciando às satisfações que a riqueza acumulada pode trazer. Mas o que dizer sobre o depois, o momento mesmo da maturação da modernidade? Os seguidores de Freud há muito têm dificuldade em reconciliar suas idéias com a aparente permissividade moral da modernidade tardia. Quem sabe a civilização se partiu sob o peso de suas próprias demandas, dando aos indivíduos a chance de dar vazão a seus desejos? Quem sabe um período de restrição moral, por alguma razão, foi substituído por uma era de hedonismo? Essas explicações não parecem convincentes. Por que um período de intensificação e globalização das instituições modernas produziria um relaxamento da culpa se o aumento da culpa está intrinsecamente associado à maior complexidade da civilização? Se descartarmos o teorema segundo o qual mais civilização significa mais culpa, podemos ver as coisas sob uma luz diferente. O movimento característico da modernidade, no nível da experiência individual, é de afastamento em relação à culpa. A consciência moral, talvez do tipo descrito por Weber, pode ter sido de grande importância no início do período moderno, porque era nessa base que os imperativos morais extrínsecos se convertiam em parâmetros intrínsecos de ação socializada. As crenças puritanas tornaram-se elementos mobilizadores no descolamento dos novos sistemas econômicos das restrições extrínsecas que os ancoravam. O puritanismo pode ter sido um dos instrumentos principais numa fase de "decolagem" que se estende para além da própria esfera econômica — uma "decolagem" para um ordenamento internamente referido da sociedade e da natureza cada vez mais inclusivo.

Entretanto, poder-se-ia dizer que o puritanismo, mais que promover a busca de novas identidades, produziu a "fixidez" que permitiu aos primeiros empreendedores explorarem novos modos de comportamento sem romperem com seus hábitos e convicções preestabelecidos. O "espectro do puritanismo" que rondava os sistemas subseqüentes da modernidade continuou deste ponto de vista como uma fonte de externalidades para a nova ordem social — não era, como argumentaram Marcuse e muitos outros, sua força principal. Quanto mais se rompiam as amarras da tradição, e surgia no primeiro plano o projeto reflexivo do eu, tanto mais a dinâmica da vergonha, por oposição à da culpa, veio a ocupar o centro da cena. Naturalmente, mesmo na fase da alta modernidade, os mecanismos da culpa continuam importantes, assim como persistem envolvimentos morais — pois, como argumentarei mais tarde, a repressão institucional produzida pelas ordens internamente referidas da modernidade está muito menos que completa.

Arenas da segregação

A orientação da modernidade para o controle, no contexto dos sistemas internamente referidos, tem conotações bem conhecidas ao nível da cultura e da filosofia. O pensamento positivista, de uma forma ou de outra, tornou-se um importante fio condutor na reflexividade da modernidade. O positivismo procura eliminar os julgamentos morais e os critérios estéticos dos processos de transformação que ajudam a pôr em movimento e dos quais faz a análise e a interpretação. Em vez de concentrar-me em características do discurso, porém, quero chamar atenção para seu correlato institucional, que é a acumulação de processos que efetivamente limitam as influências extrínsecas. Processos de segregação institucional aparecem em várias áreas. Em cada caso têm o efeito de remover aspectos básicos da experiência da vida, especialmente crises morais, das regularidades da vida cotidiana estabelecidas pelos sistemas abstratos da modernidade. O termo "segregação da experiência" refere-se aqui a processos de ocultação que separam as rotinas da vida ordinária dos seguintes fenômenos: loucura; criminalidade; doença e morte; sexualidade; e natureza. Em alguns casos, a segregação depende das características mais gerais dos sistemas internamente referidos da modernidade. Em termos amplos, o argumento que desenvolvo é que a segurança ontológica que a modernidade adquiriu, no nível das rotinas diárias, depende de uma exclusão institucional em relação à vida social de questões existenciais fundamentais que apresentam dilemas morais centrais para os homens. A fim de localizar e desenvolver esse tema, é necessária certa quantidade de material histórico. Se olharmos brevemente para as origens das várias arenas de segregação, poderemos identificar alguns dos processos subjacentes à substituição dos critérios externos pelos internos na constituição dos sistemas sociais da modernidade.

A obra de Rothman, mais que a de Foucault, é relevante para a discussão do manicômio.[13] Embora a pesquisa de Rothman se concentre no surgimento dos hospitais mentais nos Estados Unidos, a análise é aplicável em geral. A discussão que Foucault faz do manicômio e da prisão relaciona o encarceramento ao impulso de estabelecer a dominação da razão burguesa.[14] Aqueles que tentam contestar as afirmações soberanas da razão devem ser por isso excluídos da participação direta na ordem social. Por sugestiva e importante que seja, essa posição tem grandes fraquezas. Sem entrar em detalhes, pode-se dizer que não era tanto a "razão" que estava em questão mas o desenvolvimento da transformação reflexiva. O que mais tarde seria visto como "insanidade", "crime" e "pobreza" era tratado, antes do período moderno, como característica extrínseca da existência humana. A loucura, o crime e a pobreza ainda não eram pensados como "problemas sociais". Até o século XVIII, a presença dessas características em indivíduos que mais tarde seriam colocados em uma ou outra dessas categorias não era vista como indicador de fracasso pessoal ou da comunidade.

As atitudes em relação à pobreza são reveladoras. O uso do termo "pobre" no começo do século XVIII abrangia uma variedade de condições sociais. As discussões e a legislação sobre os pobres incluíam viúvas, órfãos, doentes, velhos, deficientes e insanos sem fazer clara diferenciação entre eles. A necessidade moralmente definida, em vez das circunstâncias especiais que a produziam, era a característica identificadora. Uma lei de Massachusetts, que virou modelo para outros Estados norte-americanos, dizia que a pobreza ocorre "quando acontece que qualquer pessoa careça naturalmente de entendimento, de modo a ser incapaz de sustentar-se".[15] Essa atitude já era uma mudança de períodos anteriores na Europa. Pois a pobreza nesse estágio começava a ser pensada como algo que precisava de atenção da comunidade, não sendo mais inteiramente uma característica extrínseca das circunstâncias da vida social.

Até que ponto essas atitudes ainda se ligavam a considerações extrínsecas, contudo, é demonstrado pelo tratamento da criminalidade — ou mais acuradamente, a vagabundagem — nos Estados Unidos do século XVIII. A vagabundagem, como a pobreza em termos mais gerais, era vista como amplamente endêmica. Estava cercada por um conjunto indeterminado de transgressões morais, a que se ligava.

> Os colonos consideravam desviante uma ampla gama de comportamentos, descobrindo as implicações mais graves mesmo nas menores ofensas. Sua extensa definição era em geral de origem religiosa, identificando pecado e crime. Os códigos penais puniam ofensas religiosas, como idolatria, blasfêmia e bruxaria, e

> os clérigos declaravam que as infrações contra pessoas e propriedades eram ofensas a Deus. Misturando livremente as duas categorias, os colonos proscreviam uma lista incrivelmente longa de atividades. A identificação da desordem com o pecado tornava difícil para os legisladores e ministros distinguir cuidadosamente entre infrações maiores e menores. As duas testemunhavam a depravação natural do homem e o poder do demônio — sinais seguros de que o ofensor se destinava a ser uma ameaça pública e um danado pecador.[16]

A idéia de um corretivo secular só surgiu gradativamente e deve ser entendida como parte de processos mais amplos pelos quais os mundos social e natural passaram a ser vistos como transformáveis e não meramente dados. O "controle social" portanto não era primariamente um meio de controlar formas preexistentes de comportamento desviante. O "desvio" era de fato criado pelos imperativos derivados da transformação das condições naturalmente oferecidas em condições manejáveis. A segregação dos loucos e dos criminosos se acelerou quando essas categorias foram separadas da pobreza em geral, e quando se passou a acreditar que todas elas eram intrinsecamente capazes de alteração. Construir um ambiente especial para os desviantes fornecia os meios de integrar o tratamento corretivo com a manutenção de controle regular sobre os ambientes da vida diária do lado de fora.

A idéia de que os homens podem ser submetidos a correção estava necessariamente envolvida com a noção de que a própria vida social está aberta a mudança radical. Os primeiros reformadores das prisões — como, mais tarde, muitos sociólogos profissionais — procuravam mostrar que as condições que levavam ao comportamento criminoso derivavam das vidas miseráveis que as pessoas em comunidades menos afortunadas eram obrigadas a levar. Mudar essas condições podia ao mesmo tempo ajudar a alterar o comportamento daqueles que ameaçavam as propriedades dominantes. "Os vícios da vida social", como um funcionário dizia de um prisioneiro na Pennsylvania na década de 1840, "anunciavam a ruína de sua fortuna e de suas esperanças."[17] A existência do crime apontava, não para elementos intratáveis da natureza humana, mas para a incapacidade de a comunidade desempenhar sua tarefa de criar uma cidadania responsável. Uma sociedade organizada de maneira apropriada livraria os criminosos potenciais da tentação ao mesmo tempo em que reduziria as situações que levassem a atividade criminosa.

O ímpeto que levou ao estabelecimento das prisões era originalmente alimentado por considerações morais. A disciplina e a arregimentação da vida na prisão deveriam ser uma forma de educação moral que, removendo o criminoso da depravação de seu entorno, teria efeitos reabilitadores. A penitenciária se tornaria um laboratório de aperfeiçoamento social. As rotinas da vida na prisão, entretanto, imitavam de forma exagerada aquelas estabelecidas nos ambientes sociais da modernidade como um todo. A prisão assim tornou-se um laboratório no mesmo sentido em que todos os demais contextos da modernidade o são — um ambiente em que a organização e a mudança social são reflexivamente construídas, tanto como pano de fundo para a vida individual quanto como meio para a reconstituição da identidade individual.

A incorporação social da loucura

A história do manicômio envolve tendências de desenvolvimento semelhantes. Como a criminalidade, a loucura era considerada em épocas anteriores um resultado da vontade de Deus, os loucos sendo um grupo entre outros que era digno de receber algum cuidado da comunidade. A imagem de Pinel removendo as correntes do louco pode ser tida como representativa do impulso da modernidade como um todo. Na verdade, a imagem de Prometeu libertado, que tanto inspirava Marx, é um retrato da libertação das algemas da tradição e do costume que reaparecerá muitas vezes a partir do Iluminismo em diante. A insanidade passou a ter um horizonte "aberto" em comum com todos os demais aspectos do comportamento e da relação social estabelecidos. A medicalização da insanidade como "doença mental" é apenas parte desse fenômeno. A insanidade era uma doença física, mas acreditava-se que a maioria das formas de insanidade derivava de circunstâncias sociais, e o controle do comportamento certamente era um dos principais meios de produzir supostas curas. De fato, muitos dos primeiros psiquiatras ligavam as origens etiológicas da doença mental a fatores sociais, inclusive à própria "civilização".

De grande importância, contudo, foi o aparecimento da idéia de que a doença mental, como a criminalidade, sob circunstâncias específicas, podia afetar qualquer um na população. Depois de ser considerada uma característica especial, embora não claramente distinguível, da pobreza, e portanto concentrada em torno dos grupos menos favorecidos, a doença mental passou a ser vista como um dos riscos que a vida moderna acarretava. "A insanidade não é peculiar a qualquer estado na vida. Não há ninguém tão alto que esteja além de seu alcance... ela destronou o monarca, e aprofundou a melancolia da choupana."[18]

O propósito inicial dos manicômios era a cura. O encarceramento pretendia restaurar a saúde mental pelo próprio ambiente, e não só pelos remédios e tratamentos nele administrados. Supunha-se que o manicômio criasse um ambiente que corrigiria metodicamente as deficiências da comunidade social mais ampla. Outra vez era claramente aparente a dimensão moral da reforma da personalidade afligida. Como na prisão, a maximização da vigilância, em conjunto com o estabelecimento de rotinas regulares, eram os meios para atingir esses fins. A insanidade, como a loucura, era ativamente definida em termos de incapacidade social — a incapacidade, ou falta de vontade, de viver o tipo de vida requerida no mundo exterior.

O que é notável sobre o manicômio, em comum com a prisão, é tudo o que ele compartilha com os ambientes sociais mais amplos da modernidade. Foucault está errado em atribuir essa semelhança à disciplina como tal; o confisco de vários tipos de direitos sociais e pessoais daqueles encarcerados à força nas prisões e nos manicômios é certamente central para seu caráter. Mas o que eles têm em comum com os quadros mais amplos da modernidade é a tentativa de desenvolver o autocontrole reflexivo mesmo entre minorias que podem parecer intrinsecamente recalcitrantes. O componente moral nos dois casos logo cedeu a primazia a outros imperativos. O que contava como "cura" perdeu a maioria de suas características extrínsecas, passando a ser medido pela capacidade e pela vontade da pessoa de funcionar de maneira satisfatória no ambiente social mais amplo. Em outros aspectos, a simples custódia virou o traço dominante: o cárcere serve pelo menos para proteger aqueles que estão no mundo exterior das irregularidades inalteráveis no comportamento da minoria.

O "desvio" passou a ser "inventado" como parte dos sistemas internamente referidos da modernidade. As questões extrínsecas e aquelas que a criminalidade e a insanidade põem para a população em geral são assim minuciosamente reprimidas. Mas trata-se de uma repressão institucional e não pessoal — não supõe uma intensificação da "consciência". É uma exclusão de questões, valores e modos de comportamento potencialmente perturbadores das arenas centrais da vida social. As questões assim reprimidas são claramente de natureza moral e existencial. Em comportamentos agora classificados como "doença mental", por exemplo, visões alternativas do que passa por realidade cotidiana são afastadas das preocupações da vida diária. Estabelecido o manicômio, poucas pessoas entram em contato com o insano de maneira regular. As conexões que alguma vez ligaram a "pobreza" no sentido antigo a preceitos morais e tradições extrínsecos se tornam invisíveis. As prisões e os manicômios rapidamente perdem a maior parte daquela qualidade exótica que desde cedo faziam delas espetáculos para o mundo exterior. Em vez disso, tornam-se ambientes de correção técnica, orientados para as relações transformadoras da modernidade.

A segregação da doença e da morte

O que hoje chamamos hospital só gradativamente se diferenciou das organizações mais antigas que tentavam lidar com o impacto da "pobreza". Os "hospitais" que foram os antecessores das prisões e manicômios, e também das organizações médicas modernas, misturavam exatamente aquela gama de pessoas mencionadas nos parágrafos anteriores. O surgimento de uma esfera separada de tratamento médico, focado em pessoas com "problemas físicos" distintos, é parte dos mesmíssimos processos que criaram outras organizações carcerárias.

O desenvolvimento do hospital em seu sentido moderno está intimamente ligado à profissionalização da medicina. O hospital é um ambiente onde a tecnologia médica pode ser concentrada e o saber médico desenvolvido. E no entanto, como os manicômios e prisões, o hospital também é um lugar onde aqueles que foram desqualificados da participação nas atividades sociais ortodoxas são segregados, e tem conseqüências semelhantes, em termos da ocultação da visão geral, às de outras experiências cruciais — a doença e a morte. Como dissemos no capítulo anterior, nas sociedades pré-modernas a doença crônica era parte da vida de muitas pessoas e o contato com a morte era uma característica quase de lugar-comum da experiência de todos. Elias observou que a obra de Ariès sobre o tema provavelmente apresenta uma visão um tanto distorcida da morte no mundo pré-moderno. Ariès diz que, como a morte ainda não tinha sido escondida, as pessoas podiam encontrar seu fim de uma maneira serena, cercadas por seus entes queridos. Como diz Elias, a presença dos outros em torno do leito de morte não era necessariamente confortadora — de fato, às vezes os moribundos eram escarnecidos e insultados pelos sobreviventes.[19] Qualquer que seja a verdade, e embora a morte possa ter sido cercada por medos e ansiedades essenciais, não era então um fenômeno a ocultar.

A questão não é só que, hoje, a morte seja rotineiramente oculta à vista. Além disso, a morte tornou-se uma questão técnica, sua determinação deixada nas mãos da profissão médica; o que a morte é torna-se uma questão de decidir em que momento uma pessoa deve ser tratada como tendo morrido, em relação à cessação de vários tipos de funções corporais. A morte continua a ser o grande fator extrínseco da existência humana; não pode ser trazida enquanto tal para dentro dos sistemas internamente referidos da modernidade. Mas todos os tipos de acontecimentos que levam à morte e os que estão envolvidos no processo de morrer podem ser assim incorporados. A morte torna-se um ponto zero — é nem mais nem menos que o momento em que o controle humano sobre a existência encontra um limite exterior.

A história da pena de morte serve para testemunhar o impulso de converter a morte num puro "evento". Como mostraram Foucault e outros, em ambientes pré-modernos a pena de morte, muitas vezes combinada com outras maneiras de infligir dor ao corpo, era freqüentemente um espetáculo coletivo. Com o aparecimento da prisão, a punição "desaparece de vista" e assume a forma disciplinar. O que Foucault não investiga, embora seja consistente com sua análise, são as mudanças que afetam a pena de morte dentro da prisão. Formas públicas de execução muitas vezes não só eram dolorosas, mas também ruidosas e prolongadas. Todo o peso do desenvolvimento posterior se dirigiu a reduzir a execução a um processo tão "silencioso" quanto possível.[20] Na Inglaterra, por exemplo, tomou-se grande cuidado para assegurar que o condenado passasse sua última noite numa cela muito próxima do lugar da execução, de modo a minimizar a duração do evento final. Uma sucessão de modificações técnicas, projetadas para tornar o aparato da execução eficiente e silencioso, foi introduzida. A morte deveria ser, em outras palavras, instantânea e discreta. Desde então, a pena de morte foi abolida em muitos países — reforma feita por motivos humanitários, mas que também reconhece que a execução finalmente coloca o indivíduo além da possibilidade de controle social.

A privatização da paixão

A remoção da sexualidade para os bastidores é um fenômeno da privatização da paixão. "Paixão" foi alguma vez um termo que se referia ao êxtase e à devoção do religioso. Referia-se precisamente àqueles momentos em que o indivíduo se sentia em contato com forças cósmicas, num estado além da experiência cotidiana. A noção de paixão perdeu mais tarde essa conotação quase inteiramente, tornando-se secularizada e confinada principalmente à esfera sexual. Isso faz parte da transição por meio da qual a "sexualidade" surgiu como fenômeno distinto, separada do erotismo mais geral e difuso que era freqüentemente ligado à estética e a experiências de natureza não socializada.[21]

Não há cultura conhecida em que o sexo tenha se realizado de maneira completamente aberta aos olhos de todo mundo. Mas há evidência suficiente que indica que, em muitas culturas não-modernas, assim como na Europa pré-moderna, a atividade sexual não era mantida estritamente oculta dos olhos dos outros. Em parte, tal visibilidade era inevitável: nos grupos socioeconômicos mais baixos era prática normal que pais e filhos dormissem no mesmo cômodo, muitas vezes junto com outros parentes. A atividade sexual eventual fora da residência também parece ter sido uma ocorrência comum.

A privatização da sexualidade também pode ser considerada como decorrente do surgimento de uma nova consciência moral. Segundo essa visão, a sexualidade tornou-se cada vez mais sujeita a atitudes pudicas que a condenavam como licenciosidade. Foucault ajudou a mostrar como essa interpretação é equivocada. Como ele diz, ela sugere uma estória segundo a qual

> a sexualidade foi cuidadosamente confinada: veio para dentro do lar. A família conjugal a tomou sob sua custódia e a absorveu na séria função de reprodução. Na questão do sexo, o silêncio virou regra... Um único lugar da sexualidade foi reconhecido no espaço social, assim como no coração de cada lar, mas era um lugar útil e fértil: o quarto de dormir dos pais. O resto só tinha de continuar vago; a postura apropriada evitava contato com outros corpos, e a decência verbal saneava as falas.[22]

Nessa interpretação, que em termos amplos é compatível com a de Freud, a privatização da sexualidade é uma questão de repressão — a repressão que é o preço que devemos pagar pelos frutos da civilização. Foucault não só se opõe ao que chama de "hipótese repressiva" como a contrasta com outra que sublinha a proliferação de discursos que trazem a sexualidade para a arena pública recentemente constituída.

Mas a tese de Foucault de que a preocupação com a sexualidade torna-se obsessiva e mais ou menos difundida no mundo moderno não parece mais convincente do que aquela que ela pretende em parte substituir. Podemos formular uma alternativa às duas hipóteses da seguinte maneira. A "sexualidade" no sentido moderno foi inventada quando o comportamento sexual "foi para trás dos bastidores". Desse ponto em diante, a sexualidade virou propriedade do indivíduo, e mais especificamente do corpo, pois o erotismo em conjunto com a culpa era progressivamente substituído por uma combinação de sexualidade, auto-identidade e propensão à vergonha. A ocultação do comportamento sexual não era tanto uma ocultação pudica como uma reconstituição da sexualidade e seu redirecionamento para uma esfera de intimidade que surgia. O desenvolvimento sexual e a satisfação sexual passam assim a ligar-se ao projeto reflexivo do eu. Os vários "discursos sobre a sexualidade" de que fala Foucault fazem parte do espectro mais amplo do desenvolvimento dos sistemas reflexivos internamente referidos.

A sexualidade tornou-se então, como diria Luhmann, um "código comunicativo" mais que um fenômeno integrado com as exigências mais amplas da existência humana.[23] No comportamento sexual, sempre foi traçada uma distinção entre o prazer e a procriação. Quando as novas conexões entre a sexualidade e a intimidade se formaram, contudo, a sexualidade foi separada muito mais completamente da procriação do que antes. A sexualidade tornou-se duplamente constituída, como meio de auto-realização e como meio principal e expressão da intimidade. A sexualidade perdeu assim suas conexões extrínsecas com tradições e ética mais amplas, e também com a sucessão das gerações. A sexualidade continua, ou melhor torna-se, um foco central para a "experiência", e a palavra "experiência" assume um significado particular em relação à vida sexual. Mas essa "experiência" tem pouco a ver com os domínios existenciais com os quais o sexo em certo sentido nos põe em contato.

A segregação da natureza extrínseca

Em cada um dos aspectos discutidos acima, portanto, podemos perceber um processo de segregação moral em expansão. Os principais domínios da vida, inclusive aqueles que superficialmente parecem mais "biológicos" que sociais, passam a sofrer a influência do duplo impulso da auto-referencialidade e da reflexividade. As questões existenciais são institucionalmente reprimidas ao mesmo tempo que são criados novos campos de oportunidades para a atividade social e o desenvolvimento pessoal. A segregação da experiência é em parte o resultado planejado de uma cultura em que se supõe que os domínios estético e moral serão dissolvidos pela expansão do conhecimento técnico. De certa forma, porém, é também o resultado não intencional dos processos estruturantes endêmicos da modernidade, cujos sistemas internamente referidos perdem o contato com critérios extrínsecos.

É preciso acrescentar aos processos mencionados até aqui o desenvolvimento do ambiente criado. Virou lugar-comum afirmar que as visões centrais da modernidade tratam a natureza como instrumental, como o meio de realizar os propósitos humanos. O *locus classicus* dessa posição, diz-se, é nada mais nada menos que o próprio Marx. O suposto crítico radical da vida social moderna acaba por conformar-se a algumas das características mais arraigadas do que critica. A crítica é certamente válida. Marx foi um crítico do capitalismo, que via como meio essencialmente irracional de organizar a indústria moderna; mas via a expansão das forças produtivas como a chave para um futuro favorável para a humanidade. Há passagens, particularmente nos escritos do jovem Marx, que sugerem uma visão bem mais sutil da natureza e de suas relações com as aspirações humanas. Mas em seu todo o argumento de Marx é instrumental e, em relação a isso, está mais para defensor da linha dominante do pensamento ocidental do que para seu crítico.

Não basta, porém, deixar as questões como estão. O que está em discussão não é só que, com o advento da modernidade, os homens tratam a natureza como um conjunto inerte de forças a serem atreladas para os fins humanos, pois isso ainda implica que a natureza é um domínio separado do da sociedade. Como destacado anteriormente, o desenvolvimento do ambiente criado — ou, noutra expressão que diz a mesma coisa, a socialização da natureza — é muito mais profundo que isso. A natureza começa a "chegar ao fim" no sentido em que o mundo natural é ordenado cada vez mais segundo os sistemas internamente reflexivos da modernidade. Nas condições da modernidade, as pessoas vivem em ambientes artificiais num duplo sentido. Primeiro, por causa da difusão do ambiente construído, em que vive a vasta maioria da população, o hábitat humano se torna separado da natureza, agora representada só na forma de "campo" ou "selva". Segundo, num sentido profundo, a natureza deixa literalmente de existir quando eventos que ocorrem naturalmente fazem cada vez mais parte dos sistemas determinados por influências socializadas.

No que diz respeito ao primeiro desses fatores, podemos dizer que a vida humana vai se separando da natureza à medida que se desenvolve em locais criados pelo homem. Na cidade, a "natureza" ainda sobrevive como áreas verdes cuidadosamente conservadas, mas em sua maior parte essas áreas são artificialmente construídas — na forma de parques, áreas de recreação e assim por diante. Criam-se jardins, cuidam-se de árvores e cultivam-se plantas domésticas; mas tudo isso é parte do ambiente criado, e só é "natural" na medida em que depende de processos orgânicos e não só da manufatura humana. A cidade moderna é de longe a série mais extensiva e intensivamente artificial de cenários para a atividade dos homens que jamais existiu. Uma visita ao campo ou uma caminhada no bosque podem satisfazer o desejo de estar próximo da "natureza", mas aqui a "natureza" está coordenada e domesticada socialmente. A noção de "selva" adquiriu importância durante o período inicial do desenvolvimento social moderno. Alguma vez significou especificamente uma área do mundo natural ainda inexplorada pelo Ocidente moderno, e portanto não conhecida por ele. As selvas de agora são em geral áreas onde, por uma ou outra razão, o cultivo ou a habitação não podem se manter efetivamente, ou são simplesmente áreas deixadas à parte especialmente para propósitos de recreação.

Num segundo sentido, a natureza é segregada do envolvimento humano de uma maneira ainda mais fundamental. A natureza está cada vez mais sujeita à intervenção do homem, e assim perde seu próprio caráter como fonte extrínseca de referência. A segregação da natureza sob esta forma é mais sutil, e ao mesmo tempo mais difundida do que no sentido anterior. Pois a natureza

— a alternância dos dias e das estações, o impacto das condições climáticas — ainda parece estar "lá"; ambiente externo necessário às atividades humanas, por mais instrumentalmente orientadas que sejam. Mas essa sensação é ilusória. Ao tornar-se socializada, a natureza é atraída pela colonização do futuro e pelas arenas parcialmente imprevisíveis de risco criadas pelas instituições modernas em todas as áreas sob sua influência.

Qual é o impacto da segregação da experiência? É um problema sobre o qual me estenderei em outros capítulos, e só preciso de algumas observações neste ponto. Essa segregação é a condição do estabelecimento de grandes setores de segurança relativa da vida cotidiana nas condições da modernidade. Seu efeito, que como vimos deve ser considerado em termos amplos como uma conseqüência não intencional do desenvolvimento das instituições modernas, é reprimir um conjunto de componentes morais e existenciais básicos da vida humana que estão, por assim dizer, espremidos nas margens.

A repressão institucional que a segregação moral assinala não é, no entanto, uma repressão psicológica; ela não depende da internalização de formas de consciência cada vez mais estritas, à maneira sugerida por Freud. Ao contrário, para repetir, os mecanismos da vergonha, ligados à natureza "aberta" da auto-identidade, substituem em parte substancial os mecanismos da culpa.

O desenvolvimento de ambientes relativamente seguros da vida diária é de importância central para a manutenção de sentimentos de segurança ontológica. A segurança ontológica, em outras palavras, é sustentada principalmente pela própria rotina. Embora a existência diária seja de várias maneiras muito mais controlada e previsível nas condições sociais modernas em contraste com as culturas pré-modernas, o quadro de referências da segurança ontológica torna-se frágil. O casulo protetor depende cada vez mais da coerência das próprias rotinas, que são ordenadas dentro do projeto reflexivo do eu. Grandes áreas da vida cotidiana, ordenadas através dos sistemas abstratos, são seguras no sentido de Max Weber de oferecerem ambientes "calculáveis" de ação. Mas as próprias rotinas que fornecem tal segurança em sua maioria carecem de significado moral e tanto podem ser experimentadas como práticas "vazias" quanto, alternativamente, podem parecer esmagadoras. Quando as rotinas, por qualquer razão, são radicalmente rompidas, ou quando alguém decide especificamente alcançar maior controle reflexivo sobre sua auto-identidade, tendem a ocorrer crises existenciais. Um indivíduo pode sentir-se particularmente abandonado em momentos decisivos, porque em tais momentos os dilemas morais e existenciais se apresentam de maneira urgente. É como se o indivíduo enfrentasse o retorno do recalcado, mas provavelmente lhe faltam os recursos psíquicos e sociais para lidar com as questões assim apresentadas.

Como no caso dos outros processos de desenvolvimento social moderno, seria equivocado entender a segregação da experiência como homogênea e envolvendo tudo. Ela é internamente complicada, faz surgirem contradições e também gera possibilidades de reapropriação. A segregação, vale sublinhar, não é um fenômeno de uma vez por todas, e não representa um conjunto de fronteiras sem fricções. Lugar da repressão, suas características excludentes normalmente carregam conotações de diferenciação hierárquica e desigualdade. As fronteiras da experiência segregada estão cheias de tensões e de forças mal dominadas; ou, metaforicamente, são campos de batalha, às vezes de caráter diretamente social, mas muitas vezes se dão dentro do campo psicológico do eu.

A vida social cotidiana é segregada da:

Loucura: a expressão de traços de personalidade e comportamento que tocam em experiências "postas entre parênteses" pelas atitudes ordinárias da segurança ontológica.

Criminalidade: a expressão de traços de personalidade e comportamento que podem representar "alternativas" aos cuidados e envolvimentos rotineiros (obviamente nem todas as formas concretas de atividade criminosa caem nesta categoria).

Doença e morte: pontos de contato entre a vida social e critérios externos relativos à mortalidade e à finitude.

Sexualidade: erotismo como uma forma de contato entre os indivíduos e a continuidade das gerações.

Natureza: o ambiente natural como constituído independentemente da atividade social humana.

Quadro 3. *A segregação da experiência*

Devemos também considerar o impacto da experiência através dos meios de comunicação. O contato com a morte e com doenças graves pode ser raro, exceto para os profissionais especializados, mas em relação à experiência através da mídia ele é bem comum. A literatura de ficção e apresentações documentais estão cheias de matérias que retratam a violência, a sexualidade e a morte. A familiaridade com os ambientes de tais atividades, como resultado da ampla influência da mídia de vários tipos, pode ser de fato maior que nas condições sociais pré-modernas. Muitas formas de arte popular são essencialmente estórias morais em que as narrativas são engendradas e uma ordem moral é construída. Claramente esses mundos de ficção em parte suplantam os da vida cotidiana. No entanto, pela linguagem e imagens da mídia, os indivíduos também têm acesso a experiências que, em diversidade e distância, vão muito além do que poderiam ir na ausência dessas mediações. As sensibilidades existenciais portanto não são simplesmente atenuadas e perdidas; até certo ponto podem se enriquecer à medida que se abrem novos campos de experiência.

No todo, é certo que a experiência através da mídia favorece a segregação em vez de ajudar a superá-la. Um fascínio com o "realismo ficcional", como por exemplo as telenovelas, exprime interesse pelas antigas moralidades da vida cotidiana. Mas tais preocupações tendem a confirmar a separação da atividade do dia-a-dia das externalidades em que alguma vez se encaixaram. Onde os indivíduos são postos cara a cara com as demandas existenciais — como nos momentos decisivos — eles provavelmente experimentam o choque e a inversão da realidade. A inversão da realidade, em verdade, pode ser muitas vezes uma reação psicológica funcional que alivia as ansiedades que aparecem nessas situações — um aparato neutralizador inconsciente.

Narcisismo e o eu

Sennett: narcisismo e desordens do caráter

As seções anteriores deixaram implícito que o autodesenvolvimento na modernidade tardia ocorre em condições de substancial privação moral. Segregado de tipos fundamentais de experiência que relacionam as tarefas da vida cotidiana, e mesmo o planejamento de longo prazo da vida, a questões existenciais, o projeto reflexivo do eu é posto em movimento contra um pano de fundo de empobrecimento moral. Não surpreende que nessas circunstâncias a recém-constituída esfera das relações puras possa vir a suportar um grande peso como área de experiência geradora de um meio satisfatório para o desenvolvimento da vida do indivíduo. Representa esse fenômeno um encolhimento defensivo da auto-identidade diante de um mundo exterior recalcitrante? Alguns escritores certamente sugerem isso e, dada a sua influência, suas posições requerem minuciosa consideração.

Na sociedade moderna, o eu é frágil, quebradiço, fraturado, fragmentado — uma tal concepção é provavelmente a visão predominante nas discussões em curso sobre o eu e a modernidade. Algumas dessas análises estão teoricamente ligadas ao pós-estruturalismo — assim como o mundo social, o eu também torna-se contextualizado e disperso.[24] De fato, para autores escrevendo numa linha pós-estruturalista, o eu efetivamente deixa de existir — o único sujeito é um sujeito descentrado, que encontra sua identidade nos fragmentos da linguagem ou discurso. Uma visão igualmente influente enfoca o narcisismo. Assim, Sennett discute o surgimento de "desordens narcisistas do caráter" em relação à sua tese sobre o desaparecimento da vida pública. Como as esferas da atividade pública encolhem, e as cidades viram compostos de ruas em vez de lugares para encontros abertos, o eu é chamado a assumir tarefas que não pode enfrentar com sucesso.[25]

O narcisismo, diz Sennett, não deve ser confundido com a idéia leiga da auto-admiração. Enquanto desordem do caráter, o narcisismo é uma preocupação com o eu que impede o indivíduo de estabelecer fronteiras válidas entre o eu e os mundos exteriores. O narcisismo relaciona os eventos externos às necessidades e desejos do eu, apenas perguntando "o que isso significa para mim". O narcisismo supõe uma procura constante da auto-identidade, mas é uma procura frustrada, porque a busca incansável de "quem sou" é uma expressão de absorção narcisista e não uma procura realizável. O narcisismo se opõe ao compromisso necessário para sustentar relações íntimas; o compromisso coloca restrições às oportunidades, fazendo com que o indivíduo precise tentar as muitas experiências em sua busca de auto-realização. O narcisismo trata o corpo como instrumento de satisfação sensual, em vez de relacionar a sensualidade à comunicação com os outros. Sob o impacto do narcisismo, as relações íntimas assim como conexões mais amplas com o mundo social tendem a ter aspectos inerentemente destrutivos. Os horizontes de atividade da pessoa parecem desolados e sem atrativos a despeito da crônica busca de satisfação — ou talvez por isso mesmo. Ao mesmo tempo, qualquer sentido de dignidade pessoal ou dever cívico tende a evaporar-se. A autenticidade substitui a dignidade — o que torna boa uma ação é que ela é autêntica em relação aos desejos do indivíduo, e pode ser exibida aos outros como tal.

O fato de que o espaço público está "morto", segundo Sennett, é uma das razões para a difusão do narcisismo. As pessoas procuram na vida pessoal o que lhes é negado nas arenas públicas. As origens institucionais dessa situação residem na decadência da autoridade tradicional e na formação de uma cultura urbana capitalista e secular. O capitalismo cria consumidores, que têm necessidades diferenciadas (e cultivadas); a secularização tem o efeito de estreitar o significado moral até o imediato da sensação e da percepção. A "personalidade" substitui o "caráter" natural, antiga crença do Iluminismo. A personalidade diferencia as pessoas, e sugere que o comportamento é a pista para o eu interior; no desenvolvimento da personalidade o que faz diferença na formação da auto-identidade são os sentimentos, mais que o controle racional da ação. A entrada da idéia de personalidade na vida social ajudou a preparar o terreno para o domínio da ordem íntima. Daí em diante, os laços e envolvimentos pessoais recuam e favorecem a preocupação infindável e obsessiva com a identidade social.

> Hoje, a experiência impessoal parece sem sentido e a complexidade social uma ameaça impossível de manejar. Por contraste, a experiência que parece falar sobre o eu, ajudar a defini-lo, desenvolvê-lo ou mudá-lo, tornou-se uma preocupação esmagadora. Numa sociedade íntima, todos os fenômenos sociais, por mais impessoais que sejam em estrutura, se convertem em questões de personalidade para alcançar um significado.[26]

Lasch: a cultura do narcisismo

O tema do narcisismo em relação ao eu moderno foi minuciosamente explorado por Christopher Lasch.[27] Lasch relaciona o fenômeno especificamente à natureza apocalíptica da vida social moderna. Os riscos globais tornaram-se um aspecto tão conhecido das instituições modernas que, no nível do comportamento diário, ninguém dedica muita atenção ao problema de como evitar desastres globais. A maioria das pessoas os afasta de suas vidas e concentra suas atividades em "estratégias de sobrevivência" privatizadas, apagando os riscos maiores dos cenários. Desistindo da esperança de que o ambiente social mais amplo possa ser controlado, as pessoas se retiram para preocupações puramente pessoais: para o auto-aperfeiçoamento psíquico e corporal. Lasch relaciona essa situação a uma evaporação da história, uma perda da continuidade histórica no sentido de um sentimento de fazer parte de uma sucessão de gerações que se perde no passado e se projeta no futuro. Contra esse pano de fundo, as pessoas anseiam por segurança psíquica e por uma sensação — sempre fugidia — de bem-estar.

Lasch concorda com Sennett que o narcisismo se refere tanto ao auto-ódio quanto à auto-admiração. O narcisismo é uma defesa contra a fúria infantil, uma tentativa de compensá-la com as fantasias onipotentes do eu privilegiado. A personalidade narcisista tem apenas um vago entendimento das necessidades dos outros, e os sentimentos de grandiosidade se batem com sentimentos de vazio e de falta de autenticidade. Não tendo envolvimento pleno com os outros, o narcisista depende de infusões contínuas de admiração e aprovação para estimularem um sentido incerto de automerecimento. O narcisista, segundo Lasch, está

> cronicamente entediado, incansavelmente à procura de intimidade instantânea — de excitação emocional sem envolvimento e dependência — o narcisista é promíscuo e muitas vezes pan-sexual, pois a fusão dos impulsos pré-genitais e edipianos a serviço da agressão encoraja a perversidade polimorfa. As más imagens que internalizou também fazem dele alguém cronicamente preocupado com a saúde, e a hipocondria por sua vez lhe dá uma afinidade especial pela terapia e por grupos e movimentos terapêuticos.[28]

Longe de aliviar tais sintomas, o encontro terapêutico muitas vezes apenas ajuda a prolongá-los, porque na terapia o indivíduo é encorajado a tornar-se o ponto central da reflexão e dos cuidados.

O capitalismo consumidor, com seus esforços de padronizar o consumo e formar os gostos pela propaganda, desempenha um papel básico na difusão do narcisismo. A idéia de criar um público educado e perspicaz foi há muito derrotada pela difusão do consumismo, numa "sociedade dominada pelas aparências". O consumo interpela as qualidades alienadas da vida social moderna e se apresenta como a solução: promete as coisas mesmas que o narcisista deseja — charme, beleza e popularidade — através do consumo dos tipos "certos" de bens e serviços. Daí que todos nós, nas condições sociais modernas, vivemos como que cercados de espelhos; neles procuramos a aparência de um eu socialmente valorizado, imaculado.

No nível das relações pessoais, Lasch concorda, há uma nova busca da intimidade. No entanto, a intimidade torna-se inatingível em conseqüência das mesmas circunstâncias que levam os indivíduos a tentar consegui-la. A incapacidade de interessar-se seriamente por qualquer coisa que não seja escorar o eu faz da busca da intimidade um empreendimento fútil. Os indivíduos demandam das ligações íntimas com os outros uma satisfação emocional muito maior do que antes; por outro lado, cultivam um distanciamento necessário à manutenção das defesas narcisistas do ego. O narcisista é levado a fazer demandas excessivas aos amantes e amigos; ao mesmo tempo, rejeita o "dar-se aos outros" que isso implica.

A decadência da família patriarcal, de fato da família em geral, segundo Lasch, está ligado de perto ao surgimento do narcisismo. Em lugar da velha "autoridade familiar", e também da autoridade dos líderes e sábios tradicionais, surgiu um culto da especialização. Os novos especialistas são parte integrante da cultura terapêutica do narcisismo. Surgiu um "novo paternalismo" em que os especialistas de todos os tipos oficiam para as necessidades da população leiga. Muitas formas modernas de especialização não derivam do atendimento a necessidades genuinamente experimentadas; em boa parte os novos especialistas inventaram as necessidades que afirmam satisfazer. A dependência dos especialistas torna-se um modo de vida. E aqui nos reencontramos com o narcisismo, porque a personalidade narcisista se origina como uma defesa da dependência infantil. Como nas sociedades modernas a dependência se estende à maioria das áreas da vida adulta, o narcisismo se intensifica como reação aos sentimentos de impotência assim engendrados.

Em escritos posteriores, Lasch elaborou e modificou um tanto sua posição original. O tema da sobrevivência, num mundo externo invasor e perturbador, foi acentuado. A sobrevivência, sublinha Lasch, é a preocupação comum dos indivíduos na vida do dia-a-dia, e também de redes sociais como os movimentos pela paz e ecológicos. Na época contemporânea, a sobrevivência tornou-se uma questão de suprema importância; mas a própria publicidade da questão, que virou quase um item de rotina, produz uma resposta letárgica ao nível individual. A dramatização dos riscos que a humanidade agora enfrenta é um empreendimento necessário, e algumas das pressões e movimentos sociais que ela ajudou a estimular são nossas melhores esperanças para o futuro; mas a conversa contínua sobre o apocalipse cria uma mentalidade sitiada que amortece em vez de estimular. O que Lasch antes chamava de "cultura do narcisismo" passou a chamar de "cultura do sobrevivencialismo". A vida moderna passa a ser cada vez mais padronizada segundo as estratégias dos indivíduos forçados a enfrentar situações de grande adversidade onde só existe um "eu mínimo", defensivamente separado do mundo exterior. A apatia em relação ao passado, a renúncia sobre o futuro, e uma determinação de viver um dia de cada vez — essa posição é hoje característica da vida ordinária em circunstâncias dominadas por influências sobre as quais os indivíduos sentem que têm pouco ou nenhum controle.

Observações críticas

As posições de Sennett e Lasch foram aplaudidas por alguns e criticadas por outros (Lasch é também crítico de Sennett). Não pretendo resenhar aqui esses debates, mas apenas concentrar-me em alguns aspectos que se relacionam diretamente com os temas até aqui desenvolvidos neste estudo. Já expressei meu desacordo com que a idéia de que uma esfera pública, distinguível nas primeiras fases da modernidade, foi depois erradicada, deixando o indivíduo exposto a um mundo social complexo e esmagador. No todo pode-se dizer que, embora eivada de dificuldades e reversões, a expansão do espaço público, junto com as possibilidades que os indivíduos têm de participar efetivamente dele, aumentaram com o amadurecimento das instituições modernas. Não se trata de um processo linear de desenvolvimento. O privatismo é sem dúvida característico de grandes áreas da vida urbana moderna, conseqüência da dissolução do lugar e do aumento da mobilidade. Por outro lado, áreas urbanas modernas permitem o desenvolvimento de uma vida pública cosmopolita de maneiras que não estavam disponíveis em comunidades mais tradicionais.[29] Pois os ambientes urbanos modernos oferecem uma diversidade de oportunidades de os indivíduos procurarem outros com interesses semelhantes e com eles formarem associações, além de oferecer mais oportunidades para o cultivo de uma pluralidade de interesses em geral.

No que diz respeito a uma vida "pública" num sentido mais amplo, vale lembrar que a massa da população no início do período moderno tinha poucos direitos de participação, fosse na esfera política ou na econômica. No clássico contrato de trabalho capitalista, o trabalhador sacrificava todo o controle sobre sua força de trabalho ao atravessar o portão da fábrica; o direito à sindicalização e a substancial gama de capacidades tornadas possíveis pelo movimento dos trabalhadores só se desenvolveram ao longo de extenso período de tempo. De modo semelhante, muitos anos de luta foram empenhados pelos direitos de participação política efetiva nos governos local e central. A mobilização coletiva em outras esferas — em relação, por exemplo, às múltiplas organizações de auto-ajuda que agora existem na maioria das sociedades modernas — também se constituiu num longo período de tempo, por meio de luta ativa. É claro que tudo isso tem um outro lado, que é onde se concentram Sennett e Lasch: o crescimento de grandes organizações burocráticas, e a influência da produção de mercadorias, que drenam o controle individual sobre a vida diária. Mas há resistência a essas tendências, e o "capitalismo burocrático" é internamente mais fluido e contraditório do que supõem esses autores.

Na obra de Lasch, e na de muitos outros que produziram diagnósticos culturais semelhantes, pode-se perceber uma descrição inadequada do agente humano. O indivíduo parece essencialmente passivo em relação a forças sociais externas que são esmagadoras, e as ligações entre os microambientes da ação e influências sociais mais abrangentes são vistas a partir de uma posição equivocada ou falsa. Uma descrição adequada da ação em relação à modernidade deve cumprir três tarefas. Ela deve reconhecer que (1) num nível muito geral, os agentes nunca aceitam passivamente condições externas de ação, mas quase sempre refletem sobre elas e as reconstituem à luz de suas circunstâncias particulares; (2) tanto no plano coletivo quanto no individual, acima de tudo nas condições da modernidade, há áreas maciças de apropriação coletiva como conseqüência do aumento da reflexividade da vida social; (3) não é válido argumentar que, embora os microambientes da ação sejam maleáveis, os sistemas sociais mais amplos formam um ambiente de fundo não-controlado. Analisemos essas questões de maneira um pouco mais detalhada.

Se não enxergamos que todos os agentes ocupam uma posição de apropriação em relação ao mundo social, que constituem e reconstituem em suas ações, deixamos de captar num nível empírico a natureza do empoderamento humano. A vida social moderna empobrece a ação individual, mas favorece a apropriação de novas possibilidades; ela é alienante, mas ao mesmo tempo, de maneira característica, os homens reagem contra as circunstâncias sociais que acham opressivas. As instituições modernas tardias criam um mundo de oportunidades duvidosas e riscos de alta conseqüência. Mas esse mundo não constitui um ambiente impermeável que resiste à intervenção. Enquanto os sistemas abstratos penetram profundamente na vida cotidiana, as respostas a tais sistemas ligam as atividades do indivíduo a relações sociais de amplitude indeterminada.

Várias formas de dependência — ou, para colocar a questão de maneira menos provocadora, confiança — são criadas pela reconstrução da vida diária pelos sistemas abstratos. Alguns desses sistemas, em suas extensões globais, criaram influências sociais que ninguém controla inteiramente e cujos resultados são em parte especificamente imprevisíveis. Mas sob muitos aspectos a expansão dos sistemas especializados oferece possibilidades de reapropriação muito além daquelas disponíveis em culturas tradicionais.

Como ilustração, tomemos as mudanças agora em curso nos modos de vida familiar, associadas ao surgimento das relações puras. A obra de Judith Stacey oferece uma fonte de evidência.[30] Como ela mostra, ao experimentarem a desmontagem dos padrões familiares tradicionais, com todas as ameaças e riscos que essas mudanças envolvem, os indivíduos estão sendo ativamente pioneiros num novo território social e estão construindo formas inovadoras de relação familiar. A pesquisa de Stacey se dá contra o pano de fundo de um ambiente social perturbador e em rápida mudança — o Vale do Silício, na Califórnia. Seu próprio estudo é altamente reflexivo — os indivíduos considerados estabeleceram um diálogo contínuo com a autora, e suas opiniões sobre o material das próprias entrevistas, e sobre o próprio texto, constituem parte importante do relato da pesquisa.

A obra de Stacey se refere a duas redes de parentesco de pessoas da classe trabalhadora que, como ela diz, "vivem, amam, trabalham e se preocupam" ["live, love, work and worry"] no Vale. O casamento moderno, observa, diferentemente de seu antecessor tradicional, depende de compromisso voluntário duradouro. Há menos filhos a cuidar do que antes, e a divisão do trabalho entre os homens e as mulheres dentro e fora da casa ficou menos clara. O ambiente social em que as relações conjugais são constituídas e sustentadas ficou perturbador e instável. O resultado é certamente que muitos indivíduos se sentem sitiados e em guerra. Uma preocupação com a "sobrevivência" diária, como aquela descrita por Lasch, surge de maneira bastante clara a partir das vidas dos indivíduos descritos no trabalho de Stacey. Mas ao mesmo tempo é digno de nota que uma tal concepção não leva necessariamente, ou mesmo caracteristicamente, a uma fuga para o mundo fechado do eu.

Ao contrário, Stacey mostra como os indivíduos estão reestruturando ativamente novas formas de relações de gênero e parentesco a partir dos detritos das formas anteriores de vida familiar. Tais reestruturações não são meramente locais e certamente não são triviais — trata-se essencialmente de um processo maciço de reconstituição institucional. "Famílias recombinadas", não mais organizadas em termos das divisões de gênero preexistentes, são criadas; em vez de constituir um cisma entre um modo de existência anterior e um posterior, o divórcio é mobilizado como um recurso para criar redes que aproximam novos e antigos parceiros, filhos biológicos e filhos "adotivos", amigos e outros parentes. O narcisismo não é um traço que surge com qualquer clareza em estudos como o de Stacey, onde os indivíduos aparecem não fugindo do mundo social exterior mas em franco envolvimento com ele.

Olhemos mais de perto para a caracterização de Lasch da "personalidade narcisista de nosso tempo". Os traços de "narcisismo patológico", diz ele, aparecem em sua forma aguda "em profusão na vida cotidiana de nossa época".[31] O narcisismo é a "incorporação de imagens grandiosas como uma defesa contra a ansiedade e a culpa".[32] É a formação de uma reação desenvolvida como meio de defesa contra o medo do abandono. O narcisista não é dominado por uma rígida consciência internalizada, ou pela culpa; ele está mais para um "caráter caótico levado por impulsos" que precisa de admiração mas resiste à intimidade. O narcisista sofre de "sentimentos difusos de vazio e um distúrbio profundo da auto-estima". O narcisismo é uma estratégia defensiva que, na opinião de Lasch, é adaptativa em relação à natureza ameaçadora do mundo moderno. Um narcisista exclui uma relação tanto com o passado quanto com o futuro, "destruindo-as" psiquicamente como resposta aos perigos que o mundo apresenta e ao medo de que "tudo acabe".

É surpreendente que Lasch tenha pouco a dizer sobre um dos principais elementos do narcisismo como normalmente entendido — a relação entre eu e corpo. A estória de Narciso diz respeito à sua admiração por sua própria aparência, e na maioria das discussões do narcisismo como traço ou tipo de personalidade a relação do indivíduo com a aparência corporal tem sido, apropriadamente, vista como fundamental. O culto ao corpo, pela consideração de dieta, roupas, aparência facial e outros fatores, é uma qualidade comum de atividades de estilo de vida na vida social contemporânea. Até que ponto esses cuidados representam uma forma de narcisismo? A análise formulada neste e nos capítulos anteriores fornece a base para uma resposta. O corpo não pode mais ser meramente "aceito", alimentado e enfeitado segundo o ritual tradicional; torna-se parte central do projeto reflexivo da auto-identidade. Um cuidado continuado com o desenvolvimento corporal em relação a uma cultura de risco é assim uma parte intrínseca do comportamento social moderno. Como foi sublinhado antes, embora os modos de apresentação do corpo tenham que ser desenvolvidos a partir de uma diversidade de opções de estilo de vida, a decisão entre as alternativas não é em si mesma uma opção mas um elemento inerente da construção da auto-identidade. O planejamento da vida em relação ao corpo, portanto, não é necessariamente narcisista, mas parte normal dos ambientes sociais pós-tradicionais. Como outros aspectos da reflexividade da auto-identidade, o planejamento do corpo é mais freqüentemente um envolvimento com o mundo exterior que uma retirada defensiva dele.

Em termos clínicos, o narcisismo deve ser visto como uma patologia do corpo entre outras que a vida social moderna tende em parte a provocar. Como deformação da personalidade, o narcisismo tem sua origem na incapacidade de alcançar a confiança básica. Isso é particularmente verdade nos casos em que a criança não consegue reconhecer satisfatoriamente a autonomia do primeiro guardião; e é incapaz de separar claramente suas próprias fronteiras psíquicas. Nessas circunstâncias, sensações de onipotência e de automerecimento tendem a alternar-se com seus opostos, sensações de vazio e desespero. Levados para a vida adulta, esses traços criam um tipo de indivíduo inclinado à dependência neurótica dos outros, especialmente para a manutenção da auto-estima, mas que não tem autonomia suficiente para ser capaz de comunicar-se efetivamente com eles. Tal pessoa provavelmente não será capaz de dar conta de contemplar o risco que as circunstâncias da vida moderna envolvem. Assim é provável que dependa do cultivo da atração corporal e talvez do charme pessoal, como meio de tentar controlar os perigos da vida. A dinâmica central do narcisismo, para prosseguir na discussão iniciada acima, pode ser vista como vergonha em vez de culpa. Os sentimentos alternados de grandiosidade e desimportância com que o narcisista precisa lidar são essencialmente respostas a uma auto-identidade frágil suscetível de esmagamento pela vergonha.

Ao estimar a prevalência do narcisismo na modernidade tardia, devemos ser cuidadosos em separar o mundo das imagens mercantilizadas, a que Lasch freqüentemente se refere, das respostas reais dos indivíduos. Na descrição de Lasch, como observamos, as pessoas parecem em geral passivas em suas reações — nesse caso a um mundo de brilhantes imagens de propaganda. Passividade e dependência diante das instituições do capitalismo de consumo, de fato, figuram entre as principais ênfases de Lasch. No entanto, por poderosas que as influências mercantilizantes sejam, dificilmente são recebidas de maneira acrítica pelas populações que afetam.

Os usos da terapia

Em conclusão, voltemos brevemente à questão da terapia, vista por Lasch, a despeito de seu uso da teoria psicanalítica, principalmente de um ângulo negativo, como forma de dependência em relação aos especialistas. Em vez de considerar diretamente a visão de Lasch sobre essa questão, voltemo-nos ao ponto de vista mais ou menos comparável estabelecido nos conhecidos textos de Philip Rieff.[33] Ele relaciona o surgimento da terapia à secularização e ao que vê como um deserto moral criado pelo enfraquecimento da religião tradicional. O que chama de "controle terapêutico" opera para preservar um certo nível de "funcionamento social adequado" em ambientes onde a religião não mais fornece orientação. Antigamente, se as pessoas se sentiam miseráveis, procuravam o consolo da igreja; agora, voltam-se para o primeiro analista disponível. Por meio da terapia, uma pessoa tenta tornar-se "um eu são num mundo louco, a personalidade integrada na era da fissão nuclear, a resposta silenciosa às altíssimas explosões".[34] A terapia busca criar um indivíduo confiante e próspero sem um sentimento de altas moralidades; ela descarta os grandes enigmas da vida em favor de uma sensação modesta e durável de bem-estar. "A coisa importante", como diz Rieff, "é seguir em frente".[35]

Há validade nessa concepção, mas ela deve ser substancialmente reformulada. Antes de mais nada devemos observar que a terapia não replica a "autoridade" de outros tempos, particularmente a autoridade religiosa. Não há versão de terapia com tal autoridade. Quem procura terapia, como já observamos, encontra-se diante de uma variedade interminável de escolas, práticas e filosofias diferentes, muitas das quais em oposição radical entre si. Se a psicanálise clássica parece ocupar uma posição predominante nos debates intelectuais sobre os modos de terapia, isso é mais um tributo ao gênio de Freud do que uma aceitação generalizada na prática de que essa versão particular da terapia é mais legítima ou eficaz que as outras. A terapia, portanto, é antes uma expressão específica de dilemas e práticas relevantes para a alta modernidade do que um fenômeno que substitui formas sociais e morais mais tradicionais.

Seria a terapia apenas um meio de ajustar indivíduos insatisfeitos a um ambiente social defeituoso? Seria simplesmente uma estrita substituta, à maneira secular, de um conjunto mais profundo de envolvimentos disponíveis em ambientes pré-modernos? Não há como negar que ela pode ser uma concessão, e talvez possa promover uma retirada narcisística. A maioria das formas de terapia toma tempo e dinheiro; ela é em parte uma diversão cultivada pelos privilegiados.

Mas há muito mais que isto.[36] A terapia é um sistema especializado profundamente imbricado no projeto reflexivo do eu — é um fenômeno da reflexividade da modernidade. Na forma da psicanálise, a terapia se desenvolveu como um meio de combater patologias da personalidade. Constituiu-se em torno de uma retórica de "doenças" e "curas", e as propriedades curativas de formas diversas de terapia — inclusive a psicanálise clássica — continua a ser objeto de acirrado debate. Mas a sua maior importância nas circunstâncias da modernidade tardia não está nessa direção. A terapia deve ser entendida e avaliada essencialmente como uma metodologia de planejamento da vida. O "indivíduo capaz" de hoje não só tem um auto-entendimento desenvolvido, mas é capaz de harmonizar preocupações presentes e projetos futuros com uma herança psicológica do passado. A terapia não é simplesmente um aparato de ajuste. Como expressão da reflexividade generalizada ela exibe plenamente os deslocamentos e incertezas que a modernidade faz surgir. Ao mesmo tempo, participa dessa mistura de oportunidade e risco característica da ordem moderna tardia. Pode provocar dependência e passividade; mas também pode permitir o envolvimento e a reapropriação.

Empreendimentos terapêuticos, de qualquer maneira, têm lugar contra o pano de fundo da segregação da experiência e dos sistemas internamente referidos da modernidade. Não surpreende que muitas — não todas — terapias sejam orientadas principalmente para o controle. Elas interpretam o projeto reflexivo do eu em termos apenas da autodeterminação, confirmando assim, e mesmo acentuando, a separação da vida em relação a considerações morais extrínsecas.

6. Tribulações do eu

Na alta modernidade, o eu não é um eu mínimo, mas a experiência de grandes arenas de segurança que se encontram, de maneira às vezes sutil e às vezes crua, com fontes gerais de perturbação. Sensações de inquietude, pressentimentos e desespero podem se misturar na experiência individual com a crença na confiabilidade de certas formas do referencial social e técnico. À luz da análise até aqui desenvolvida, consideremos a origem de tais sensações.

A influência do risco e da dúvida

A dúvida radical se infiltra na maioria dos aspectos da vida diária, pelo menos como fenômeno de fundo. No que diz respeito aos atores leigos, sua conseqüência mais importante é a necessidade de equilibrar-se entre os reclamos conflitantes de tipos diferentes de sistemas abstratos. Mas isso provavelmente gera aflições mais difusas. A adesão a uma fé clara — especialmente uma que ofereça um estilo de vida compreensivo — pode diminuir essas ansiedades. Mas é provavelmente muito raro, mesmo para o mais fervoroso dos crentes fundamentalistas, escapar inteiramente à dúvida radical. Hoje, ninguém pode deixar de estar consciente de que viver segundo os preceitos de uma determinada fé é uma entre outras escolhas. O próprio ultraje moral que o "verdadeiro crente" sente em relação aos estranhos à sua fé seguramente muitas vezes exprime uma ansiedade subjacente e não uma sensação de adesão segura à "causa".

Viver numa cultura secular de risco é inerentemente inquietante, e sensações de ansiedade podem tornar-se particularmente pronunciadas durante episódios que tenham um caráter decisivo. Como já dissemos, as dificuldades de viver numa cultura de risco não significam que há maior insegurança no nível da vida diária do que havia em épocas anteriores — mesmo em ambientes de risco institucionalizado. Elas se referem a ansiedades geradas pelos próprios cálculos do risco, mais o problema de excluir contingências "improváveis", reduzindo assim o planejamento da vida a proporções manejáveis.

"Filtrar" é a tarefa do casulo protetor, mas não há clara linha de demarcação a ser traçada entre uma confiança "bem fundada" em eventos presentes e futuros e uma confiança menos segura; esse fato é intrínseco à natureza da confiança, como fenômeno que "põe a ignorância entre parênteses". A manipulação deliberada e freqüentemente criativa dessa linha de demarcação é uma das principais inspirações de formas cultivadas de assumir os riscos. Onde não puder ser explorada para gerar emoções e excitação, porém, essa linha continua sendo um foco de ansiedades.

A estimativa do risco é crucial para a colonização do futuro; ao mesmo tempo, ela necessariamente abre o eu para o desconhecido. Há alguns ambientes de risco, onde o elemento de risco, no que diz respeito ao indivíduo em questão, pode ser calculado com bastante precisão. Mesmo nesse caso, e mesmo supondo que o elemento de risco associado a uma atividade ou estratégia particular seja pequeno, ao reconhecê-lo o indivíduo é forçado a aceitar que qualquer situação apresentada poderia ser um dos casos em que as "coisas dão errado". Isso nem sempre será problemático se a pessoa em questão tiver sentimentos bem estabelecidos de confiança básica. Se seus sentimentos de confiança básica forem frágeis, porém, até mesmo a contemplação de um pequeno risco, particularmente em relação a um objetivo acalentado, pode ser intolerável.

Há além disso muitos casos onde o risco não pode ser plenamente avaliado, e outros onde especialistas de renome estão em desacordo, talvez de maneira radical, sobre o risco de cursos particulares de ação. As dificuldades de viver numa cultura secular de risco são aumentadas pela importância da escolha dos estilos de vida. Uma pessoa pode refugiar-se num estilo de vida tradicional ou preestabelecido como meio de aliviar as ansiedades que de outra maneira poderiam afligi-la. Mas, pelas razões apresentadas, a segurança que tal estratégia oferece será provavelmente limitada, porque o indivíduo não pode deixar de saber que tal opção é apenas uma entre muitas possíveis.

A consciência de riscos de alta conseqüência é provavelmente para a maioria das pessoas uma fonte de ansiedades não-específicas. A confiança básica é outra vez um elemento que determina se o indivíduo será ativa e recorrentemente afligido por tais ansiedades. Ninguém pode mostrar que não é "racional" preocupar-se constantemente com a possibilidade de catástrofe ecológica, guerra nuclear ou a devastação da humanidade por flagelo inesperado. E no entanto as pessoas que passam os dias preocupando-se com tais possibilidades não são consideradas "normais". Se a maioria deixa com sucesso tais possibilidades entre parênteses e prossegue com suas atividades diárias, sem dúvida isso se deve, em parte, a avaliarem o elemento real de risco envolvido como muito pequeno. Mas também porque os riscos em questão são deixados ao acaso — um aspecto do retorno da fortuna na modernidade tardia. Uma pessoa pode afastar da mente essas contingências e supor que as coisas acabarão bem, ou pelo menos que, se acontecer alguma catástrofe de um tipo ou de outro, outros vão suportar seu peso; alternativamente, pode confiar aos governos e outras organizações o enfrentamento efetivo com as ameaças que se apresentarem.

O apocalipse se tornou banal, um conjunto de parâmetros estatísticos de risco à existência de todos e de cada um. Num certo sentido, todos devemos conviver com esses riscos, mesmo quando fazemos esforços reais para ajudar a combater os perigos envolvidos — como participar de grupos de pressão ou de movimentos sociais. Mas não há filtragem que supere inteiramente as ansiedades de fundo produzidas por um mundo que literalmente tem a capacidade de destruir a si mesmo. O motivo da "sobrevivência" que Lasch descreve liga essas ansiedades gerais ao planejamento da vida que os indivíduos fazem nos contextos mais restritos de suas ações. A satisfação que o indivíduo tira de ser um "sobrevivente" liga-se principalmente à negociação dos problemas da vida reflexivamente organizada; mas certamente também é influenciada por uma sensação mais geral de ansiedade sobre a sobrevivência coletiva num mundo de riscos de alta conseqüência. Há bastante evidência de que os medos inconscientes do "fim de tudo" são prevalentes entre muitos setores da população, e aparecem com particular clareza nas fantasias e sonhos das crianças.[1]

Segurança ontológica, ansiedade e a segregação da experiência

Processos de mudança engendrados pela modernidade estão intrinsecamente ligados a influências globalizantes, e a simples sensação de ser presa das maciças ondas de transformação global é perturbadora.[2] Mais importante é o fato de que tal mudança é também intensa — cada vez mais atinge as bases da atividade individual e da constituição do eu. Ao contrário da principal linha da análise de Lasch, no entanto, ninguém pode defender com facilidade uma "vida local" segura à parte dos sistemas sociais e organizações mais amplas. Alcançar o controle sobre a mudança, em relação ao estilo de vida, demanda um engajamento com o mundo social exterior e não a retirada.

Entender a natureza de *juggernaut* da modernidade ajuda a avançar na direção da explicação de por quê, nas condições da alta modernidade, a crise torna-se normal. Muito foi escrito sobre este assunto e não é necessário que o recapitulemos. Uma "crise" soa como uma grande perturbação, ou ameaça de perturbação, num determinado estado de coisas — o significado original da palavra, proveniente do contexto médico, referindo uma fase de uma doença que oferecia perigo à vida.[3] Nas condições sociais modernas, porém, as crises tornam-se mais ou menos endêmicas, tanto ao nível individual quanto ao coletivo. Até certo ponto, o efeito é retórico — num sistema aberto à mudança contínua e profunda surgem muitas circunstâncias que podem ser facilmente consideradas como "crises". Mas não se trata só de retórica. A modernidade é inerentemente suscetível à crise, em vários níveis. Existe uma "crise" sempre que as atividades relativas a importantes objetivos na vida de um indivíduo ou de uma coletividade repentinamente parecem inadequadas. As crises nesse sentido tornam-se parte "normal" da vida, mas por definição não podem ser rotinizadas.

Em alguns níveis, um certo cansaço resignado da vida pode ser o suficiente para lidar psicologicamente com a ubiqüidade das crises — uma atitude que outra vez só é possível sob a égide de uma concepção da sina. Mas muitas situações de crise, até mesmo aquelas que acontecem a grande distância do indivíduo, não podem ser abordadas com facilidade dessa maneira, porque têm implicações para as circunstâncias da vida do indivíduo. Uma pessoa pode ler sobre crises políticas recorrentes, por exemplo, e talvez ter desprezo pela incapacidade dos políticos diante delas. Mas muitas dessas crises afetam diretamente as próprias atividades e capacidades dessa pessoa, como quando levam a dificuldades econômicas, ao alto desemprego ou a dificuldades no mercado habitacional. A natureza suscetível à crise da modernidade tardia tem assim conseqüências desestabilizadoras em dois aspectos: ela alimenta um clima geral de incerteza que o indivíduo acha perturbador por mais que trate de removê-lo da linha de frente de suas preocupações; e inevitavelmente expõe todos a uma diversidade de situações de crise de maior ou menor importância, situações essas que podem algumas vezes ameaçar o próprio centro da autoidentidade.

A segregação da experiência serve para conter muitas formas de ansiedade que de outra maneira ameaçariam a segurança ontológica — mas a um custo considerável. Questões e dúvidas existenciais fazem surgir algumas das ansiedades mais básicas que os homens podem enfrentar. Em geral, nas condições da modernidade, tais questões não devem ser enfrentadas diretamente; elas são institucionalmente "postas de lado" em vez de ser manejadas dentro da personalidade do indivíduo. No que diz respeito ao controle da ansiedade, essa situação tem implicações paradoxais. De um lado, em circunstâncias normais, o indivíduo está relativamente protegido de questões que de outra maneira se colocariam como questões perturbadoras. De outro, quando acontecem momentos decisivos ou outros tipos de crises pessoais, a sensação de segurança ontológica provavelmente sofre tensão imediata.

Num nível psicológico, há relações próximas entre a segregação da experiência, a confiança e a procura da intimidade. Os sistemas abstratos ajudam a alimentar a segurança cotidiana, mas a confiança investida em tais sistemas, como destaquei acima, traz pequena recompensa psicológica para o indivíduo; a confiança põe a ignorância entre parênteses, mas não dá a satisfação moral que a confiança nas pessoas pode dar.

A segregação da experiência gera um controle especioso sobre as circunstâncias da vida e provavelmente está associada a formas duradouras de tensão psicológica. Pois os problemas existenciais dizem respeito a aspectos fundamentais da vida de todo mundo; a repressão institucional não pode ser de nenhuma maneira completa. Podemos ver aqui uma base poderosa da inquietação emocional, particularmente quando considerada contra o pano de fundo de riscos de alta conseqüência. A perda de pontos fixos de referência derivada do desenvolvimento de sistemas internamente referidos cria uma inquietação moral que os indivíduos nunca conseguem superar inteiramente.

A relação pura: pressões e tensões

No projeto reflexivo do eu, a narrativa da auto-identidade é inerentemente frágil. A tarefa de forjar uma identidade distinta pode ser capaz de trazer ganhos psicológicos específicos, mas também é claramente um peso. Uma auto-identidade precisa ser criada e de certa forma reordenada contra o pano de fundo das experiências cambiantes da vida diária e das tendências fragmentadoras das instituições modernas. Ademais, a sustentação de uma tal narrativa afeta diretamente, e até certo ponto ajuda a construir, tanto o corpo quanto o eu.

Essas pressões têm impacto direto na esfera da vida pessoal. Relações puras, como muitos outros aspectos da alta modernidade, têm dois gumes. Oferecem a oportunidade de desenvolvimento da confiança baseada em compromissos voluntários e numa intimidade intensificada. Quando alcançada e relativamente segura, tal confiança é psicologicamente estabilizante, por causa das fortes ligações entre a confiança básica e a confiabilidade das figuras dos responsáveis na infância. Como essas conexões abrangem sensações de segurança no mundo-objeto, assim como na esfera das relações pessoais como tais, sua importância é considerável. A relação pura é um ambiente-chave para construir o projeto reflexivo do eu, pois tanto permite quanto requer a autocompreensão organizada e contínua — o meio de assegurar um laço duradouro com o outro. É claro que muitas relações existem e duram sem que tenham grande simetria, e onde cada pessoa é dependente de traços da outra que superficialmente a repelem (co-dependência). Mas as tendências à simetria na relação pura são mais que um simples ideal; elas são em grande medida inerentes à natureza da relação pura.

O surgimento da terapia liga-se de perto ao surgimento da relação pura, mas não só, nem mesmo principalmente, porque o trabalho terapêutico pode ajudar a curar o dano psicológico que tais relações podem ocasionar. A centralidade da terapia expressa o fato de que quanto mais as relações puras tornam-se dominantes, mais crucial torna-se o entendimento em profundidade que permite que sintamos que estamos "de bem" conosco. Pois o autodomínio é a condição daquele processo de abertura através do qual a esperança (lealdade) e a confiança são geradas na relação pura.

E no entanto, as relações puras, e o nexo de intimidade em que estão envolvidas, criam enormes sobrecargas para a integridade do eu. Na medida em que uma relação carece de referentes externos, ela só é moralmente mobilizada pela "autenticidade": a pessoa autêntica é aquela que conhece a si mesma e é capaz de revelar esse conhecimento à outra, discursivamente e na esfera do comportamento. Manter uma relação autêntica com outra pessoa pode ser uma importante fonte de apoio moral, outra vez em grande parte por causa de sua integração potencial com a confiança básica. Mas carente de critérios morais externos, a relação pura é vulnerável como fonte de segurança em momentos decisivos e outras transições importantes da vida.

Além disso, a relação pura contém tensões internas e até contradições. Por definição, é uma relação social que pode ser terminada pela vontade, e só se sustenta enquanto gerar retribuições psíquicas suficientes para cada indivíduo. De um lado, requer lealdade, não só com o outro indivíduo, mas com a própria relação. De outro, a relação pode ser voluntariamente rompida, e as duas partes reconhecem que ela só "vigora até nova ordem". A possibilidade de dissolução, talvez voluntariamente levantada pelo indivíduo em questão, faz parte do próprio horizonte da lealdade. Não é surpreendente que a raiva, o ódio e os sentimentos depressivos girem em torno dos contextos das relações puras e, em circunstâncias concretas, a intimidade possa ser psiquicamente mais problemática do que recompensadora.

"Viver no mundo": dilemas do eu

Nas condições da modernidade tardia, vivemos "no mundo" num sentido diferente do de épocas anteriores da história. Todo mundo ainda continua a viver uma vida local, e as limitações do corpo asseguram que todos os indivíduos, a todo momento, estão contextualmente situados no tempo e no espaço. E no entanto as transformações do lugar, e a intrusão da distância nas atividades locais, combinada com a centralidade da experiência transmitida pela mídia, mudam radicalmente o que "o mundo" é na realidade. Isso se dá tanto ao nível do "mundo fenomênico" do indivíduo quanto ao do universo geral de atividade social dentro do qual a vida social coletiva transcorre. Embora todo mundo viva uma vida local, os mundos fenomênicos da maioria são verdadeiramente globais.

Caracterizar os mundos fenomênicos dos indivíduos é difícil, pelo menos em abstrato. Toda pessoa reage seletivamente às diversas fontes de experiência direta e de experiência transmitida pela mídia que compõem a *Umwelt*. Uma coisa que podemos dizer com alguma certeza é que o mundo fenomênico só corresponde aos ambientes habituais nos quais o indivíduo se move fisicamente em uns poucos casos. As localidades são completamente atravessadas por influências à distância, seja isto visto como causa de preocupações ou simplesmente aceito como parte corriqueira da vida social. Todos os indivíduos incorporam seletivamente, de maneira ativa, ainda que nem sempre de maneira consciente, muitos elementos da experiência transmitida pela mídia à sua conduta no dia-a-dia. Esse processo nunca é aleatório ou passivo, ao contrário do que poderia sugerir a imagem do efeito colagem. Um jornal, por exemplo, apresenta uma colagem de informações, da mesma forma que, numa escala maior, todo o conjunto de jornais que estão à venda numa área ou país particular. E no entanto cada leitor impõe sua própria ordem a essa diversidade, escolhendo que jornal ler — caso vá ler algum — e fazendo uma seleção ativa de seu conteúdo.

Até certo ponto, a apropriação da informação transmitida pela mídia segue hábitos preestabelecidos e obedece ao princípio de evitar a dissonância cognitiva. Ou seja, a pletora de informação disponível é reduzida através de atitudes rotinizadas que excluem, ou reinterpretam, conhecimento que seja potencialmente perturbador. De um ponto de vista negativo, esse fechamento pode ser visto como preconceito, a recusa a considerar seriamente posições e idéias divergentes daquelas que o indivíduo já tem; mas, por outro ângulo, evitar a dissonância faz parte do casulo protetor que ajuda a sustentar a segurança ontológica. Até mesmo para a pessoa de mentalidade tacanha ou preconceituosa, o contato regular com a informação transmitida pela mídia inerente à vida diária de hoje é uma apropriação positiva — um modo de interpretar a informação dentro das rotinas da vida diária. Obviamente há amplas variações em termos da abertura dos indivíduos a novas formas de conhecimento, e também no nível e na duração da dissonância que uma pessoa é capaz de tolerar. Mas todos os mundos fenomênicos são realizações ativas, e todos seguem a mesma psicodinâmica básica, desde os modos de vida mais locais até os mais cosmopolitas.

"Viver no mundo", onde o mundo é o da modernidade tardia, envolve varias tensões e dificuldades distintivas ao nível do eu. Podemos analisá-las mais facilmente entendendo-as como dilemas que, em um ou em outro nível, devem ser resolvidos a fim de preservar uma narrativa coerente da auto-identidade.

Unificação versus fragmentação

O primeiro dilema é o que opõe unificação e fragmentação. A modernidade fragmenta; e também une. Desde o nível do indivíduo até o dos sistemas planetários completos, tendências à dispersão competem com as que promovem a integração. Em relação ao eu, o problema da unificação refere-se à proteção e à reconstrução da narrativa da auto-identidade diante das intensas e extensas mudanças que a modernização provoca. Na maioria dos contextos pré-modernos, a fragmentação da experiência não era uma fonte importante de ansiedade. As relações de confiança eram localizadas e enfocadas através de laços pessoais, ainda que em geral não existisse a intimidade no sentido moderno. Numa ordem pós-tradicional, entretanto, uma gama indeterminada de possibilidades se apresenta, não só em relação a opções de comportamento, mas também em relação à "abertura do mundo" para o indivíduo. "O mundo", como indicado acima, não é uma ordem de tempo e espaço sem costuras que se estende para além do indivíduo; ele se faz presente por uma série de canais e fontes variadas.

Mas seria um equívoco ver o mundo "lá fora" como intrinsecamente alienante e opressivo só porque os sistemas sociais são de larga escala ou espacialmente distantes do indivíduo. Tais fenômenos podem ser mencionados para fornecer influências unificadoras; eles não são apenas fragmentadores em seu impacto sobre o eu. Eventos distantes podem tornar-se tão familiares ou até mais familiares que influências próximas, e podem ser integrados nos quadros de referências da experiência pessoal. Situações próximas podem na verdade ser mais opacas que acontecimentos de larga escala que afetam muitos milhões de pessoas. Consideremos alguns exemplos. Uma pessoa pode estar ao telefone com alguém a 20 quilômetros de distância e durante o tempo que a conversa dura estar ligada mais de perto às respostas do indivíduo distante do que às dos outros sentados na mesma sala. Um indivíduo pode conhecer a aparência, personalidade e as políticas de um líder mundial que as de seu próprio vizinho. Uma pessoa pode estar mais familiarizada com o debate sobre o aquecimento global do que com o porquê do vazamento da torneira da cozinha. Nem os fenômenos remotos ou de larga escala estão necessariamente, e apenas de uma maneira vaga "no fundo", na formação e na identidade psicológica do indivíduo. Um interesse no aquecimento global, por exemplo, pode fazer parte de um estilo de vida distintivo adotado por uma pessoa, mesmo que não seja uma ativista ecológica. Ela pode por isso se manter informada dos debates científicos e ajustar vários aspectos de seu estilo de vida em relação às medidas práticas que esses debates sugerem.

A fragmentação claramente tende a ser promovida pelas influências destacadas por Berger e por outros — a diversificação dos contextos da interação. Em muitos ambientes modernos, os indivíduos estão presos a uma variedade de encontros e meios diferentes, cada um dos quais requer formas diferentes de comportamento "apropriado". Goffman é normalmente considerado o teórico por excelência desse fenômeno. Quando o indivíduo sai de um encontro e entra em outro, sensivelmente ajusta a "apresentação do eu" em relação ao que lhe for demandado na situação em questão. Imagina-se muitas vezes que tal visão implica que o indivíduo tem um número de eus equivalente ao dos diferentes contextos de interação, uma idéia de certa maneira semelhante às interpretações pós-estruturalistas do eu, ainda que de uma perspectiva teórica diferente. Mas outra vez não seria correto ver a diversidade contextual como simples e inevitavelmente promovendo a fragmentação do eu, quanto mais sua desintegração em "eus" múltiplos. Essa diversidade também pode, pelo menos em muitas circunstâncias, promover uma integração do eu. A situação assemelha-se mais ao contraste entre a vida rural e a urbana discutida acima. Uma pessoa pode fazer uso da diversidade a fim de criar uma auto-identidade distinta que incorpore positivamente elementos de diferentes ambientes numa narrativa integrada. Assim, uma pessoa cosmopolita é precisamente aquela que consegue ficar à vontade numa variedade de contextos.[4]

O dilema unificação versus fragmentação, como os outros a serem mencionados a seguir, tem suas patologias. De um lado, encontramos o tipo de pessoa que constrói sua identidade em torno de um conjunto de lealdades fixas, que atuam como filtros através dos quais interpreta diferentes ambientes sociais e reage a eles. Tal pessoa é uma tradicionalista rígida, num sentido compulsivo, e recusa qualquer relativização do contexto. De outro lado, no caso de um eu que se evapora nos variados contextos da ação, encontramos a resposta adaptativa que Erich Fromm caracterizou como "conformismo autoritário". Em suas próprias palavras:

> O indivíduo deixa de ser ele mesmo; adota inteiramente o tipo de personalidade que lhe é oferecido pelos padrões culturais; e, portanto, torna-se exatamente igual a todos os outros e ao que os outros esperam que ele seja... esse mecanismo pode ser comparado à coloração protetora que alguns animais assumem. Eles parecem tão semelhantes ao seu entorno que só podem ser distinguidos dele com grande dificuldade.[5]

Em tais circunstâncias, podemos argumentar, o falso eu supera e encobre os atos originais de pensamento, sentimento e vontade que representam as verdadeiras motivações do indivíduo. O que sobra do verdadeiro eu é experimentado como vazio e inautêntico; e esse vácuo não pode ser preenchido pelos "pseudo-eus" exibidos pelo indivíduo em diferentes contextos, dado que eles são tanto estimulados pelas respostas dos outros quanto emanados das convicções íntimas da pessoa. A segurança ontológica nessa situação é tão frágil como no caso do rígido tradicionalista. O indivíduo só se sente psicologicamente seguro em sua auto-identidade na medida em que os outros reconhecerem seu comportamento como apropriado ou razoável.

Impotência e apropriação

Um segundo dilema é o da impotência versus apropriação. Se há um tema que une quase todos os autores que escreveram sobre o eu na sociedade moderna, é a afirmativa de que o indivíduo experimenta sentimentos de impotência em relação a um universo social amplo e alheio. Em contraste com o mundo tradicional, em que se supõe que o indivíduo tinha controle substancial de muitas das influências que davam forma à sua vida, nas sociedades modernas esse controle passou para agências externas. Nos termos de Marx, o conceito de alienação serviu como ponto central para as análises da questão. À medida que se desenvolvem as forças da produção, particularmente sob a égide da produção capitalista, o indivíduo entrega o controle das circunstâncias de sua vida às influências dominantes das máquinas e mercados. O que era originalmente humano torna-se alheio; os poderes dos homens são experimentados como forças que emanam de um ambiente social objetificado. Não expressaram essa posição apenas os seguidores de Marx; ela também é encontrada, de forma um pouco diferente, nas obras dos teóricos da "sociedade de massas". Segundo essa posição, quanto mais extensos tornam-se os sistemas sociais tanto mais cada indivíduo particular sente-se privado de toda autonomia. É como se cada um fosse apenas um átomo numa vasta aglomeração de outros indivíduos.

As idéias que tento desenvolver neste livro são claramente diferentes desse ponto de vista. Em muitos contextos pré-modernos, os indivíduos (e a humanidade como um todo) eram mais impotentes do que nos contextos modernos. As pessoas viviam quase sempre em grupos e comunidades menores; mas tamanho não é o mesmo que poder. Em muitas situações de pequeno grupo os indivíduos eram relativamente impotentes para alterar suas circunstâncias sociais ou escapar a elas. Muitas vezes era quase impossível romper as amarras da tradição. Há muitos outros exemplos. Os sistemas de parentesco pré-modernos, por exemplo, freqüentemente eram muito rígidos, e deixavam pouco espaço para a ação independente do indivíduo. Teríamos grande dificuldade em fundamentar a generalização de que, com o advento das instituições modernas, a maioria dos indivíduos são ou sentem-se mais impotentes do que em épocas anteriores.

A modernidade expropria — é inegável. O distanciamento tempo-espaço e os efeitos de desqualificação dos sistemas abstratos são as duas influências mais importantes nessa direção. Mesmo que a distância e a impotência não andem inevitavelmente juntas, o surgimento de conexões globalizadas, juntamente com os riscos de alta conseqüência, representa parâmetros da vida social sobre os quais o indivíduo em situação tem relativamente pouco controle. De modo similar, processos de expropriação fazem parte do amadurecimento das instituições modernas e alcançam não só as esferas da vida cotidiana mas o próprio centro do eu.

Se entendemos tais processos de modo dialético, entretanto, e se notamos que a globalização produz mudança não só em extensão mas também em intensidade, surge um quadro complexo. Não podemos dizer que todas as formas de expropriação necessariamente oferecem a possibilidade de reapropriação, pelo menos ao nível da conduta individual. Muitos dos processos transformados pelo desencaixe, ou reorganizados à luz da intrusão dos sistemas abstratos, se dão para além do alcance do ator. Por outro lado, os outros tornam possíveis formas de domínio sobre as circunstâncias da vida que não estavam disponíveis em situações pré-modernas.

Impotência e reapropriação se entrelaçam de maneira diversa em contextos diferentes e em momentos diferentes — tendo em vista o dinamismo da modernidade, há pouca estabilidade nas relações entre elas. Um indivíduo que deposita confiança nos outros, ou num determinado sistema abstrato, normalmente reconhece através disso que lhe falta poder para influenciá-los de maneira significativa. Mas o investimento de confiança também pode gerar novas capacidades. Consideremos o exemplo do dinheiro. Para usar dinheiro, um indivíduo deve participar de sistemas de troca econômica, bancos e investimentos, e assim por diante, sobre os quais tem controle direto mínimo. Por outro lado, esse processo dá ao indivíduo — caso tenha recursos suficientes — uma diversidade de oportunidades que de outra maneira não teria.

A experiência da impotência, considerada como fenômeno psíquico, naturalmente está sempre relacionada aos objetivos, projetos ou aspirações do indivíduo, assim como à composição do mundo dos fenômenos. A impotência experimentada numa relação pessoal pode ser psicologicamente mais prejudicial que a impotência sentida em relação a sistemas sociais mais abrangentes. Obviamente as duas podem alimentar-se mutuamente de várias maneiras. Ansiedades difusas sobre riscos de alta conseqüência, por exemplo, podem contribuir de modo geral para sentimentos de impotência experimentados por um indivíduo em contextos mais locais. De modo semelhante, sentimentos de impotência pessoal podem difundir-se "para cima", na direção de preocupações mais globais. Parece razoável postular que conexões desse tipo provavelmente estão subjacentes à mentalidade de "sobrevivente". Um "sobrevivente" é alguém que se sente privado de domínio social adequado numa série de ambientes pessoais e sociais ameaçadores. E no entanto uma visão sobrevivencialista carrega conotações de apropriação além das de impotência. Não se pode considerar que alguém que se concentra em sobreviver nas relações pessoais, assim como em outras esferas da vida, tenha abandonado todo projeto de autonomia sobre as circunstâncias de sua vida. Mesmo que apenas num sentido negativo, o indivíduo claramente procura domínio ativo — sobreviver é ser capaz de enfrentar de maneira determinada as tarefas que a vida apresenta e superá-las.

Como os outros, o dilema da impotência versus apropriação tem suas patologias. Quando o indivíduo sente-se ultrapassado por uma sensação de impotência nos principais campos de seu mundo fenomênico podemos falar de um processo de engolfamento. O indivíduo sente-se dominado por forças externas invasoras a que é incapaz de resistir ou transcender. Sente-se assolado por forças implacáveis que lhe roubam toda autonomia de ação, ou então preso numa voragem de eventos em que rodopia de maneira descontrolada. No outro pólo da divisão impotência/apropriação está a onipotência. Como todas as patologias da personalidade, é um estado de fantasia. A sensação de segurança ontológica do indivíduo é alcançada por uma fantasia de dominação — o mundo fenomênico sente-se como que orquestrado por essa pessoa, que o trata como títere. A onipotência é uma defesa frágil, e muitas vezes se liga psicologicamente ao pólo oposto — em outras palavras, sob pressão pode dissolver-se em seu oposto, o engolfamento.

Autoridade versus incerteza

Um terceiro dilema é autoridade versus incerteza. Nas condições da alta modernidade, em muitas áreas da vida social — inclusive a do eu — não há autoridades definitivas. Existem muitos que reivindicam autoridade — muito mais do que nas culturas pré-modernas. A própria tradição era uma fonte primeira de autoridade, que não se situava em qualquer instituição particular, mas que perpassava muitos aspectos da vida social. Por difusa que fosse, a tradição era em certo sentido a autoridade única. Embora nas maiores culturas pré-modernas possa ter havido choques entre tradições rivais, em sua maior parte posições e modos de fazer tradicionais impediam outras alternativas. Mesmo na presença de tradições em competição, o envolvimento com um referencial tradicional era normalmente exclusivo — os outros eram, desse modo, rejeitados.

Quando falamos de instituições específicas de autoridade, a religião tem obviamente um lugar de destaque. Em praticamente todas as menores culturas pré-modernas havia apenas uma grande ordem religiosa — embora tais culturas tivessem seus céticos, e também dispusessem de magos e feiticeiros para os que divergiam da ortodoxia religiosa. Mas essas alternativas eram insuficientes para o alcance geral da autoridade do sistema religioso dominante. Em sociedades tradicionais maiores, onde as ordens religiosas eram às vezes mais diversificadas, havia pouco pluralismo no sentido moderno: a ortodoxia enfrentava várias heresias. A comunidade local e o sistema de parentesco eram duas fontes adicionais de autoridade estabilizadora, diretamente relevante para a sustentação de relações de confiança em contextos tradicionais. Ambas eram fontes de "doutrinas vinculantes" assim como de formas de comportamento dotadas de forte compulsão normativa.

A submissão a autoridades tradicionais, por mais profunda que fosse, não removia a incerteza da vida diária nas culturas tradicionais. A força das formas pré-modernas de autoridade quase poderia ser entendida como uma reação à imprevisibilidade da vida diária e ao número de influências percebidas como fora do controle dos homens. As autoridades religiosas em particular freqüentemente cultivavam a sensação de que os indivíduos estavam cercados por ameaças e perigos — pois só o agente religioso estava em posição de ser capaz de entender essas ameaças e perigos e, portanto, de procurar controlá-los. A autoridade religiosa criava mistérios ao mesmo tempo em que afirmava ter acesso privilegiado a esses mistérios.[6]

Nos tempos modernos, continuam a existir algumas formas de autoridade tradicional, inclusive, é claro, a religião. De fato, por razões que têm a ver precisamente com as conexões entre a modernidade e a dúvida, a religião não só se recusa a desaparecer mas até experimenta um ressurgimento. Mas há agora um contraste básico com o passado. Formas de autoridade tradicional tornam-se apenas "autoridades" entre outras, parte de um pluralismo indeterminado de especializações. O perito, ou o especialista, é muito diferente da "autoridade", quando esse termo é compreendido no sentido tradicional. Exceto onde a autoridade é sancionada pelo uso da força (as "autoridades" do Estado e a autoridade legal), ela torna-se algo essencialmente equivalente ao conselho especializado. Não há autoridades que abranjam os diversos campos dentro dos quais se reivindica o saber — outra maneira de repetir a afirmação de que todo mundo nos sistemas modernos é leigo em praticamente todos os aspectos da atividade social. Autoridade nessa situação não é mais uma alternativa à dúvida. Ao contrário, modos de saber são alimentados pelo próprio princípio da dúvida; ao avaliar as afirmações de autoridades rivais, o indivíduo leigo tende a utilizar esse princípio da perspectiva cética que as circunstâncias pluralistas quase inevitavelmente pressupõem.

É claro que a vida cotidiana não é ordinariamente experimentada como perenemente "em dúvida". A reorganização da vida diária pelos sistemas abstratos cria muitas formas rotineiras de atividade com um maior nível de previsibilidade que na maioria dos contextos em culturas pré-modernas. O casulo protetor amortece, para a maioria das pessoas, durante a maior parte do tempo, a experiência da dúvida radical que seria um sério perigo tanto para as rotinas da vida diária como para ambições de maior alcance. O dilema da autoridade versus dúvida é em geral resolvido por uma mistura de rotina e lealdade a uma certa forma de estilo de vida, mais o investimento de confiança numa certa série de sistemas abstratos. Mas sob pressão esse "pacote de lealdades" pode começar a desintegrar-se.

Alguns indivíduos acham psicologicamente difícil ou impossível aceitar a existência de autoridades diversas, em conflito mútuo. Acham que a liberdade de escolha é um peso e procuram consolo em sistemas ainda mais amplos de autoridade. Uma predileção pelo autoritarismo dogmático é a tendência patológica nesse pólo. Uma pessoa nessa situação não é necessariamente uma tradicionalista, mas essencialmente desiste das faculdades de juízo crítico em troca das convicções oferecidas por uma autoridade cujas regras e provisões cobrem a maior parte dos aspectos de sua vida. É preciso distinguir essa atitude da fé, mesmo a fé em códigos religiosos fundamentalistas. Pois a fé quase que por definição se apóia na confiança. Refugiar-se numa autoridade dominante, porém, é essencialmente um ato de submissão. É como se o indivíduo não precisasse mais se envolver no jogo problemático que todas as relações de confiança supõem. Em vez disso, ele se identifica com uma autoridade dominante na base da projeção. A psicologia da liderança desempenha aqui papel importante. A submissão à autoridade normalmente toma a forma de adesão escrava a uma figura de autoridade, considerada onisciente.

No outro extremo, encontramos estados psicológicos em que os indivíduos são praticamente imobilizados por uma tendência à dúvida universal. Em suas versões mais pronunciadas, essa posição assume a forma de paranóia ou uma paralisia da vontade tão completa que o indivíduo efetivamente se retira por inteiro do intercurso social ordinário.

Experiência personalizada versus experiência mercantilizada

Um quarto dilema é experiência personalizada versus experiência mercantilizada. A modernidade inaugura o projeto do eu, mas sob condições fortemente influenciadas pelos efeitos padronizadores do capitalismo mercantil. Não procurei neste livro mostrar de maneira detalhada o impacto da produção capitalista sobre a vida social moderna. Basta dizer que o capitalismo é uma das principais dimensões institucionais da modernidade, e que o processo de acumulação capitalista representa uma das principais forças impulsionadoras por trás das instituições modernas como um todo. O capitalismo mercantiliza em vários sentidos. A criação da mercadoria abstrata, como indicou Marx, talvez seja o mais básico elemento na expansão do capitalismo como um sistema geral de produção. O valor de troca só é criado quando os valores de uso tornam-se irrelevantes para os mecanismos pelos quais a produção, a venda e a distribuição dos bens e serviços se realizam. O valor de troca permite assim o desencaixe das relações econômicas através do tempo-espaço.

Além disso, a mercantilização afeta crucialmente a força de trabalho — de fato a força de trabalho como tal só passa a existir quando separada, como mercadoria, do "trabalho" como um todo. Finalmente, a mercantilização afeta diretamente os processos de consumo, particularmente com o amadurecimento da ordem capitalista. O estabelecimento de padrões regulares de consumo, promovidos pela propaganda e outros métodos, torna-se central para o crescimento econômico. Em todos esses sentidos, a mercantilização influencia o projeto do eu e o estabelecimento de estilos de vida.

Podemos detalhar o impacto da mercantilização das maneiras seguintes. O mercado capitalista, com seus "imperativos" de expansão contínua, ataca a tradição. A expansão do capitalismo coloca amplos setores da reprodução social (ainda que nem todos) nas mãos dos mercados de produtos e de trabalho. Os mercados operam sem consideração a formas preestabelecidas de comportamento, que em sua maior parte representam obstáculos à criação da livre troca. No período da alta modernidade, a empresa capitalista cada vez mais procura moldar o consumo assim como monopolizar as condições da produção. Desde o começo, os mercados promovem o individualismo na medida em que sublinham direitos e responsabilidades individuais, mas no primeiro momento esse fenômeno diz principalmente respeito à liberdade de contrato e à mobilidade intrínseca ao emprego capitalista. Mais tarde, porém, o individualismo se estende para a esfera do consumo, a identificação das preferências individuais tornando-se fundamental para a continuidade do sistema. A liberdade de escolha individual governada pelo mercado torna-se um quadro que envolve a auto-expressão individual.

A própria corrupção da noção de "estilo de vida", reflexivamente trazida para a esfera da propaganda, resume esses processos. Os publicitários se orientam por classificações sociológicas de categorias de consumidores e ao mesmo tempo estimulam "pacotes" específicos de consumo. Em maior ou menor grau, o projeto do eu vai sendo traduzido como a posse de bens desejados e a perseguição de estilos de vida artificialmente criados. As conseqüências dessa situação foram observadas muitas vezes. O consumo de bens sempre renovados torna-se em parte um substituto do desenvolvimento genuíno do eu; a aparência substitui a essência à medida que os signos visíveis do consumo de sucesso passam a superar na realidade os valores de uso dos próprios bens e serviços em questão. Bauman o exprime bem:

> As necessidades individuais de autonomia pessoal, autodefinição, vida autêntica ou perfeição pessoal são todas traduzidas na necessidade de possuir e consumir bens oferecidos no mercado. Essa tradução, no entanto, faz parte da aparência de valor de uso de tais bens, e não do próprio valor de uso; como tal, é intrinsecamente inadequada e em última análise conduz à autoderrota, levando ao alívio momentâneo dos desejos e à frustração duradoura das necessidades... O abismo entre as necessidades humanas e os desejos individuais é produzido pela dominação do mercado; o abismo é, ao mesmo tempo, uma condição de sua reprodução. O mercado se nutre da infelicidade que gera — os medos, ansiedades e sofrimentos da inadequação pessoal que induz liberam o comportamento consumidor indispensável à sua continuidade.[7]

A mercantilização é de certa maneira ainda mais insidiosa do que essa caracterização sugere. Pois o projeto do eu enquanto tal pode tornar-se pesadamente mercantilizado. Não só os estilos de vida, mas também a auto-realização é empacotada e distribuída segundo critérios de mercado. Livros de auto-ajuda como *Autoterapia* ficam numa posição precária em relação à produção mercantilizada da auto-realização. De certa maneira tais obras se afastam do consumo padronizado e empacotado. Mas quando são colocadas no mercado como teoremas pré-empacotados sobre como "seguir em frente" na vida, são aprisionadas no próprio processo a que nominalmente se opõem.

A mercantilização do consumo, como outros fenômenos discutidos anteriormente, não é simplesmente uma questão de reordenar os padrões de comportamento ou esferas da vida existentes. Ao contrário, o consumo sob o domínio dos mercados de massa é essencialmente um fenômeno novo, que participa diretamente nos processos da contínua reformulação das condições da vida cotidiana. A experiência transmitida pela mídia é parte importante de tudo isso. Os meios de comunicação de massa rotineiramente apresentam modos de vida aos quais — deixam implícito — todos deveríamos aspirar; os estilos de vida dos mais prósperos são, de uma forma ou de outra, exibidos à vista de todos e retratados como dignos de imitação. Mais importante, porém, e mais sutil, é o impacto das narrativas que a mídia traz. Aqui não há necessariamente sugestão de um estilo de vida a ser desejado; em vez disso, desenvolvem-se estórias de modo a criar uma coerência narrativa com a qual o leitor ou espectador possa identificar-se.

Sem dúvida as telenovelas, e outras formas de entretenimento na mídia, são válvulas de escape — substitutas das satisfações reais que não podem ser alcançadas nas condições sociais normais. Mas talvez o mais importante seja a própria forma narrativa que oferecem, sugerindo modelos para a construção das narrativas do eu. As telenovelas misturam previsibilidade e contingência por meio de fórmulas que, por serem bem conhecidas pela audiência, são ligeiramente perturbadoras mas ao mesmo tempo tranqüilizadoras. Elas oferecem misturas de contingência, reflexividade e sina. A forma conta mais que o conteúdo; nessas estórias ganha-se uma sensação de controle reflexivo sobre as circunstâncias da vida, uma sensação de uma narrativa coerente que é um equilíbrio tranqüilizador para as dificuldades de sustentar a narrativa do eu em situações sociais reais.

Mas a mercantilização também não fica sem oposição tanto no nível individual quanto no coletivo. Até o mais oprimido dos indivíduos — talvez de modo particular o mais oprimido — reage criativa e interpretativamente a processos de mercantilização que interferem com sua vida. Isso é verdade tanto no campo da experiência via mídia quanto no do consumo direto. A resposta à experiência transmitida pela mídia não pode ser avaliada puramente em termos do conteúdo do que é difundido — os indivíduos discriminam ativamente entre tipos de informação disponível e também as interpretam em seus próprios termos. Até crianças pequenas avaliam programas de televisão em termos de seu grau de realismo, reconhecendo que alguns são inteiramente ficcionais, e tratam os programas como objetos de ceticismo, de ridículo ou de humor.[8] O fato de que a mercantilização não triunfe em toda a linha ao nível coletivo é também importante para áreas da experiência individual. O espaço, por exemplo, se mercantiliza como parte importante dos processos de desencaixe. Entretanto, nem por isso o espaço torna-se inteiramente comercializado ou está sujeito ao impacto padronizador da produção de mercadorias. Muitos aspectos do ambiente construído, e também de outras formas espaciais, se reafirmam (pelo engajamento ativo dos agentes) de modos não mercantilizados. A mercantilização é uma força que leva ao surgimento de sistemas internamente referidos; mas, como será discutido na próxima seção, ancoragens externas na experiência estética e moral se recusam a desaparecer completamente.

É nesse complicado contexto que devemos entender o processo de personalização. O projeto reflexivo do eu é em parte necessariamente uma luta contra influências mercantilizadas, embora nem todos os aspectos da mercantilização sejam seus inimigos. Um sistema de mercado, quase por definição, gera uma variedade de escolhas possíveis no consumo de bens e serviços. A pluralidade da escolha é em boa parte o próprio resultado de processos mercantilizados. Nem é a mercantilização meramente o mesmo que a padronização. Onde os mercados de massa estão em questão, é claramente interesse dos produtores assegurar o consumo em larga escala de produtos relativamente padronizados. Mas a padronização pode muitas vezes ser transformada num modo de criar qualidades individuais — como no exemplo da roupa citado acima. A roupa produzida em massa ainda permite que os indivíduos decidam seletivamente sobre estilos de vestir, por mais que a influência padronizadora da moda e de outras forças afetem essas decisões individuais.

Um primeiro tipo de patologia do comportamento associado às influências mercantilizantes é o narcisismo — a esse respeito a tese de Lasch é válida, ainda que excessivamente generalizada. É claro que o narcisismo brota também de outras fontes, especialmente como fenômeno profundo do desenvolvimento da personalidade. Mas na medida em que a mercantilização, no contexto do consumismo, promove a aparência a valor máximo, e vê o autodesenvolvimento acima de tudo em termos de exibição, traços narcisistas provavelmente se tornarão importantes. A personalização, porém, também tem seus aspectos patológicos. Todo autodesenvolvimento depende do domínio sobre as respostas apropriadas aos outros; um indivíduo que necessita ser "diferente" de todos os outros não tem chance de desenvolver reflexivamente uma auto-identidade coerente. A personalização excessiva tem ligações com concepções de grandiosidade. O indivíduo é incapaz de descobrir uma auto-identidade suficientemente "sóbria" para conformar-se às expectativas dos outros em seus ambientes sociais.

Unificação versus fragmentação: o projeto reflexivo do eu incorpora numerosos acontecimentos contextuais e formas de experiência através da mídia, através dos quais deve estabelecer uma rota.

Impotência versus apropriação: as opções de estilo de vida tornadas disponíveis pela modernidade oferecem muitas oportunidades de apropriação, mas também geram sensações de impotência.

Autoridade versus incerteza: em circunstâncias em que não há autoridade definitiva, o projeto reflexivo do eu deve encontrar seu rumo entre a lealdade e a incerteza.

Experiência personalizada versus mercantilizada: a narrativa do eu deve ser construída em circunstâncias em que a apropriação pessoal é afetada por influências padronizadas sobre o consumo.

Quadro 4. *Dilemas do eu*

Uma dinâmica subjacente: a ameaça da falta de sentido

Se a análise desenvolvida até aqui estiver correta, os encontros com os dilemas acima, no contexto do projeto reflexivo do eu, têm lugar contra o pano de fundo da prevalência dos sistemas internamente referidos. Em outras palavras, o projeto reflexivo do eu deve ser desenvolvido em circunstâncias que limitam o engajamento pessoal com algumas das questões mais fundamentais que a existência humana nos apresenta. Segue-se que o projeto do eu deve ser reflexivamente realizado num ambiente social tecnicamente competente mas moralmente árido. Subjacente aos mais completos processos de planejamento da vida — e a cada um dos vários dilemas acima mencionados — está a ameaça da falta de sentido pessoal.

O melhor ponto de partida para entender por que isso é assim é a difusão dos sistemas abstratos. A vida diária fica mais calculável do que era na maioria dos contextos pré-modernos. A calculabilidade é expressa não só na provisão de ambientes sociais estáveis, mas na reflexividade crônica pela qual os indivíduos organizam suas próprias relações com o mundo social que os envolve. A ameaça da falta de sentido pessoal é ordinariamente contida porque atividades rotineiras, em combinação com a confiança básica, sustentam a segurança ontológica. Questões existenciais potencialmente perturbadoras são diluídas pela natureza controlada das atividades do dia-a-dia dentro dos sistemas internamente referidos.

Em outras palavras, o domínio substitui a moralidade; ser capaz de controlar as circunstâncias de nossa vida, colonizar o futuro com algum grau de sucesso e viver dentro dos parâmetros dos sistemas internamente referidos pode, em muitas circunstâncias, permitir que o quadro social e natural das coisas pareça uma base segura para as atividades da vida. Mesmo a terapia, como forma exemplar do projeto reflexivo do eu, pode tornar-se um fenômeno de controle — um sistema internamente referido em si mesmo. A confiança básica é um elemento necessário para que se mantenha uma sensação do sentido das atividades pessoais e sociais dentro de tais quadros. Como uma atitude segura em relação ao mundo como "certo e apropriado", a confiança básica acalma as sensações de horror que de outra maneira poderiam emergir. No entanto, como explicado anteriormente, quando controlada apenas pelos sistemas internamente referidos, tal atitude é frágil. De fato, podemos dizer que, quanto mais aberto e geral for o projeto reflexivo do eu, à medida que fragmentos adicionais da tradição são descartados, tanto maior é a probabilidade do retorno do reprimido no coração mesmo das instituições modernas.

O retorno do recalcado

Quais são as principais circunstâncias sociais, ou formas, em que ocorre o retorno do recalcado? Podemos especificar as seguintes condições como de grande importância:

1 Em momentos decisivos os indivíduos podem ser forçados a enfrentar considerações que o funcionamento adequado dos sistemas abstratos reflexivamente ordenados normalmente mantém bem longe da consciência. Momentos decisivos necessariamente perturbam as rotinas, muitas vezes de maneira radical. O indivíduo é portanto forçado a repensar aspectos fundamentais de sua existência e de seus projetos futuros. Talvez os momentos decisivos sejam enfrentados com grande freqüência dentro dos limites dos sistemas internamente referidos. Mas com a mesma freqüência colocam dificuldades para o indivíduo, e muitas vezes também para aqueles muito próximos a ele, que, por sua vez, levam a considerações extrínsecas. A noção de momentos decisivos certamente é muito ampla. Mas muitos desses momentos não podem ser levados em conta sem referência a critérios morais/existenciais. Em momentos decisivos é difícil que o indivíduo continue a pensar puramente em

termos de cenários de risco ou a limitar a avaliação de cursos potenciais de ação a parâmetros técnicos.

A maioria dos principais pontos de transição da vida representa momentos em que os critérios externos forçam sua volta à cena. O nascimento e a morte são as duas principais transições mediando entre a vida orgânica e o inorgânico cujas implicações existenciais mais amplas são difíceis de evitar. Nos dois casos, sistemas institucionalizados segregam as experiências e suas implicações para os outros. Em culturas pré-modernas, o nascimento e a morte dificilmente seriam acontecimentos expostos à visão de toda a comunidade. Mas normalmente tinham lugar em contextos familiares ou de grupo e eram integrados a práticas tradicionais, assim como a interpretações cósmicas relativas à passagem das gerações. Hoje, os dois conjuntos de eventos tendem a acontecer no ambiente segregado do hospital e aí são tratados como fenômenos discretos, sem conexão distintiva seja com o ciclo das gerações ou com as questões morais mais amplas que dizem respeito à relação entre os homens e a natureza inorgânica. A morte tende a ser o mais oculto dos dois processos, talvez porque seja o mais perigoso em termos do retorno dos critérios externos. Pois o nascimento de uma criança é um processo de entrada na vida e pode ser tecnicamente manejado como tal. O processo de morrer, por outro lado, não pode ser visto senão como a perda iminente do controle — a morte é ininteligível exatamente porque é o ponto zero em que o controle cessa.

É nesses termos que devemos entender o ressurgimento da literatura que se dedica a fazer do fenômeno da morte um tema para debate público mais amplo.[9] Há várias manifestações de tal tendência: uma é o desenvolvimento de ambientes em que a morte pode ser discutida e enfrentada, em vez de ser meramente subtraída à visão de todos. Muitas vezes se observa que nas sociedades modernas faltam ritos de passagem que marquem as transições básicas, inclusive o começo e o fim da vida. A maioria dessas discussões destaca que, sem o ritual ordenado e o envolvimento coletivo, os indivíduos ficam sem maneiras estruturadas de lidar com as tensões e ansiedades envolvidas. Ritos comunitários fornecem um foco de solidariedade de grupo nas principais transições, e também atribuem tarefas definidas para os envolvidos — tais como especificar períodos fixos de luto e modos de comportamento associados a eles.

Essa tese pode bem ser válida. No entanto, perde-se algo mais profundo junto com as formas tradicionais de ritual. Ritos de passagem põem as pessoas envolvidas em contato com forças cósmicas mais amplas, que relacionam a vida individual a questões existenciais mais abrangentes. O ritual tradicional, assim como a crença religiosa, ligava a ação individual a quadros morais e a questões fundamentais para a existência. A perda do ritual é também a perda do envolvimento com tais referenciais, por mais que tenham sido experimentados de modo ambíguo e por mais que se vinculem ao discurso religioso tradicional. Fora de círculos estritamente teológicos, a discussão da morte tornou-se para nós uma preocupação com a doença. Por exemplo, no caso da AIDS, o que é perturbador não é que a doença ou suas conseqüências matem, mas que o façam entre os relativamente jovens, e no contexto da atividade sexual. A morte só é um "problema" quando é prematura — quando a pessoa não viveu aquilo que, dados certos riscos, a tabela de expectativa de vida sugere.

2 Podemos detectar um retorno do recalcado nas tentativas de promover o fim do encarceramento em várias esferas. As origens das tendências ao desencarceramento são sem dúvida complexas. Em parte, por exemplo, tentativas de abrir as portas das prisões ou de reabilitar os presos na comunidade, bem como de tratar os doentes mentais por meio de cuidados comunitários, foram provocadas por motivos econômicos. Mas um fator importante nessas mudanças foi também a crença reformista de que é moralmente errado separar os membros "desviantes" dos membros "normais" da sociedade. Aparentemente, o desencarceramento passa por uma mera "normalização" do desvio — um meio de trazer o ofensor para um contato mais próximo com a população comum. Mas também pode ser o contrário: um meio de encorajar os indivíduos "normais" a enfrentarem as questões potencialmente perturbadoras levantadas por aqueles que não aderiram às principais normas que governam a vida social.

O contato com os doentes mentais nas culturas tradicionais, como muitos escritores observaram, era considerado um modo de acesso a uma experiência espiritual e mesmo à verdade divina. Tal contato dificilmente reproduzirá esses sentimentos hoje. Por outro lado, a doença mental, particularmente as várias espécies de esquizofrenia, nos lembra a fragilidade das convenções cotidianas pelas quais é ordenada nossa experiência tanto da realidade social quanto dos parâmetros mais básicos da existência em geral. O esquizofrênico paranóide, por exemplo, pode nos levar a refletir por que nós não vemos — como ele — malevolência num olhar de outra pessoa ou num encontrão acidental de corpos na rua. A pessoa que "ouve vozes" pode não estar em comunicação com Deus, mas de qualquer modo pode nos levar a pensar de novo sobre nossa própria "normalidade" — pois talvez existam aspectos de nossas visões não-questionadas da existência (fundadas na confiança básica) que possamos interrogar.

Foucault afirmou que a loucura representa tudo o que é excluído do triunfo da razão moderna; mas não precisamos de uma visão tão exaltada da insanidade para ver que a doença mental nos revela aspectos recalcados de nossa existência. Goffman, mais que Foucault, pode estar certo sobre a doença mental — ela representa uma incapacidade ou uma falta de vontade de conformar-se a algumas das "propriedades situacionais" mais básicas que a interação cotidiana pressupõe. Olhar do "outro lado" do mundano exibe seu caráter contingente, arbitrário mesmo. Os doentes mentais, ou certos grupos entre eles, em realidade vivem o horror que, como revelam os "experimentos com a confiança" de Garfinkel, as convenções constitutivas da interação social cotidiana suprimem.

3 Podemos situar um retorno do recalcado no centro do comportamento sexual. A paixão foi privatizada; e no entanto suas implicações e ressonâncias estão longe de ser privadas. A sexualidade tornou-se um dos principais elementos da busca da intimidade, mas interpela problemas e estimula sentimentos que não se restringem a uma relação pessoal entre duas pessoas. Os indivíduos hoje freqüentemente descobrem suas maiores satisfações morais na vida em relações sexuais íntimas. De um certo ângulo, esse fenômeno pode ser visto como uma redução do propósito moral e da consciência existencial a uma esfera puramente pessoal — um encolhimento que corresponde ao processo geral da segregação da experiência. Mas ao mesmo tempo a sexualidade rompe essas restrições, e talvez seja muito freqüentemente o meio pelo qual são redescobertas algumas das conotações mais profundas da "paixão". A sexualidade foi separada da procriação e portanto dos processos cósmicos da vida e da morte. Mas ainda retém uma carga moral e uma significação generalizável que a separa das preocupações egoístas dos parceiros. Ela não pode ser inteiramente afastada daquele sentimento de engajamento moral e de tragédia potencial aos quais, antes do surgimento dos envolvimentos românticos, o amor sexual era geralmente associado.[10] A própria preocupação do discurso moderno com a sexualidade, de que fala Foucault, até certo ponto representa um reconhecimento dessas conexões. A sexualidade tanto repudia quanto dá forma substantiva ao envolvimento da vida humana com condições e experiências moralmente transcendentes.

Como observa Alberoni, a experiência de apaixonar-se — mais que os encontros sexuais cotidianos — resume esse fenômeno. Apaixonar-se, ao contrário da maioria das formas de sexualidade, é uma experiência intensa, exaltadora e especificamente "extraordinária". "Nesses momentos, a sexualidade transforma-se no meio pelo qual a vida explora os limites do possível, os horizontes do imaginário e da natureza."[11]

4 Também podemos localizar um retorno do recalcado na crescente preocupação com a reconstrução da tradição para enfrentar as demandas cambiantes das condições sociais modernas. É claro que em muitos setores da vida moderna ainda existem elementos tradicionais, embora estejam muitas vezes fragmentados e sua influência sobre o comportamento seja apenas parcial. Além disso, algumas das características "tradicionais" da vida social moderna são de fato invenções que datam do período inicial da modernidade.[12] São modos de encapsular e representar tendências modernas mais do que elos com um passado histórico profundamente sedimentado.

Hoje, assistimos a uma tendência definida a tentar restabelecer tradições desaparecidas ou mesmo a construir novas tradições. Como dissemos num capítulo anterior, é duvidoso que a tradição possa ser efetivamente recriada nas condições da alta modernidade. Ela perde sua razão de ser à medida que a reflexividade, associada aos sistemas especializados, penetra por todos os desvãos até o centro da vida cotidiana. O estabelecimento de "novas tradições" é claramente uma contradição em termos. E no entanto, dito isso, um retorno às fontes da fixidez moral na vida diária, em contraste com a posição "sempre revisável" do progressismo moderno, é um fenômeno de certa importância. Em vez de constituir uma regressão para uma "recusa romântica" da modernidade, pode marcar um movimento incipiente para além de um mundo dominado por sistemas internamente referidos.

5 Como fenômeno parcialmente independente do anterior, podemos mencionar o ressurgimento da crença e da convicção religiosa. Símbolos e práticas religiosas não são apenas resíduos do passado; um reavivar de interesses religiosos ou, em termos mais amplos, espirituais, parece bastante difundido nas sociedades modernas. Por quê? Afinal, os fundadores da teoria social moderna, Marx, Durkheim e Weber, acreditavam que a religião desapareceria progressivamente com a expansão das instituições modernas. Durkheim dizia que há "algo de eterno" na religião, mas esse "algo" não era a religião no sentido tradicional; símbolos de unidade coletiva persistem de um modo secular como celebração de ideais políticos.

E a religião não só deixou de desaparecer. Vemos à nossa volta a criação de novas formas de sensibilidade religiosa e empreendimentos espirituais. As razões disso devem ser buscadas em características fundamentais da modernidade tardia. O que devia ter-se tornado um universo social e físico sujeito a conhecimento e controle cada vez mais seguro deu lugar a um sistema em que áreas de relativa certeza se entrelaçam com a dúvida radical e com inquietantes cenários de risco. A religião até certo ponto gera a convicção que a adesão aos postulados da modernidade necessariamente interrompe — desse ponto de vista é fácil ver por que o fundamentalismo religioso tem um apelo especial. Mas isso não é tudo. Novas formas de religião e de espiritualidade representam num sentido mais básico um retorno do recalcado, pois apelam diretamente a questões relativas ao significado moral da existência que as instituições modernas tendem a dissolver inteiramente.

6 Novas formas de movimento social marcam uma tentativa de reapropriação coletiva de áreas institucionalmente recalcadas da vida. Movimentos religiosos recentes devem ser contados entre esses, embora, é claro, haja grande variação nas seitas e cultos que se desenvolveram. Mas vários outros movimentos sociais são particularmente importantes e marcam reações firmes a dimensões institucionais da vida social moderna. Embora — e até certo ponto por quê — se dirija a questões anteriores ao impacto da modernidade, o movimento feminista é um dos principais exemplos. Em sua fase inicial, o movimento se ocupava predominantemente em assegurar direitos sociais e políticos iguais para mulheres e homens. Em seu estágio corrente, porém, enfrenta características básicas da existência social e gera pressões para transformações sociais de natureza radical. Os movimentos ecológico e pacifista também fazem parte dessa nova sensibilidade à modernidade tardia, assim como alguns tipos de movimentos pelos direitos humanos. Tais movimentos, internamente diversos como são, efetivamente contestam algumas das pressuposições e princípios organizadores básicos que abastecem o *juggernaut* da modernidade.

O retorno do recalcado nos ocupará de maneira mais direta no próximo capítulo. Pois pode-se dizer que o período da alta modernidade é um período fundamental de transição — não simplesmente uma continuação do dinamismo infindável da modernidade, mas o presságio de transformações estruturais de um tipo mais profundo. A expansão de sistemas internamente referidos atinge seus limites exteriores; num nível coletivo e na vida do dia-a-dia as questões morais/existenciais tentam voltar ao centro do palco. Focadas nos processos de auto-realização, embora também estendendo-se a desenvolvimentos globalizantes, tais questões requerem uma reestruturação das instituições sociais, e levantam outras questões de natureza não apenas sociológica, mas política.

7. O surgimento da política-vida

Se a concepção do eu mínimo, em meio a conflitos, estiver correta, o eu não só estaria claramente separado da esfera política, mas seria constituído por uma rejeição defensiva da política em favor de um reino pessoal estritamente confinado. Tendo em vista essa perspectiva, seria estranho concluir este estudo com considerações políticas. Quero propor, porém, que os temas desenvolvidos nas páginas precedentes têm implicações políticas, e mais que isso, são relevantes para uma reconstrução de empreendimentos políticos e de problemas de importância fundamental nesta fase de alta modernidade.

Theodore Roszak afirmou que "vivemos numa época em que a experiência muito privada de ter uma identidade pessoal a descobrir, um destino pessoal a realizar, tornou-se uma força subversiva da maior importância".[1] Críticos como Lasch e outros, continua, confundem o novo etos de autodescoberta com o engrandecido indivíduo "antigo-moderno"; deixam de distinguir entre os novos impulsos para o crescimento pessoal, de um lado, e as pressões capitalistas pela vantagem pessoal e pela acumulação material, do outro. Penso que é verdade, embora a questão deva ser teorizada de maneira diferente. Não é o projeto reflexivo do eu enquanto tal que é subversivo; antes, o etos do autocrescimento assinala importantes transições sociais na modernidade tardia como um todo. Essas transições são aquelas que foram acentuadas neste estudo — a reflexividade institucional em expansão, o desencaixe das relações sociais pelos sistemas abstratos e a conseqüente interpenetração do local e do global. Em termos de uma agenda política, podemos captar suas implicações distinguindo entre a política emancipatória e a política-vida. Embora eu vá me deter um pouco sobre a primeira, é a última que está mais ligada aos temas deste livro. Peço a indulgência do leitor se, para começar, a relevância da discussão da política emancipatória para esses temas não for muito clara: ficará clara — espero, mais adiante neste capítulo.

O que é a política emancipatória?

Desde o início do desenvolvimento da era moderna, o dinamismo das instituições modernas estimulou idéias de emancipação humana, e até certo ponto foi promovido por essas idéias. Em primeiro lugar tratava-se da emancipação em relação aos imperativos dogmáticos da tradição e da religião. Pela aplicação de métodos de entendimento racional, não só às áreas de ciência e tecnologia, mas à própria vida social humana, a atividade humana ficaria livre das limitações preexistentes.

Se, com as qualificações apropriadas para dar conta da excessiva simplificação, reconhecemos três abordagens gerais à política moderna — o radicalismo (incluindo o marxismo nesta categoria), o liberalismo e o conservadorismo — podemos dizer que a política emancipatória domina todas elas, embora de maneiras diferentes. Pensadores políticos liberais, assim como os radicais, procuraram libertar os indivíduos e as condições da vida social em geral das limitações das práticas e preconceitos preexistentes. A liberdade deve ser alcançada pela emancipação progressiva do indivíduo, em conjunto com o estado liberal, e não por processos projetados de levante revolucionário. "Conservadorismo", a terceira categoria, quase por definição, assume uma visão mais limitada das possibilidades emancipatórias da modernidade. Mas o pensamento conservador só existe como reação à emancipação — o conservadorismo se desenvolveu como uma rejeição do pensamento radical e liberal, e como uma crítica das tendências da modernidade ao desencaixe.

Defino a política emancipatória como uma visão genérica interessada, acima de tudo, em libertar os indivíduos e grupos das limitações que afetam negativamente suas oportunidades de vida. Ela envolve dois elementos principais: o esforço por romper as algemas do passado, permitindo assim uma atitude transformadora em relação ao futuro; e o objetivo de superar a dominação ilegítima de alguns indivíduos e grupos por outros. O primeiro desses objetivos facilita o ímpeto dinâmico positivo da modernidade. A ruptura com as práticas fixas do passado permite que os homens aumentem o controle social sobre as circunstâncias de suas vidas. É claro que surgiram grandes diferenças filosóficas sobre como alcançar esse objetivo. Alguns supunham que o impulso emancipador era dirigido por condições causais que, na vida social, operam de maneira muito semelhante ao da causação física. Para outros — e esta posição é certamente a mais válida — a relação é uma relação reflexiva. Os homens são capazes de, reflexivamente, "usar a história para fazer história".[2]

A libertação dos homens das limitações tradicionais tem pouco "conteúdo", salvo pelo fato de que reflete a orientação característica da modernidade — a sujeição ao controle humano de características dos mundos social e natural que antes determinavam as atividades humanas. A política emancipatória só alcança um conteúdo mais substantivo quando atenta para as divisões entre os homens. É essencialmente uma política dos "outros". Para Marx, é claro, a classe era a agência da emancipação assim como também a força impulsionadora da história. A emancipação geral da humanidade deveria ser alcançada pelo surgimento de uma ordem sem classes. Para autores não-marxistas, a política emancipatória dá maior importância a outras divisões: divisões étnicas e de gênero, divisões entre grupos dirigentes e subordinados, nações ricas e pobres, gerações presentes e futuras. Mas em todos os casos o objetivo da política emancipatória é libertar os grupos não-privilegiados de sua condição negativa ou eliminar as diferenças relativas entre os grupos na sociedade.

A política emancipatória opera com uma noção hierárquica do poder — ele é entendido como a capacidade de um indivíduo ou grupo exercer sua vontade sobre os outros. Diversos conceitos-chave e objetivos orientadores tendem a ser especialmente característicos dessa visão da política. A política emancipatória se ocupa de reduzir ou eliminar a exploração, a desigualdade e a opressão. Naturalmente, esses termos são definidos de maneira diferente por diferentes autores, e como o principal interesse deste capítulo não é de fato a natureza da política emancipatória, não tentarei analisá-los de modo sistemático. A exploração significa que um grupo — digamos, as classes superiores em relação às classes trabalhadoras, os brancos em relação aos negros, ou os homens em relação às mulheres — monopoliza de maneira ilegítima recursos ou bens desejados, negando ao grupo explorado acesso a eles. As desigualdades podem referir-se a quaisquer variações nos recursos escassos, mas o acesso diferencial a recompensas materiais recebeu em geral a maior importância. Ao contrário de desigualdades de herança genética, por exemplo, o acesso diferencial às recompensas materiais faz parte dos mecanismos geradores da modernidade e, portanto, pode em princípio (não, é claro, na prática) ser transformado da maneira e até o ponto desejado. A opressão é diretamente uma questão de poder diferencial, aplicado por um grupo para limitar as oportunidades de vida de outro. Como outros aspectos da política emancipatória, o objetivo de libertar as pessoas de situações de opressão implica a adoção de valores morais. A "autoridade justificável" pode defender-se contra a acusação de opressão apenas onde o poder diferencial puder ser considerado moralmente legítimo.

A política emancipatória torna imperativos os valores de justiça, *igualdade* e *participação*. De maneira geral esses valores correspondem aos três tipos de divisão de poder que acabamos de mencionar. Todos têm formulações variadas e podem, de certa forma, se superpor substancialmente.

Normas de justiça definem o que conta como exploração e, inversamente, quando uma relação de exploração torna-se uma situação de autoridade moralmente defensável. Um caso-limite seria o anarquismo, uma vez que essa doutrina afirma que a ordem social só é possível se toda autoridade enquanto tal e não apenas a exploração deixar de existir. O avanço da igualdade, em algumas escolas de pensamento, é considerado um valor fundamental em si mesmo e, ocasionalmente, aparece como o objetivo principal da política emancipatória. A maioria das formas de pensamento liberal e radical, porém, consideram que certas formas de desigualdade são legítimas e mesmo desejáveis — como por exemplo quando as desigualdades materiais são justificadas porque oferecem incentivos econômicos que geram produção eficiente. A participação, o terceiro imperativo, se opõe à opressão pois permite que os indivíduos ou grupos influenciem decisões que de outra maneira seriam impostas a eles. Outra vez os ideais de envolvimento democrático devem especificar os níveis de participação, tendo em vista que o poder hierárquico não é inevitavelmente opressivo, da mesma maneira que nem toda autoridade é inerentemente exploradora.

Como a política emancipatória cuida acima de tudo de superar relações sociais exploradoras, desiguais ou opressivas, sua principal orientação tende a ser mais de divergência — "afastar-se de" — que de convergência — "ir em direção a". Em outras palavras, a natureza real da emancipação tem pouco conteúdo, salvo a capacidade dos indivíduos ou grupos de desenvolverem suas potencialidades dentro dos quadros das limitações comunitárias. A relutância da maioria dos pensadores progressistas desde o Iluminismo a pensar em termos utópicos (embora haja muitas exceções) é uma expressão dessa orientação. Os escritos de Marx fornecem um exemplo caracteristicamente decidido. O "socialismo utópico" deve ser evitado porque dá forma concreta à sociedade buscada. Não podemos legislar de antemão como as pessoas viverão em tal ordem social — isso deve ser deixado para elas, quando essa ordem vier a existir.

Se há algum princípio mobilizador por trás da maioria das versões da política emancipatória, ele poderia ser chamado de princípio da autonomia.[3] A emancipação significa que a vida coletiva é organizada de tal maneira que o indivíduo seja capaz — num ou noutro sentido — de ação livre e independente nos ambientes de sua vida social. Liberdade e responsabilidade permanecem em uma espécie de equilíbrio. O indivíduo é libertado de limitações impostas a seu comportamento como resultado de condições exploradoras, desiguais ou opressivas; mas ele não é libertado em termos absolutos. A liberdade supõe agir responsavelmente em relação aos outros e reconhecer as obrigações coletivas. A teoria da justiça de Rawls constitui um importante exemplo de uma versão da política emancipatória.[4] As condições básicas que governam a autonomia da ação são formuladas em termos de uma temática de justiça; Rawls constrói o caso da justiça como ambição organizadora da emancipação. Mas fica em aberto como em realidade os indivíduos e grupos se comportarão numa ordem justa.

Mais ou menos o mesmo pode ser dito da tentativa de Habermas de desenvolver um referencial para a política emancipatória em termos de uma teoria da comunicação.[5] A situação de fala ideal, considerada imanente em todo uso da linguagem, oferece uma visão ativa da emancipação. Quanto mais as circunstâncias se aproximarem de uma situação de fala ideal, tanto mais a ordem social será baseada na ação autônoma de indivíduos livres e iguais. Os indivíduos serão livres para fazer escolhas informadas sobre suas atividades; da mesma forma que a humanidade ao nível coletivo. Mas há pouca ou nenhuma indicação sobre quais serão na realidade essas escolhas.

A natureza da política-vida

A política-vida supõe (um certo nível de) emancipação, nos dois principais sentidos assinalados acima — emancipação da rigidez da tradição e das condições da dominação hierárquica. Seria excessivamente tosco dizer simplesmente que a política-vida foca o que acontece uma vez que os indivíduos atingiram um certo nível de autonomia de ação, porque há outros fatores envolvidos; mas isso dá pelo menos uma orientação inicial. A política-vida não diz respeito principalmente às condições que nos libertam para que possamos escolher — ela é uma política da escolha. Enquanto que a política emancipatória é uma política das oportunidades de vida, a política-vida é uma política do estilo de vida. A política-vida é a política de uma ordem reflexivamente mobilizada — o sistema da modernidade tardia — que, num nível individual e coletivo, alterou radicalmente os parâmetros existenciais da atividade social. É uma política de auto-realização num ambiente reflexivamente organizado, onde a reflexividade liga o eu e o corpo a sistemas de alcance global. Nessa arena de atividade, o poder é gerador e não hierárquico. A política-vida é a política do estilo de vida no sentido sério e rico discutido nos capítulos anteriores. Para dar uma definição formal: a política-vida refere-se a questões políticas que fluem a partir dos processos de auto-realização em contextos pós-tradicionais, onde influências globalizantes penetram profundamente no projeto reflexivo do eu e, inversamente, onde os processos de auto-realização influenciam as estratégias globais.

Os interesses da política-vida fluem diretamente dos principais temas deste livro e tentarei documentá-los em detalhe abaixo. Embora as questões da política-vida possam ser buscadas mais atrás, a ela só surge como um conjunto plenamente distintivo de problemas e possibilidades com a consolidação da alta modernidade. Como mencionado anteriormente, os interesses da política-vida pressagiam mudanças futuras de longo alcance — essencialmente o desenvolvimento de formas de ordem social "do outro lado" da própria modernidade.

Política Emancipatória	*Política-Vida*
1. Libertação da vida social das amarras da tradição e do costume	1. Decisões políticas que derivam da liberdade de escolha e de poder gerador (poder como capacidade transformadora)
2. Redução ou eliminação da exploração, desigualdade ou opressão. Interesse na distribuição do poder/recursos	2. Criação de formas moralmente justificáveis de vida que promovam a auto-realização no contexto da interdependência global
3. Obedece a imperativos sugeridos pela ética da justiça, da igualdade e da participação	3. Desenvolve uma ética relativa à pergunta "como devemos viver?" numa ordem pós-tradicional e contra o pano de fundo das questões existenciais.

Para repetir, a política-vida é uma política das decisões da vida. Quais são essas decisões e como deveríamos tentar conceptualizá-las? Em primeiro lugar e acima de tudo, estão aquelas que afetam a própria auto-identidade. Como este estudo procurou mostrar, a auto-identidade é hoje uma realização reflexiva. A narrativa da auto-identidade deve ser formada, alterada e reflexivamente sustentada em relação a circunstâncias da vida social que mudam rapidamente, numa escala local e global. O indivíduo deve integrar informações derivadas de uma diversidade de experiências transmitidas pela mídia com envolvimentos locais de maneira a conectar projetos futuros com experiências passadas de modo razoavelmente coerente. Isso só pode ser alcançado se a pessoa for capaz de desenvolver uma autenticidade interior — um referencial de confiança básica por meio do qual a vida pode ser entendida como uma unidade contra o pano de fundo de eventos sociais em mudança. Uma narrativa reflexivamente ordenada da auto-identidade fornece os meios de dar coerência à vida finita, dadas as circunstâncias exteriores em mudança. Dessa perspectiva, a política-vida se refere a debates e contestações derivadas do projeto reflexivo do eu.

Ao explorar a idéia de que o "pessoal é político", o movimento estudantil, mas mais particularmente o movimento das mulheres foi pioneiro nesse aspecto da política-vida. Mas o fizeram de maneira ambígua. Membros do movimento estudantil, especialmente aqueles associados ao "situacionalismo", tentaram usar gestos pessoais e "revoltas de estilo de vida" como maneira de lançar um desafio ao mundo oficial. Queriam mostrar não só que a vida cotidiana exprime aspectos do poder do Estado, mas também que, derrubando os padrões cotidianos ordinários podiam em verdade ameaçar este poder. Vista dessa maneira, entretanto, a política do pessoal é só uma vaga sombra da política-vida, e fica mais próxima da política emancipatória. Pois seu objetivo era usar padrões de estilo de vida como meio de combater a opressão.

O feminismo pode ser visto de maneira mais apropriada como inaugurando a esfera da política-vida — embora, é claro, interesses emancipatórios continuem fundamentais para os movimentos das mulheres. O feminismo, pelo menos em sua forma contemporânea, foi mais ou menos forçado a dar prioridade à questão da auto-identidade. "Mulheres que querem mais do que a vida familiar", foi adequadamente observado, "fazem do pessoal político com cada passo que dão para longe do lar."[6] À medida que as mulheres cada vez mais "dão o passo" para fora, contribuem para processos de emancipação. Mas as feministas logo viram que, para a mulher emancipada, questões de identidade tornaram-se de importância primordial. Pois ao se libertarem do lar, e da vida doméstica, as mulheres enfrentavam um ambiente social fechado. As identidades das mulheres eram definidas tão estritamente em termos do lar e da família que "davam o passo" e entravam em ambientes sociais em que as únicas identidades disponíveis eram aquelas oferecidas pelos estereótipos masculinos.

Quando Betty Friedan falou pela primeira vez do "problema que não tem nome", há mais ou menos um quarto de século, queria dizer que ser uma esposa e mãe não era suficiente para dar a vida plena pela qual muitas mulheres, quase sem sabê-lo, ansiavam.[7] Sua análise desse problema levou Friedan diretamente a uma discussão da identidade e do eu. A verdadeira "pergunta que não tem nome" acaba sendo "quem eu quero ser?"[8] Friedan especificamente relacionou essa questão a suas experiências de juventude. Tendo acabado de concluir a graduação, sentia que tinha várias opções abertas à sua frente, inclusive a de seguir uma carreira profissional como psicóloga. Mas, em vez de assumir uma bolsa que ganhara para o programa de doutorado, abandonou essa possível carreira sem na verdade saber por quê. Casou-se, teve filhos e viveu como dona-de-casa suburbana — todo o tempo suprimindo seus escrúpulos sobre a falta de propósito de sua vida. No fim, rompeu com tudo reconhecendo e enfrentando a questão de sua auto-identidade, tendo descoberto que precisava de outro tipo de auto-realização.

A profunda inquietação de Betty Friedan com a identidade pessoal, ela deixou claro, só surgiu porque havia mais opções abertas para as mulheres. Foi só à luz dessas alternativas que as mulheres passaram a ver que a cultura moderna não "satisfazia sua necessidade básica de crescer e realizar suas potencialidades como pessoas..."[9] Seu livro encerra com uma discussão do planejamento da vida, o meio de ajudar as mulheres a criarem novas auto-identidades no domínio público ainda inexplorado. Seu "novo plano de vida para as mulheres" antecipava muitas características dos manuais de auto-ajuda que viriam mais tarde. O novo plano de vida envolvia um compromisso com o crescimento pessoal, um repensar e uma reconstrução do passado — com a rejeição da "mística feminina" — e o reconhecimento do risco.

A política-vida, o corpo e o eu

Hoje, um quarto de século depois que o livro pioneiro de Friedan foi lançado, é óbvio que muitas das questões que inicialmente pareciam dizer respeito só às mulheres de fato estão envolvidas com o fenômeno relacional da identidade de gênero. O que é a identidade de gênero, e como deve se expressar, tornou-se por sua vez uma questão de opções múltiplas — chegando até a incluir a escolha de continuar a pertencer anatomicamente ao mesmo sexo com o qual se nasceu. Obviamente, a política da auto-identidade não se limita a questões de diferenciação de gênero. Quanto mais nos "fazemos a nós mesmos" reflexivamente enquanto pessoas, mais a própria categoria do que é uma "pessoa" ou "ser humano" vem para o primeiro plano. Pode-se encontrar muitos exemplos que ilustram como e por que isso é assim. Por exemplo, os debates correntes sobre o aborto podem parecer limitados ao corpo e aos direitos que o "dono" do corpo pode ou não ter sobre seus produtos. Mas as discussões sobre o aborto também entram em parte na questão de se o feto é uma pessoa e, se assim for, em que ponto de seu desenvolvimento deve ser contado como uma pessoa. Nessa questão, como tão freqüentemente nas áreas da política-vida, encontramos reunidos problemas de definição filosófica, de direitos humanos e de moral.

Como indica o caso do aborto, nem sempre é fácil distinguir questões de política-vida relativas à auto-identidade daquelas que consideram mais especificamente o corpo. Como o eu, o corpo não pode mais ser tomado como uma entidade fisiológica fixa, mas está profundamente envolvido na reflexividade da modernidade. O corpo era tido como um aspecto da natureza, governado de maneira fundamental por processos apenas marginalmente sujeitos à intervenção do homem. O corpo era um "dado", o assento muitas vezes inconveniente e inadequado do eu. Com a crescente invasão do corpo pelos sistemas abstratos isso é alterado. O corpo, como o eu, torna-se o lugar da interação, apropriação e reapropriação, ligando processos reflexivamente organizados ao conhecimento especializado sistematicamente ordenado. O próprio corpo foi emancipado — condição para sua reestruturação reflexiva. Alguma vez pensado como lugar da alma, e depois o centro de obscuras necessidades perversas, o corpo está agora plenamente disponível para ser "trabalhado" pelas influências da alta modernidade. Como resultado desses processos, suas fronteiras se alteraram. É como se ele tivesse uma "camada externa" inteiramente permeável através da qual entram rotineiramente o projeto reflexivo do eu e os sistemas abstratos formados externamente. No espaço conceitual entre esses, encontramos cada vez mais livros de orientação e manuais práticos relativos à saúde, dieta, aparência, exercícios, sexo e muitas outras coisas.

A apropriação reflexiva dos processos e do desenvolvimento corporais é um elemento fundamental dos debates e lutas da política-vida. É importante destacar esse ponto para ver que o corpo não virou simplesmente uma entidade inerte, sujeita à mercantilização ou à "disciplina" no sentido de Foucault. Se assim fosse, o corpo seria principalmente um lugar da política emancipatória — a questão poderia então ser a de libertar o corpo da opressão a que teria sido submetido. Nas condições da alta modernidade, o corpo é na realidade muito menos "dócil" do que jamais foi em relação ao eu, tendo em vista que ambos estão intimamente coordenados dentro do projeto reflexivo da autoidentidade. O próprio corpo — mobilizado na práxis — torna-se mais relevante para a identidade que o indivíduo promove. Como observa Melucci,

> a volta ao corpo inicia uma nova busca pela identidade. O corpo aparece como um domínio secreto, para o qual só o indivíduo tem a chave, e ao qual ele ou ela pode voltar para procurar uma autodefinição liberta das regras e expectativas da sociedade. Nos dias de hoje, a atribuição social da identidade invade todas as áreas tradicionalmente protegidas pela barreira do "espaço privado".[10]

Podemos reconhecer o problema da "propriedade" do corpo como uma questão distintiva colocada por seu duplo envolvimento com os sistemas abstratos e com o projeto reflexivo do eu. Como mencionado antes, "propriedade" aqui é uma noção complexa que carrega todos os problemas da definição de "pessoa". Na esfera da política-vida, esse problema inclui como o indivíduo deverá fazer a escolha das estratégias de desenvolvimento corporal no planejamento da vida, assim como quem é que vai determinar o "descarte" dos produtos e das partes corporais.

O corpo e o eu se ligam em outro domínio fundamental que é inteiramente penetrado pelos sistemas internamente referidos da modernidade — a reprodução. O termo "reprodução" pode ser usado para referir-se tanto à continuidade social quanto à continuação biológica da espécie. A conexão terminológica não é acidental — a reprodução "biológica" é a esta altura inteiramente social, isto é, esvaziada pelos sistemas abstratos e reconstituída pela reflexividade do eu. A reprodução claramente nunca foi apenas uma questão de determinismo externo — em todas as culturas pré-modernas vários tipos de métodos contraceptivos, por exemplo, foram utilizados. De qualquer maneira, em grande medida a esfera da reprodução fazia irremediavelmente parte da arena do acaso. Com o advento de métodos de contracepção mais ou menos seguros, o controle reflexivo das práticas sexuais e a introdução de tecnologias reprodutivas de vários tipos, a reprodução é agora um campo onde prevalece a pluralidade da escolha.

O "fim da reprodução como destino" está ligado ao "fim da natureza". Pois até agora a reprodução sempre esteve no pólo oposto ao da morte no envolvimento humano com a natureza. A engenharia genética, cujas potencialidades apenas começaram a ser exploradas, representa uma dissolução adicional da reprodução como processo natural. A transmissão genética pode ser determinada humanamente por esse meio, rompendo assim o último laço que ligava a vida da espécie à evolução biológica. Nesse processo de desaparecimento da natureza, campos emergentes de tomadas de decisões afetam não só o processo direto de reprodução, mas a constituição física do corpo e as manifestações da sexualidade. Tais campos de ação assim rebatem sobre as questões de gênero e de identidade de gênero, bem como sobre outros processos de formação da identidade.

Tecnologias reprodutivas alteram antiqüíssimas oposições entre fertilidade e esterilidade. A inseminação artificial e a fertilização in vitro separam, de certa forma, a reprodução das categorias tradicionais da experiência heterossexual. O estéril pode ser tornado fértil, mas várias permutações de paternidade substituta também são possíveis. A oportunidade oferecida a casais gay, por exemplo, de produzirem e criarem filhos é apenas uma entre várias opções de estilo de vida que decorrem dessas inovações. O fato de que a sexualidade não precisa mais fazer parte da reprodução — ou vice-versa — serve para reordenar a sexualidade em relação aos estilos de vida (embora, como sempre, em grande parte só por meio da apropriação reflexiva).

A variedade de opções hoje existentes, ou a serem logo desenvolvidas, na área das tecnologias reprodutivas fornece um exemplo que sinaliza as oportunidades e problemas da política-vida. O nascimento de Louise Brown, dia 25 de julho de 1978, marcou uma transição na reprodução humana. A criação de uma nova vida — mais que o controle negativo da vida pela contracepção — pela primeira vez foi objeto de construção deliberada. A fertilização in vitro usa muitas técnicas que já estavam disponíveis há algum tempo, mas algumas inovações-chave permitiram que elas fossem usadas para fertilizar o óvulo humano fora do corpo. Um desenvolvimento adicional é a escolha do sexo antes da implantação. Por meio de métodos de fertilização in vitro, é possível transferir um embrião já "sexuado" para o útero da mulher por técnicas de ampliação do DNA. Embriões masculinos e femininos podem ser distinguidos por tais técnicas, e implantado o embrião do sexo desejado. A essas técnicas pode ser adicionado o congelamento de embriões. Esse processo permite que os embriões sejam armazenados por um período indeterminado de tempo, possibilitando múltiplas gravidezes sem a necessidade de estimulação adicional do ovário e coleta de óvulos. Assim será possível, por exemplo, que gêmeos idênticos nasçam com um intervalo de anos entre si.

Outros desenvolvimentos que parecem pelo menos factíveis no controle da reprodução humana incluem a ectogênese e a clonagem. A ectogênese é a criação da vida inteiramente fora do corpo — a produção de crianças sem gravidez. A clonagem, a criação de um certo número de indivíduos geneticamente idênticos, embora mais bizarra, parece mais próxima, e já foi realizada com animais.[11]

Vidas pessoais, necessidades planetárias

A discussão até este ponto se baseia no mundo das relações sociais externas ao eu, principalmente em termos de seu impacto reflexivo sobre a auto-identidade e o estilo de vida. No entanto, as decisões pessoais também afetam considerações globais — a ligação nesse caso é de "pessoa" a "planeta". A reprodução socializada conecta as decisões individuais à própria continuidade da espécie na Terra. Na medida em que a reprodução da espécie e a sexualidade se desvinculam, não há mais garantia da reprodução futura da espécie. O desenvolvimento da população global se incorpora dentro dos sistemas internamente referidos. Grande número de processos individuais de tomada de decisões, ligados através desses sistemas, provavelmente produzirão incertezas comparáveis àquelas geradas por outras ordens socializadas. A reprodução torna-se uma decisão individual variável, com um impacto geral sobre a reprodução da espécie que pode ser imponderável.

Podemos desenhar ainda mais conexões entre opções de estilo de vida e influências globalizantes. Consideremos os tópicos relacionados ecologia global e tentativas de redução do risco de guerra nuclear. Ao tocar em questões ecológicas e sua relação com debates políticos devemos perguntar antes de mais nada por que tanta atenção é dada a elas hoje. A resposta deve ser encontrada em parte na evidência acumulada de que o ambiente material foi submetido a processos de decadência mais abrangentes e intensos do que se suspeitava. Muito mais decisivas, contudo, são as alterações nas atitudes humanas relevantes para o problema. Pois o fato de que "a natureza chegou ao fim" não está limitado à consciência especializada dos profissionais; é conhecido pelo público em geral. Uma parte óbvia do crescente interesse pela ecologia é o reconhecimento de que a reversão da degradação do meio ambiente depende da adoção de novos padrões de estilo de vida. De longe a maior quantidade de prejuízo ecológico deriva dos modos de vida adotados pelos setores modernos da sociedade mundial. Os problemas ecológicos realçam a nova e acelerada interdependência dos sistemas globais e mostram a todos a profundidade das conexões entre a atividade pessoal e os problemas planetários.

Enfrentar as ameaças advindas do dano aos ecossistemas da Terra provavelmente demandará respostas globais coordenadas em níveis muito distantes da ação individual. Por outro lado, essas ameaças não serão eficazmente combatidas a menos que haja uma reação e uma adaptação da parte de todo indivíduo. Mudanças generalizadas de estilo de vida, junto com uma diminuição da importância atribuída à contínua acumulação econômica, serão quase certamente necessárias se quisermos minimizar os riscos ecológicos hoje à nossa frente. Num complicado entrelaçamento de reflexividade, a generalizada consciência reflexiva da natureza reflexiva dos sistemas que correntemente transformam os padrões ecológicos é ao mesmo tempo necessária e provável.

O problema da capacidade nuclear está no centro dessas preocupações, e certamente constitui um elo entre as questões ecológicas em geral e a existência de armas nucleares. Debates sobre se usinas nucleares devem continuar a ser construídas e, caso positivo, que relação deverão manter com as fontes existentes de energia material exemplificam muitas das questões levantadas na área da política-vida. Riscos de alta conseqüência estão envolvidos, alguns derivados de fatores incrementais de longo-prazo, outros, de influências mais imediatas. Cálculos técnicos dos níveis de risco não podem ser completamente à prova de erros, porque não podem controlar o erro humano e porque podem existir fatores ainda imprevistos. Uma pessoa que desejar informar-se sobre os debates a respeito da energia nuclear descobrirá que os entendidos estão tão radicalmente divididos em suas avaliações como nas demais áreas em que os sistemas abstratos predominam. A menos que alguma outra saída tecnológica — até aqui desconhecida — seja encontrada, o uso generalizado da energia nuclear será provavelmente inevitável se os processos globais de crescimento econômico continuarem no mesmo ritmo que hoje, e mais ainda se estes se intensificarem.

A diminuição da dependência da energia nuclear, ou a procura da eliminação completa de suas fontes, seja em regiões e países particulares, ou numa escala mais ampla, envolveria mudanças significativas de estilo de vida. Como em outras áreas da expansão dos sistemas internamente referidos, ninguém sabe ao certo quanto prejuízo à vida humana e ao meio ambiente físico já terá sido causado pelas fontes existentes de energia nuclear; a evidência é controversa. Voltemos às questões pessoais da biologia e da reprodução socializadas. Como disse um autor, "nosso esperma, nossos óvulos, nossos embriões e nossos filhos" estão "na linha de frente" na luta na "fronteira tóxica".[12]

Como afirmam os proponentes da "ecologia profunda", um distanciamento em relação à acumulação econômica poderá envolver a substituição dos processos econômicos de crescimento ilimitado pelo crescimento pessoal — o cultivo das potencialidades de auto-expressão e criatividade. O projeto reflexivo do eu pode portanto ser o próprio eixo de uma transição para uma ordem global para além da atual. A ameaça da guerra nuclear também está ligada ao projeto reflexivo do eu. Como diz Lasch, ambos colocam o problema da "sobrevivência" em vivo destaque. E no entanto poderíamos também dizer que ambos dão destaque ao problema da paz — coexistência humana harmoniosa no nível global e auto-realização psicologicamente satisfatória no plano pessoal. O problema do armamento nuclear entra na política-vida como uma apropriação tanto positiva quanto negativa. Mostra com particular clareza o nível em que o global e o pessoal são interligados porque, como no caso do desastre ecológico potencial, não há para onde correr para escapar. A tecnologia militar ficou cada vez mais complexa, uma série de sistemas especializados sobre os quais é difícil para o leigo obter suficiente conhecimento especializado (até certo ponto por causa do sigilo de que os sistemas de armamentos são cercados). E no entanto esse processo torna a irrupção potencial de uma guerra nuclear não mais uma preocupação específica dos estrategistas militares e líderes políticos, mas um problema que envolve a vida de todo mundo. Operando sob um signo negativo, o perigo de confronto nuclear coincide com outros aspectos do campo da política-vida ao estimular a consciência reflexiva da socialização da natureza e de suas implicações para a vida pessoal.

Resumo: a agenda da política-vida

Os problemas da política-vida colocam um sinal de interrogação nos sistemas internamente referidos da modernidade. Produzida pelo impacto emancipador das instituições modernas, a agenda da política-vida expõe os limites de um processo de tomada de decisões governado puramente por critérios internos. Pois a política-vida traz de volta ao primeiro plano aquelas questões morais e existenciais recalcadas pelas instituições centrais da modernidade. Vemos aqui as limitações das explicações da "pós-modernidade" desenvolvidas sob a égide do pós-estruturalismo. Segundo essas posições, as questões morais se tornam inteiramente destituídas de significado ou relevância nas circunstâncias sociais correntes. Mas embora essa perspectiva reflita acuradamente aspectos dos sistemas internamente referidos da modernidade, ela não pode explicar por que as questões morais retornam ao centro da agenda da política-vida. As questões da política-vida não podem ser debatidas fora do âmbito dos sistemas abstratos — informações provenientes de vários tipos de saberes são centrais para sua definição. E como estão centrados em questões de como devemos viver nossas vidas em circunstâncias sociais emancipadas não podem deixar de trazer para o primeiro plano problemas e questões de um tipo moral e existencial. As questões da política-vida fornecem a agenda central para o retorno do institucionalmente recalcado. Clamam por uma remoralização da vida social e demandam uma sensibilidade renovada para as questões que as instituições da modernidade sistematicamente dissolvem.

Estamos agora em posição de resumir e sistematizar a discussão precedente. A agenda da política-vida deriva da extensão dos sistemas internamente referidos da modernidade para cobrir diversas áreas distintas. A invasão do mundo natural pelos sistemas abstratos leva a natureza a um fim como domínio exterior ao conhecimento e envolvimentos humanos. A imersa expansão do controle humano sobre a natureza (que, como em outras áreas de controle, produz novas imprevisibilidades) atinge, porém, os seus limites. Esses não são tanto a degradação do meio ambiente e a perturbação que isso acarreta, mas principalmente o estímulo a reintroduzir os parâmetros do debate exteriores aos sistemas abstratos da modernidade. Em outras palavras, as questões existenciais recalcadas, relacionadas não só à natureza mas também aos parâmetros morais da existência enquanto tal, pressionam para voltar à agenda. O processo não é automático — ao nível da vida cotidiana, e também nas lutas coletivas, os problemas morais/existenciais são ativamente recuperados e trazidos para o debate público. A arena moral específica de tais debates se refere não exatamente ao que deve ser feito para que os homens sobrevivam na natureza, mas como a própria existência deve ser percebida e "vivida" — essa é a "questão do Ser" de Heidegger. O "fim da natureza" abre à consideração muitas questões novas porque o campo da organização intrínseca se tornou extenso. Como com outras questões morais substantivas, todas essas de certa maneira envolvem opções de estilo de vida. Todas colocam difíceis problemas analíticos e dilemas morais igualmente difíceis.

Uma segunda área é a reprodução biológica. Do ponto de vista da visão dominante da modernidade, a reprodução é um fenômeno mecânico, uma questão de processos genéticos. Mas, vista em termos morais, a reprodução levanta a questão da contradição existencial. A principal arena moral aqui se refere à transcendência — como os homens devem se aproximar da questão de sua própria finitude. Como em cada um dos outros domínios, a maneira como as questões morais mais substantivas que dizem respeito a opções de estilo de vida devem ser abordadas provavelmente dependerá de como as questões mais amplas da contradição existencial e da finitude são tratadas. O problema dos direitos do feto, por exemplo, é fortemente influenciado por aquilo que se considera que a "vida" representa, tanto como questão moral quanto como questão analítica.

A globalização representa um terceiro foco para a expansão dos sistemas internamente referidos da modernidade. O surgimento de ordens globalizadas, como foi destacado aqui, significa que o mundo "em" que vivemos hoje é diferente do de épocas anteriores. A globalização unifica a comunidade humana como um todo — até certo ponto por causa da criação de riscos de alta conseqüência a que ninguém que viva na Terra pode escapar. Novas formas de cooperação são necessárias; embora isso seja em geral reconhecido, num mundo de Estados-nações distintos essas formas estão muito pouco desenvolvidas. Tendo em vista os fatores de risco de alta conseqüência, as questões morais substantivas que surgem são em parte de uma espécie "continente". Devemos abrir exceções ao princípio da dúvida radical? Devem existir limites para o livre prosseguimento da investigação científica? Deve a posse de armas nucleares ser condenada como moralmente indefensável? Tais perguntas afetam nossa "existência" no sentido concreto de que afetam a sobrevivência da humanidade como um todo. Mas também se ligam a questões existenciais mais elementares relativas à intersubjetividade.

Finalmente, voltamos à auto-identidade, examinada através dos sistemas internamente referidos do eu e do corpo. Inteiramente penetrados pelos sistemas abstratos da modernidade, o eu e o corpo tornam-se os lugares de uma variedade de novas opções de estilo de vida. Na medida em que é dominado pelas perspectivas centrais da modernidade, o projeto do eu continua sendo um projeto de controle, guiado apenas pela moralidade da "autenticidade". Contudo, referindo-se como se refere às sensibilidades humanas mais íntimas, esse projeto se transforma num impulso fundamental para a remoralização da vida diária. Questões substantivas na agenda da política-vida estão centradas nos direitos da pessoa e do indivíduo, que por sua vez se ligam às dimensões existenciais da auto-identidade enquanto tal.

Conexões e implicações

Qual é o sentido de "política" em "política-vida"? É comum em teoria política reconhecer uma concepção estrita e uma concepção ampla de política. A primeira se refere a processos de tomada de decisão dentro da esfera governamental do Estado; a segunda vê como políticos quaisquer modos de tomada de decisão relacionados à resolução de debates ou conflitos onde houve algum choque de interesses ou valores opostos.

O sentido estrito de política sobrevive por causa da posição central do Estado-nação e de seu aparato governamental. Um Estado-nação não pode legislar efetivamente sobre questões da política-vida de modo a produzir decisões vinculantes em comunidades sociais mais amplas. Assim, por exemplo, uma decisão de controlar a pesquisa em engenharia genética em um Estado teria pequeno impacto nos desenvolvimentos científicos globais nessa área. Um governo pode decidir banir a energia nuclear dentro de seu território, mas esse ato dificilmente serviria para proteger sua população de maneira aceitável se outros países próximos mantivessem suas fontes de energia nuclear. E no entanto todas essas questões da política-vida envolvem problemas de direitos e obrigações, e o Estado continua a ser o principal locus administrativo dentro do qual esses problemas são submetidos à lei. As questões da política-vida provavelmente assumirão cada vez maior importância nas arenas públicas e jurídicas dos Estados. A demanda por direitos de emancipação, como sublinhado acima, nem por isso tornam-se menos importantes. Tentativas de ampliar e manter direitos de cidadania, por exemplo, continuam fundamentais; tais direitos fornecem as arenas dentro das quais as questões da política-vida podem ser abertamente debatidas.

No sentido mais amplo de política, as questões da política-vida permeiam muitas áreas da vida social na modernidade tardia. Pois numerosas esferas de escolha a nível individual e coletivo são abertas pela expansão dos sistemas abstratos e pela socialização dos processos naturais. Não é meu objetivo descrever em qualquer grau de detalhe os prováveis parâmetros institucionais da política-vida neste sentido mais amplo. Os movimentos sociais desempenharam um papel básico trazendo as questões da política-vida para o primeiro plano, e forçando-os à atenção pública. Que esses movimentos sejam arautos de mudanças organizacionais nos domínios da atividade política é discutível.[13] Na modernidade tardia, onde tentativas reflexivas de colonizar o futuro são mais ou menos universais, muitos tipos de ação individual e de envolvimento organizacional podem dar forma a questões da política-vida. Problemas da política-vida não se adaptam facilmente aos quadros existentes da política, e bem podem estimular o surgimento de formas políticas que diferem das até agora predominantes, tanto dentro dos Estados quanto a nível global.

Até este ponto, a política emancipatória foi descrita como se fosse meramente a preparação para o surgimento da política-vida. A relação entre a política emancipatória e a política-vida é obviamente muito mais complicada do que essa visão sugere. A política emancipatória não chegará ao fim só porque a política-vida abrange uma parte cada vez maior da agenda política; praticamente todas as questões da política-vida também colocam problemas de tipo emancipatório. Na modernidade tardia, o acesso aos meios de autorealização torna-se em si mesmo um dos focos dominantes da divisão de classes e da distribuição das desigualdades em geral. O capitalismo, uma das principais forças por trás da expansão da modernidade, é um sistema de classes que tende a gerar grandes desigualdades materiais — tanto na escala global quanto dentro das sociedades economicamente desenvolvidas. As lutas de emancipação que ajudaram a moderar os efeitos polarizadores dos mercados capitalistas "sem amarras" são portanto diretamente relevantes para a perseguição dos objetivos da política-vida.

Questões Existenciais e Política-Vida

Domínio	*Arena moral*	*Sistemas internamente referidos*	*Questões morais substantivas*
Existência	Sobrevivência e ser	Natureza	1. Que responsabilidades os homens têm para com a natureza? 2. Quais são os princípios de uma ética ambiental?
Finitude	Transcendência	Reprodução	1. Quais são os direitos do não-nascido? 2. Quais são os direitos do feto? 3. Que princípios éticos devem orientar a engenharia genética?
Vida individual e comunitária	Cooperação	Sistemas globais	1. Que limites devem ser postos à inovação científica/tecnológica? 2. Que limites devem ser postos ao uso da violência nos assuntos humanos?
Auto-identidade	Pessoa	Eu e corpo	1. Que direitos tem o indivíduo sobre seu corpo? 2. Que diferenças de gênero devem ser preservadas? 3. Que direitos têm os animais?

A política emancipatória freqüentemente faz mais do que simplesmente "preparar a cena" para as questões da política-vida. Podemos explorar algumas dessas possíveis conexões por meio de exemplos. Concentro-me em dois: o feminismo e as divisões entre as nações do primeiro e do terceiro mundo.

O movimento das mulheres tem claros objetivos emancipadores. Seus alvos são libertar as mulheres das formas tradicionais de opressão e permitir que elas participem no mesmo nível que os homens em áreas da atividade social antes dominadas só por estes. Nos primeiros tempos do movimento, como indicado acima, os interesses emancipatórios estavam claramente em alta. Mas outros temas estavam também presentes desde o início. Quando o movimento das mulheres ganhou seu impulso inicial no século XIX, alguns indivíduos já diziam que o que estava em jogo era mais do que a pura emancipação. Seriam necessárias amplas mudanças na organização da vida social para poder fazer ouvida a voz das mulheres, diziam, mas ao mesmo tempo essa voz ajudaria a provocar essas mudanças. Quando as mulheres eventualmente chegassem aos setores da sociedade dominados pelos homens numa base de igualdade com eles, levariam com elas valores e atitudes que reformulariam profundamente esses domínios masculinos.

Entre outras mudanças, já se disse que a emancipação das mulheres poderia influir sobre os níveis de agressividade na sociedade, e ajudar a transformar as atitudes preexistentes em relação ao meioambiente natural. Assim, as feministas, das mais antigas às mais recentes, chamaram a atenção para o fato de que o poder militar e a guerra são domínios essencialmente masculinos. Os valores guerreiros tradicionais sempre foram valores masculinos, opostos à ocupação das mulheres com a criação em casa e na família. A maioria dos exércitos, pelo menos até épocas recentes, compõe-se exclusivamente de homens, e o combate nos campos de batalha sempre foi decididamente um assunto masculino. Estariam talvez o poder militar e a propensão à guerra, mesmo na era nuclear, diretamente ligados à agressividade masculina? Afinal, os homens se especializam na violência — o estupro, como a guerra, é quase exclusivamente uma atividade masculina.[14] À medida que as mulheres vão se tornando mais iguais em relação aos homens, e particularmente à medida que ficam mais e mais importantes nas esferas públicas, podem alterar os sistemas de valores que foram criados pelos homens e que estão por baixo da guerra e da agressão masculina. As mulheres, já foi dito, incorporarão os valores da criação às arenas da vida que eram anteriormente submetidas pelos homens às suas maneiras, mais violentas, de fazer as coisas.[15]

As atitudes prometéicas em relação à natureza, à tecnologia e mesmo à própria ciência, argumentam algumas autoras feministas, também refletem orientações masculinas. A atitude dos homens para com o mundo é essencialmente uma atitude instrumental, baseada na dominação e na manipulação. A visão das mulheres é caracteristicamente diferente, e assim elas se relacionam de outra maneira com o meio ambiente natural.[16] A maternidade e outras atividades de criação em que as mulheres estão envolvidas as ligam aos processos reprodutivos naturais muito mais que os homens. A socialização da biologia e da reprodução seria considerada, deste ponto de vista, como uma intromissão adicional do controle masculino nessas áreas essencialmente femininas. Ao emanciparem a si mesmas da dominação masculina, por sua própria presença as mulheres alterariam as relações humanas com a natureza.

Essas teses são controversas, e rejeitadas por muitos.[17] A idéia de que as mulheres, por sua emancipação, alterariam substancialmente a natureza do poder militar ou a socialização da natureza afunda se descartarmos as teorias "essencialistas" da diferença de gêneros. Pois, como muitas escritoras feministas diriam agora, não existem diferenças genéricas entre "homens" e "mulheres"; as diferenças dentro dessas categorias muitas vezes superam o que é compartilhado por homens ou mulheres, respectivamente. Sejam essas concepções válidas ou não, porém, não é realmente o que interessa neste contexto. A questão é que podemos imaginar circunstâncias nas quais a emancipação afeta diretamente as questões da política-vida, precisamente por causa das mudanças que a ela se seguem.

Consideremos agora as divisões entre as nações do primeiro e do terceiro mundo. Não há dúvida que a redução da desigualdade global é essencial para que logremos alcançar uma segurança global de longo prazo. Um processo de emancipação precisa ser posto em movimento, embora no momento os mecanismos através dos quais isso pode ser atingido não sejam muito claros. Parece difícil supor que as disparidades entre países ricos e países pobres possam ser reduzidas por um aumento da industrialização global de larga escala. Esse processo não só produziria uma deterioração ainda maior na ecologia global, como simplesmente não existem recursos suficientes para que a população mundial adote modos de vida comparáveis aos das sociedades do primeiro mundo. Assim, um processo de emancipação da parte dos pobres do mundo só poderia ser alcançado se mudanças radicais de estilo de vida fossem introduzidas nos países desenvolvidos. A emancipação pressupõe uma transformação na política-vida.

Existem fórmulas gerais que liguem a política emancipatória e a política-vida? Marx apresentou uma, quando produziu sua célebre formulação da "questão judaica".[18] Os que lutaram pela emancipação dos judeus da opressão e da perseguição religiosa, disse Marx, não lutavam por interesses puramente setoriais. Pois ao libertarem os judeus de tal opressão estavam libertando os homens em sua totalidade. No argumento de Marx, tratava-se da liberdade geral em relação às limitações da religião. Mas podemos generalizar ainda mais o princípio — as lutas para emancipar os grupos oprimidos podem ajudar a libertar os outros, ao promover atitudes de tolerância mútua que no limite beneficiarão a todos.

O surgimento da política-vida, afirmei, resulta da centralidade do projeto reflexivo do eu na modernidade tardia, em conjunto com a natureza contraditória da extensão dos sistemas internamente referidos da modernidade tardia. A capacidade de adotar estilos de vida livremente escolhidos, benefício fundamental gerado por uma ordem pós-tradicional, está em tensão não só com os obstáculos à emancipação mas também como uma variedade de dilemas morais. Não se deve subestimar a dificuldade de lidar com esses problemas, ou mesmo a dificuldade de formulá-los de maneira a que possam levar ao consenso generalizado.[19] Como poderemos remoralizar a vida social sem virar reféns do preconceito? Quanto mais voltamos às questões existenciais, mais encontramos desacordos morais; como conciliá-los? Se não há princípios éticos transistóricos, como poderá a humanidade lidar sem violência com choques entre os "verdadeiros crentes" de diferentes convicções? Responder a esses problemas certamente vai requerer uma grande reconstrução da política emancipatória, sem abandonar a busca dos objetivos da política-vida.

Notas

Capítulo 1. Os contornos da alta modernidade

1. Judith Wallerstein e Sandra Blakeslee, *Second Chances*, Londres, Bantam, 1989.
2. Ibid, citações das páginas 293, 294, 296, 297 e 308.
3. Uma exposição mais completa dos pontos principais das próximas seções pode ser encontrada em Anthony Giddens, *The Consequences of Modernity*, Cambridge, Polity, 1990.
4. Anthony Giddens, *The Nation-State and Violence*, Cambridge, Polity, 1985.
5. Ver Anthony Giddens, *Consequences of Modernity*.
6. Georg Simmel, *The Philosophyy of Money*, Londres, Routledge, 1978, p.179.
7. Alan Fox, *Beyond Contract*, Londres, Faber, 1974. Para uma das poucas discussões gerais da confiança nos sistemas, ver Susan P. Schapiro, "The Social Control of Impersonal Trust", *American Journal of Sociology* 93, 1987.
8. Cf. Paul Connerton, *How Societies Remember*, Cambridge, Cambridge University Press, 1989.
9. Anthony Giddens, *Central Problems in Social Theory*, Londres, Macmillan, 1979.
10. Claude Lévi-Strauss, *Structural Anthropology*, Londres, Allen Lane, 1968.
11. Walter, J. Ong, *Interfaces of the Word*, Ithaca, Cornell University Press, 1977.
12. Harold Innis, *Empire and Communications*, Oxford, Oxford University Press, 1950; Marshall McLuhan, *Understanding Media*, Londres, Sphere, 1967.
13. Christopher Small, *The Printed Word*, Aberdeen, Aberdeen University Press, 1982.
14. J.M. Strawson, "Future Methods and Techniques", in Philip Hills, org., *The Future of the Printed Word*, Londres, Pinter, 1980, p.15.
15. Susan R. Brooker-Gross, "The Changing Concept of Place in the News", in Jacquelin Burgess e John R. Gold, *Geography, the Media and Popular Culture*, Londres, Croom Helm, 1985, p.63.
16. Cf. E. Relph, *Place and Placelessness*, Londres, Plon, 1976. Joshua Meyerowitz, *No Sense of Place* Oxford, Oxford University Press, 1985.
17. Especialmente Jean Baudrillard. Ver Mark Poster, *Jean Baudrillard*, Cambridge, Polity, 1989.
18. Yi-Fu Tuan, *Topophilia*, Englewood Cliffs, Prentice-Hall, 1974; Robert David Sack, *Conceptions of Social Thought*, Londres, Macmillan, 1980.
19. Anthony Giddens, *Consequences of Modernity*. Para uma análise importante que usa uma metáfora bem diferente, ver James R. Rosenau, *Turbulence in World Politics*, Londres, Harvester, 1990.
20. Ulrich Beck, *Risikogesellschaft: Auf dem Weg in eine andere Moderne*, Frankfurt, Suhrkamp, 1986.

21. Sobre essa questão, ver Zygmunt Bauman, *Modernity and Ambivalence*, Cambridge, Polity, 1990. [Ed.bras. *Modernidade e ambivalência*, Rio de Janeiro, Zahar, 1999.]

Capítulo 2. O eu: segurança ontológica e ansiedade existencial

1. Anthony Giddens, *Central Problems in Social Theory* e *The Constitution of Society*, Cambridge, Polity Press, 1979 e 1984.

2. Harold Garfinkel, "A Conception of, and Experiments with, 'Trust' as a Condition of Stable Concerted Actions", in O.J. Harvey, *Motivation and Social Interaction*, Nova York, Ronald Press, 1963; sobre a questão ver também John Heritage, *Garfinkel and Ethnomethodology*, Cambridge, Polity Press, 1984.

3. Para uma exposição mais completa, ver Anthony Giddens, *The Consequences of Modernity* (Cambridge, Polity, 1990); e, na fonte original, Erik Erikson, *Childhood and Society* (Nova York, Norton, 1950).

4. D.W. Winnicot, *The Maturational Processes and the Facilitating Environment*, Londres, Hogarth, 1965, p.57, 86.

5. D.W. Winnicot, "Creativity and its Origins", em seu *Playing and Reality*, Harmondsworth, Penguin, 1974, p.83.

6. Sigmund Freud, *Introductory Lectures on Psychoanalysis*, Harmondsworth, Penguin, 1974, p.395.

7. Sigmund Freud, "Anxiety", ibid.

8. Harry Stack Sullivan, *Conceptions of Modern Psychiatry*, Nova York, Norton, 1953.

9. Ibid, p.14.

10. Cf. Rollo May, *The Meaning of Anxiety*, Nova York, Washington Square Press, 1977.

11. Sigmund Freud, "Anxiety".

12. Erving Goffman, *Relations in Public*, Londres, Allen Lane, 1971.

13. Sören Kierkegaard, *The Concept of Dread*, Londres, Macmillan, 1944, p.99.

14. Anthony Giddens, *New Rules of Sociological Method*, Londres, Macmillan, 1981.

15. Paul Tillich, *The Courage to Be*, Londres, Collins, 1977.

16. Sören Kierkegaard, *Concluding Unscientific Postscript*, Princeton, Princeton University Press, 1941, p.147.

17. Citações de Martin Heidegger, *Being and Time*, Oxford, Blackwell, 1962, p.143-5.

18. Sören Kierkegaard, *The Sickness Unto Death*, Harmondsworth, Penguin, 1989.

19. René Descartes, *Meditations on First Philosophy*, Cambridge, Cambridge University Press, 1986, p.98.

20. Obviamente a questão foi muito debatida pelos filósofos, particularmente a partir de Hume. Uma ampla literatura relevante para o problema foi produzida nos últimos vinte anos.

21. R.D. Laing, *The Divided Self*, Harmondsworth, Penguin, 1965.

22. Ibid, p.108.

23. Ibid, p.112.

24. Charles Taylor, *Sources of the Self*, Cambridge, Cambridge University Press, 1989. Sobre narrativas da auto-identidade ver também Alasdair MacIntyre, *After Virtue*, Londres, Duckworth, 1981.

25. Anthony Giddens, *Constitution of Society*, cap. 2.

26. Erving Goffman, *Relations in Public*, Londres, Allen Lane, 1971.

27. Ibid, p.248.
28. Ibid.
29. Michel Foucault, *Discipline and Punish*, Londres, Allen Lane, 1979.
30. Erving Goffman, *Relations in Public*, p.250.
31. Sören Kierkegaard, *Sickness Unto Death*.
32. Bruno Bettelheim, *The Informed Heart*, Londres, Palladin, 1970. Para discussão adicional, ver Anthony Giddens, *Central Problems*.
33. Sigmund Freud, *Beyond the Pleasure Principle*, Londres, Hogarth, 1950.
34. R.D. Laing, *Divided Self*, p.144.
35. Harold Garfinkel, *Studies in Ethnomethodology*, Cambridge, Polity Press, 1984.
36. Para essa análise baseio-me na obra de Thomas J. Scheff e Suzanne Retzinger, *Emotion and Violence* Nova York, Lexington Books, 1991, embora não procure, como eles, as ligações entre vergonha, raiva e violência.
37. Ver Rom Harré, *Personal Being*, Oxford, Blackwell, 1983.
38. Jean-Paul Sartre, *Being and Nothingness*, Londres, Methuen, 1969.
39. Gabriele Taylor, *Pride, Shame and Guilt*, Oxford, Clevedon Press, 1985.
40. Helen B. Lewis, *Shame and Guilt in Neurosis*, Nova York, International Universities Press, 1971.
41. Helen M. Lynd, *Shame and the Search for Identity*, Londres, Routledge, 1958, p.46-7.
42. Heinz Kohut, *The Analysis of the Self*, Nova York, International Universities Press, 1971.
43. G. Piers e M. Singer, *Shame and Guilt*, Nova York, Norton, 1953.
44. Ibid, p.142.
45. Heinz Kohut, *The Analysis of the Self*, p.108.
46. Heinz Kohut, *The Restoration of the Self*, Nova York, International Universities Press, 1977, p.238, 241.
47. Erik Erikson, *Childhood and Society*, p.242.

Capítulo 3. A trajetória do eu

1. Janette Rainwater, *Self-Therapy*, Londres, Crucible, 1989, p.9.
2. Idem.
3. Ibid, p.11.
4. Ibid, p.56.
5. Ibid, p.194.
6. Ibid, p.209.
7. Roy F. Baumeister, *Identity. Cultural Change and the Struggle for Self*, Nova York, Oxford University Press, 1986.
8. Émile Durkheim, *The Division of Labour in Society*, Londres, Macmillan, 1984.
9. Janette Rainwater, *Self-Therapy*, p.15.
10. John O. Lyons, *The Invention of the Self*, Carbondale, Southern Illinois University Press, 1978.
11. Janette Rainwater, *Self-Therapy*, p.172.
12. Sharon Wegscheider-Cruse, *Learning to Love Yourself*, Deerfield Beach, Fa., Health Communications, 1987.

13. Ibid, p.79.

14. Dennis H. Wrong, "The Influence of Sociological Ideas on American Culture", in Herbert J. Gans, *Sociology in America*, Beverly Hills, Sage, 1990.

15. Pierre Bourdieu, *Distinction*, Cambridge, Mass., Harvard University Press, 1986.

16. Peter Berger et al., *The Homeless Mind*, Harmondsworth, Penguin, 1974.

17. Anthony Giddens, *The Constitution of Society*, cap. 4.

18. Joshua Meyerowitz, *No Sense of Place*.

19. Cf. Berger et al., *Homeless Mind*, p.69ss.

20. Ver Harvey Sacks, "On Members' Measurement Systems", *Research on Language and Social Interaction* 22, 1988-9.

21. Janette Rainwater, *Self-Therapy*, p.56ss.

22. Anthony Giddens, *The Consequences of Modernity*, Cambridge, Polity, 1990.

23. Pat Easterling, "Friendship and the Greeks", in Roy Porter e Sylvana Tomaselli, *The Dialectics of Friendship*, Londres, Routledge, 1989, p.11.

24. Shere Hite, *Women and Love*, Londres, Viking, 1988.

25. Ibid, p.526.

26. Ibid, p.655.

27. Ver, por exemplo, Kenneth Solomon e Norman B. Levy, *Men in Transition*, Londres, Plenum, 1983.

28. Ver, por exemplo, Shere Hite, *Sexual Honesty*, Nova York, Warner, 1974.

29. Há agora uma ampla literatura sobre a co-dependência, particularmente nos Estados Unidos, que vai de textos técnicos a exposições populares e programas terapêuticos. Para um exemplo representativo, ver Melody Beattie, *Co-Dependent No More*, Nova York, Harper, 1987.

30. Ver a célebre análise de Norbert Elias, *The Civilizing Process*, vol.1 Oxford, Blackwell, 1978. [Ed.bras. *O processo civilizador*, vol.1, Rio de Janeiro, Zahar, 1990.]

31. Goffman diz muitas coisas interessantes sobre como a privacidade é mantida na vida cotidiana, e por que os indivíduos a consideram tão importante; por outro lado, ele dá a entender que a privacidade é uma necessidade universal, e raramente põe sua análise no contexto histórico.

32. Joseph Bensman e Robert Lilienfeld, *Between Public and Private*, Nova York, Free Press, 1979.

33. Sharon Wegscheider-Cruse, *Learning to Love Yourself*, p.96. O grifo é meu.

34. Ibid, p.100.

35. Anthony Giddens, *Consequences of Modernity*, p.114ss.

36. Sharon Wegscheider-Cruse, *Learning to Love Yourself*, p.101-3.

37. Vernon Coleman, *Bodysense*, Londres, Sheldon Press, 1990.

38. Ibid, p.23-4.

39. Ibid, p.25.

40. Joan Jacobs Brumberg, *Fasting Girls, The Emergence of Anorexia Nervosa as a Modern Disease*, Cambridge, Mass., Harvard University Press, 1988.

41. Ibid, p.100.

42. Cf. particularmente Hilde Bruch, *The Golden Cage, The Emergence of Anorexia Nervosa*, Londres, Routledge, 1978.

43. Essa descrição aparece como capítulo 8 em Marilyn Lawrence, *The Anorexic Experience*, Londres, Women's Press, 1984.

44. Cf. Marcia Millman, *Such a Pretty Face*, Nova York, Berkley Books, 1981; Kim Chernin, *The Obsession, Reflections on the Tyranny of Slenderness*, Nova York, Harper, 1981.

45. Susie Orbach, *Hunger Strike, The Anorexic's Struggle as a Metaphor of Our Age*, Londres, Faber, 1986.

46. Ibid, p.27ss.

47. J.A. Sours, *Starving to Death in a Sea of Objects*, Nova York, Aronson, 1981.

Capítulo 4. Destino, risco e segurança

1. Liz Greene, *The Astrology of Fate*, Londres, Allen and Unwin, 1984.

2. Max Weber, *The Sociology of Religion*, Boston, Beacon, 1963.

3. Niccolo Machiavelli, *The Prince*, citado a partir de *The Portable Machiavelli*, Harmondsworth, Penguin, 1979, p.159-60.

4. Cf. Torsten Hägerstrand, "Time and Culture", in G. Kirsch et al., *Time Preferences*, Berlim, Wissenschaftszentrum, 1985; Helga Nowotny, *Eigenzeit, Entstehung und Skrukturierung eines Zeitgefühls*, Frankfurt, Suhrkamp, 1989, cap. 2.

5. Erving Goffman, *Interaction Ritual*, Londres, Allen Lane, 1972.

6. Idem.

7. Goffman não inclui a segunda em sua discussão da fatalidade, mas do ponto de vista de um indivíduo que contempla sua vida e o problema de como agir de um certo ponto em diante, a aquisição de informação decisiva constitui uma conjuntura crucial.

8. Citado de John Keats, "Ode to a Nightingale", em Roy Porter e Dorothy Porter, *In Sickness and in Health*, Londres, Fourth Estate, 1988.

9. John Urquhart e Klaus Heilmann, *Risk Watch*, Nova York, Facts on File, 1984.

10. Ibid, p.12.

11. Raymond Firth, "Suicide and Risk-Taking in Tikopia Society", *Psychiatry* 24, 1961.

12. James M.A. Weiss, "The Gamble with Death in Attempted Suicide", *Psychiatry* 20, 1957.

13. Peter G. Moore, *The Business of Risk*, Cambridge, Cambridge University Press, 1983, p.104ss.

14. R.A. Brearley e S. Myers, *Principles of Corporate Finance*, Nova York, McGraw-Hill, 1981.

15. John Urquhart e Klaus Heilmann, *Risk Watch*, cap. 4.

16. Paul Slovic e Baruch Fischoff, "How Safe is Safe Enough?", in Jack Downie e Paul Lefrere, *Risk and Chance*, Milton Keynes, Open University Press, 1980.

17. P.M. Boffey, "Nuclear War", *Science* 190, 1975.

18. E. Rabinowitch, "Living Dangerously in the Age of Science", *Bulletin of the Atomic Scientists* 28, 1972.

19. John Urquhart e Klaus Heilmann, *Risk Watch*, p.89.

20. Erving Goffman, *Interaction Ritual*, p.166.

21. Ibid, p.167.

22. Erving Goffman, *Relations in Public*, Londres, Allen Lane, 1971, p.252ss.

23. John Urquhart e Klaus Heilmann, *Risk Watch*, p.45.

24. Anthony Giddens, *The Consequences of Modernity*, Cambridge, Polity, 1990.

25. Cf. Charles W. Smith, *The Mind of the Market*, Totowa, Rowman and Littlefield, 1981.

26. Michael Balint, *Thrills and Regressions*, Londres, Hogarth, 1959.

27. Murray Melbin, *Night as Frontier*, Nova York, Free Press, 1987.

28. René Dubos, *The Wooing of Earth*, Londres, Athlone, 1980.

29. Idem.

30. Bill McKibben, *The End of Nature*, Nova York, Random House, 1989, p.96.

Capítulo 5. A segregação da experiência

1. Edward Shils, *Tradition*, Londres, Faber, 1981, p.25.

2. John Kotre, *Outliving the Self*, Baltimore, Johns Hopkins University Press, 1984.

3. Anthony Giddens, *The Consequences of Modernity*, Cambridge, Polity, 1990.

4. Cf. Erik Erikson, *Identity, Youth and Crisis*, Londres, Faber, 1968.

5. Cf. Giddens, *A Contemporary Critique of Historical Materialism*, vol.1.

6. Richard Sennett, *The Fall of Public Man*, Cambridge, Cambridge University Press, 1977.

7. Ibid, cap. 5.

8. Norbert Elias, *The Civilizing Process*, vol.1. [Ed.bras. *O processo civilizador*, vol.1.]

9. Ibid, p.175ss.

10. Sigmund Freud, *Civilization and its Discontents*, Londres, Hogarth, 1950.

11. Ibid, p.61, 71.

12. Max Weber, *The Protestant Ethic and the Spirit of Capitalism*, Londres, Allen and Unwin, 1976.

13. David J. Rothman, *The Discovery of the Asylum*, Boston, Little, Brown, 1971.

14. Michel Foucault, *Discipline and Punish*.

15. David J. Rothman, *Discovery*, p.4.

16. Ibid, p.15.

17. Ibid, p.72-3.

18. Ibid, p.124.

19. Norbert Elias, *The Loneliness of the Dying*, Oxford, Blackwell, 1985. [Ed.bras. *A solidão dos moribundos*, Rio de Janeiro, Zahar, 2001.]

20. John Lofland, *State Executions*, Montclair, Patterson Smith, 1977.

21. Niklas Luhmann, *Love as Passion*, Cambridge, Polity, 1986.

22. Michel Foucault, *The History of Sexuality*, Harmondsworth, Penguin, 1981, p.3-4.

23. Niklas Luhmann, *Love as Passion*.

24. Ver, por exemplo, Michael R. Wood e Louis A. Zurchner, *The Development of the Postmodern Self*, Nova York, Greenwood, 1988.

25. Richard Sennett, *The Fall of Public Man*.

26. Ibid, p.219.

27. Christopher Lasch, *The Culture of Narcisism*, Londres, Abacus, 1980 e *The Minimal Self*, Londres, Picador, 1985.

28. Christopher Lasch, *Culture of Narcisism*, p.85-6.

29. Cf. Claude Fischer, *To Dwell Among Friends*, Berkeley, University of California Press, 1982.

30. Judith Stacey, *Brave New Families,* Nova York, Basic, 1990.

31. Christopher Lasch, *Culture of Narcisism*, p.74.

32. Ibid, p.79.

33. Philip Rieff, *The Triumph of the Therapeutic*, Harmondsworth, Penguin, 1966.

34. Ibid, p.34.

35. Ibid, p.35.

36. Duas discussões relevantes, que se dispuseram a contestar as interpretações de Lasch em relação aos Estados Unidos, são Daniel Yankelovich, *New Rules: Searching for Self-fulfilment in a World Turned Upside Down* (Nova York, Bantam, 1982) e Peter Clecak, *America's Quest for the Ideal Self* (Oxford, Oxford University Press, 1983). Crítica cortante de Lasch pode ser encontrada em Dennis H. Wrong, "Bourgeois Values, No Bourgeoisie? The Cultural Criticism of Christopher Lasch", *Dissent*, Verão 1979.

Capítulo 6. Tribulações do eu

1. Cf. Dorothy Rowe, *Living with the Bomb*, Londres, Routledge, 1985; Robert Jay Lifton e Richard Falk, *Indefensible Weapons*, Nova York, Basic, 1982.

2. Arnold Gehlen, *Man in the Age of Technology*, Nova York, Columbia University Press, 1980.

3. Cf. Jürgen Habermas, *Legitimation Crisis*, Londres, Heinemann, 1976.

4. Cf. Claude S. Fischer, *The Urban Experience*, Nova York, Harcourt Brace Jovanovich, 1984.

5. Erich Fromm, *The Fear of Freedom*, Londres, Routledge, 1960, p.160.

6. W. Warren Wagar, *Terminal Visions*, Blommington, University of Indiana Press, 1982.

7. Zigmunt Bauman, *Legislators and Interpreters*, Cambridge, Polity, 1989, p.189.

8. Robert Hodge e David Tripp, *Children and Television*, Cambridge, Polity, 1989, p.189. Ver também John Fiske, *Understanding Popular Culture*, Londres, Unwin Hyman, 1989.

9. Cf. particularmente Norbert Elias, *The Loneliness of the Dying*. [Ed.bras. *A solidão dos moribundos*.]

10. Niklas Luhmann, *Love as Passion*, caps.13, 14.

11. Francesco Alberoni, *Falling in Love*, Nova York, Random House, 1983, p.13.

12. Eric Hobsbawn e Terence Ranger, *The Invention of Tradition*, Cambridge, Cambridge University Press, 1983.

Capítulo 7. O surgimento da política-vida

1. Theodore Roszak, *Person-Planet, The Creative Destruction of Industrial Society*, Londres, Gollancz, 1979, p.xxviii.

2. Cf. Jürgen Habermas, *Knowledge and Human Interests*, Cambridge, Polity, 1987 – a discussão clássica desse problema.

3. Ver David Held, *Models of Democracy*, Cambridge, Polity, 1987, capítulo de conclusão.

4. John Rawls, *A Theory of Justice*, Oxford, Clarendon, 1972.

5. Jürgen Habermas, *Theory of Communicative Action*, Cambridge, Polity, 1987.

6. Bárbara Sichtermann, *Femininity: The Politics of the Personal*, Cambridge, Polity, 1986, p.2.

7. Betty Friedan, *The Feminine Mystique*, Harmondsworth, Pelican, 1965.

8. Ibid, p.61.

9. Ibid, p.68.

10. Alberto Melucci, *Nomads of the Present*, Londres, Hutchinson Radius, 1989, p.123.

11. David Suzuki e Peter Knudtson, *Genethics: The Ethics of Engineering Life*, Londres, Unwin Hyman, 1989.

12. John Elington, *The Poisoned Womb*, Harmondsworth, Penguin, 1986, p.236.

13. Cf. Alberto Melucci, *Nomads*.

14. Susan Brownmiller, *Against Our Will*, Londres, Secker e Warburg, 1975.

15. Cf. Jean B. Elshtain, *Women and War*, Nova York, Basic, 1987.

16. Para uma discussão refinada desse problema, ver Carolyn Merchant, *The Death of Nature*, Nova York, Harper, 1980.

17. Cf. Teresa Brennan, *Between Feminism and Psychoanalysis*, Londres, Routledge, 1989.

18. Karl Marx, "On the Jewish Question", in T.B. Bottomore (org.), *Karl Marx: Early Writings*, Nova York, McGraw-Hill, 1962.

19. Trata-se de problemas que discuto num livro em preparação, que constitui o terceiro volume de *A Contemporary Critique of Historical Materialism*, mas que é também uma obra associada a este livro. O livro se concentra nos parâmetros institucionais da modernidade, e não no domínio da auto-identidade.

Glossário de conceitos

Alta modernidade ou **modernidade tardia:** a presente fase de desenvolvimento das instituições modernas, marcada pela radicalização e globalização dos traços básicos da modernidade.

Auto-identidade: o eu entendido reflexivamente pelo indivíduo em termos de sua biografia.

Casulo protetor: a proteção defensiva que filtra os perigos potenciais representados pelo mundo exterior e que se funda psicologicamente na confiança básica.

Colonização do futuro: criação de territórios de possibilidades futuras, reivindicada por inferência contrafactual.

Confiança: a crença em pessoas ou sistemas abstratos, conferida com base em um "ato de fé" que põe entre parênteses a ignorância ou a falta de informação.

Confiança básica: confiança na continuidade dos outros e do mundo-objeto, derivada de experiências na primeira infância.

Contradição existencial: a relação contraditória dos homens com a natureza, como criaturas finitas que são parte do mundo orgânico, e no entanto se opõem a ele.

Controle humano aberto: intervenção do homem nos mundos social e natural orientada ao futuro, e em que os processos colonizadores são regulados pela aferição de riscos.

Critérios extrínsecos: influências sobre as relações sociais ou a vida social não governadas pela reflexividade institucional da modernidade.

Cultura do risco: aspecto cultural fundamental da modernidade, em que a consciência do risco constitui um meio de colonizar o futuro.

Desencaixe: o descolamento das relações sociais dos contextos locais e sua recombinação através de distâncias indeterminadas do espaço/tempo.

Desqualificação da vida diária: o processo pelo qual as qualificações locais são expropriadas para formar sistemas abstratos e são reorganizadas à luz do conhecimento técnico. A desqualificação normalmente é acompanhada por processos complementares de reapropriação.

Dialética do local e do global: o jogo de oposições entre envolvimentos locais e tendências globalizantes.

Efeito de colagem: justaposição de itens heterogêneos de conhecimento ou informação num texto ou formato de comunicação eletrônica.

Experiência mediada: o envolvimento de influências temporal/espacialmente distantes com a experiência sensorial do homem.

Fichas simbólicas: meios de troca que têm valor padronizado e são assim intercambiáveis numa variedade indeterminada de contextos.

Historicidade: o uso da história para fazer história, um aspecto fundamental da reflexividade institucional da modernidade.

Lugar como fantasmagórico: o processo pelo qual características locais de lugar são invadidas por relações sociais distantes e reorganizadas em termos delas.

Momentos decisivos: momentos em que decisões que terão conseqüências devem ser tomadas ou cursos de ação iniciados.

Narrativa do eu: a estória (ou estórias) por meio da qual a auto-identidade é entendida reflexivamente, tanto pelo indivíduo de que se trata quanto pelos outros.

Perfil de risco: retratos de conjuntos de riscos, em determinadas situações de ação, à luz do estado corrente do conhecimento técnico.

Planejamento da vida: adoção estratégica de opções de estilo de vida, organizadas em termos da duração projetada da vida do indivíduo, e normalmente encarada através da noção de risco.

Política emancipatória: a política da liberdade em relação à exploração, à desigualdade ou à opressão.

Política-vida: a política de realização do eu, no contexto da dialética do local e do global e do surgimento dos sistemas internamente referidos da modernidade.

Postura corporal: a conduta estilizada do indivíduo nos contextos da vida cotidiana, envolvendo o uso da aparência para criar impressões específicas do eu.

Privatização da paixão: a redução da paixão à esfera sexual e a ocultação dessa esfera do olhar público.

Projeto reflexivo do eu: o processo pelo qual a auto-identidade é constituída pelo ordenamento reflexivo das narrativas do eu.

Questões existenciais: dúvidas sobre dimensões básicas da existência, tanto em relação à vida quanto ao mundo material, a que todos os homens "respondem" nos contextos de suas condutas cotidianas.

Referencialidade interna: circunstância pela qual relações sociais ou aspectos do mundo natural são organizados reflexivamente em termos de critérios internos.

Reflexividade institucional: a reflexividade da modernidade, que envolve a incorporação rotineira de conhecimento ou informação novos em situações de ação que são assim reconstituídas ou reorganizadas.

Regimes: modos regularizados de comportamento relevantes para a continuidade ou cultivo de traços corporais.

Relação pura: relação social que é internamente referida, isto é, depende fundamentalmente de satisfações ou recompensas genéricas dessa própria relação.

Riscos de alta conseqüência: riscos que carregam conseqüências em termos de suas implicações para grande número de pessoas.

Segregação da experiência: a separação da vida cotidiana do contato com experiências que colocam questões existenciais potencialmente perturbadoras – particularmente as que têm a ver com doença, loucura, criminalidade, sexualidade e morte.

Segurança ontológica: sentido de continuidade e ordem nos eventos, inclusive daqueles que não estão dentro do ambiente perceptual imediato do indivíduo.

Separação de tempo e espaço: o desembaraçar das dimensões separadas de tempo "vazio" e espaço "vazio", tornando possível a articulação de relações sociais desencaixadas através de intervalos indeterminados do espaço/tempo.

Setor do estilo de vida: uma "fatia" espaço-temporal do conjunto de atividades de um indivíduo, dentro da qual é seguido um conjunto razoavelmente consistente de práticas sociais.

Sistemas abstratos: fichas simbólicas e sistemas especializados tomados em geral.

Sistemas especializados: sistemas de conhecimento especializado, de qualquer tipo, dependentes de regras de procedimento transferíveis de indivíduo a indivíduo.

Trajetória do eu: a formação de uma vida nas condições da modernidade, por meio das quais o autodesenvolvimento, reflexivamente organizado, tende a tornar-se internamente referido.

***Umwelt* [do alemão, "ambiente"] (Goffman):** mundo fenomênico com o qual o indivíduo está rotineiramente "em contato", em relação aos perigos e sobressaltos potenciais.

Índice

aborto, 200
ação:
e autonomia, 96, 197
e corpo, 58-9, 61, 76
comunicativa, 196
e modernidade, 162-3
Adler, Alfred, 79n
agente *ver* ação
agressividade:
e civilização, 143-4
e emancipação das mulheres, 210
água, 127-8
Alberoni, Francesco, 190
alienação, 91, 129, 177
alta modernidade:
apocalíptica, 12
parâmetros existenciais da, 32-7
e problemas pessoais, 17-21
história: perda da, 159; compartilhada, 94, 119
amizade: como relação, 85, 87-8, 89-90
amor: e relacionamentos, 87-90
anarquismo, 195-6
ancestrais, 138
angústia:
existencial, 19-20, 27-29, 168-70
e questões existenciais, 40-1, 49-57, 171-2
da criança, 42-3, 46-8
e insegurança ontológica, 55-6, 60
e risco, 179
e organização social, 45-9
anorexia mirabilis, 100
anorexia nervosa: e reflexividade do corpo, 99-103
ansiedade: normal/neurótica, 47-8
aparência física, 19, 95-7, 100-2, 159-60, 164-5, 185
aparências normais, 59, 62, 96, 119-20
apropriação: e impotência, 177-9
aquecimento global, 129, 176
Ariès, Philippe, 150
asilo: e segregação da experiência, 145-6, 148-9
atitude natural: frágil, 40-1
ausência, aceitação da, 42, 45,46, 48, 51, 61
autenticidade, 16, 52, 77-8, 93, 158, 173, 198, 207
autobiografia: e autoterapia, 71-2, 75
auto-estima *ver* orgulho; automerecimento
auto-identidade:
coerência, 96
desenvolvimento, 39-45, 60-1
e divórcio, 17-8
e questões existenciais, 54-7, 56quadro2, 70
no feminismo, 199-200
frágil, 172-3
e narcisismo, 158-9
formada pela modernidade, 9-10, 12-3, 18-9, 20, 36-8
modelo estratificado de, 39
ver também angústia existencial; segurança ontológica
automerecimento, 44, 49, 55-6, 77-8, 102-3, 159-60, 164-5
autonomia:
e ansiedade, 49-50
e política emancipatória, 196
e relações, 92-3
e separação, 45, 165
auto-observação, 55-6, 71, 75

autoridade:
e terapia, 166-7
e incerteza, 13, 180-2
autoritarismo:
e conformidade, 176-7
dogmático, 181
autoterapia, 70-8, 90, 134, 183

Balint, Michael, 125
Baudrillard, Jean, 12
Bauman, Zygmunt, 183
Baumeister, Roy F., 74
Beck, Ulrich, 33
Bensman, Joseph, 91, 81, 176
Berger, Peter, 81, 176
biografia:
fantasia, 61
individual, 12-3, 55-7, 59-60, 65-7, 83
Blakeslee, Sandra, 17-20, 37
Bloch, Ernst, 41
Bourdieu, Pierre, 80
Braverman, H., 130
Brooker-Gross, Sus, 30n
Brumberg, Joan Jacobs, 110n

calendário: do plano de vida, 83, 94
caos: como ameaça, 40-1
capitalismo:
e modernidade,12-3, 21, 177, 182-3, 209
e narcisismo, 158-9, 160, 162-3,166
casamento:
e divórcio,17-20
como relação, 86-7, 88, 89-90, 163-4
casulo protetor, 11, 54-5, 57-9, 119-26, 155, 169
e confiança básica, 43, 55-6, 119-20, 122
e dissonância, 174
e dúvida, 180-1
ameaças ao, 108
celibato, 63
ceticismo *ver* dúvida
ciclo da vida:
internamente referido, 20, 136-40, 198
fases do, 75-7
estilo de vida: e corpo, 15, 165, 207; escolha do, 12-3, 16, 79, 85, 92, 98, 168-9, 197; e consumismo, 182-4; e risco, 114-5, 118-9; setores do, 81-2, 115, 133-4
ciência:
e dúvida, 14, 26, 32-3, 82, 207
e segregação da experiência, 15
civilização, 143-4, 148, 152
classe:
e emancipação, 193-5
e estilo de vida, 13, 80, 208-9
clonagem, 203
co-dependência, 90
Coleman, Vernon (*Bodysense*), 96-8
compulsão:
anoréxica, 99-103
neurótica, 43, 44, 47-8, 61-2
comunicação eletrônica, 12-3, 30-1, 82-3
conciliação, 181
confiança:
e sistemas abstratos, 11, 128-9, 172, 178-9,181-2
básica: 48, 55, 125, 143, 187, 198; e responsáveis, 41-5, 46, 48, 62, 66, 172-3; criativa, 44; e narcisismo, 165; e relação pura, 172-4; e risco; 119, 169-70
e mecanismos de desencaixe, 10-11, 24, 25, 27-8, 35
generalizada, 51, 121-2
e motivação, 64-5
e revelação mútua, 14, 24-5, 92-3
e desenvolvimento da personalidade, 37, 41, 53, 62, 66, 138
retirada da, 115, 133
ver também casulo protetor; compromisso
confiança e compromisso, 25, 41-2, 44, 158
na relação pura, 13-4, 89-91, 92, 94-5, 172-4
conflito, 140
conformismo autoritário, 176-7
conhecimento, 10-1, 14, 26
e dúvida, 24-5
indutivo, 52-4
interpessoal, 52-4
ver também especialização

consciência, 144-5
do corpo, 76-7
ontológica, 50-1
dos outros, 52-3
reflexiva, 39-40, 47-8, 54, 138-9
consciência prática, 40-41, 45-6, 49, 59, 62, 119
conservadorismo, 194
consumismo, 79-80, 160, 182-5
contradição existencial, 51
contrafactualidade, 33-6, 50, 106
controle:
administrativo, 139-40
do corpo, 42, 57-8, 62-3
dialético, 130
local, 129-30
social, 16, 21, 146-51, 194
terapêutico, 166, 167, 187
convenção, 53-4
e controle corporal, 63-95
e atitude natural, 40-1, 44
corpo:
na política-vida, 200-3
e narcisismo, 15, 158, 164-5
e reflexividade do eu, 14-5, 76-7, 94-5
e risco, 119-20
criança:
e desenvolvimento da auto-identidade, 11, 41-5, 47-9, 50-1, 53-4, 60-1
e laços sociais, 64-5
criatividade: e confiança básica, 44
crime: e segregação da experiência, 15, 145-9, 156
crise, 19, 41, 138-9, 170-1
cristianismo/cristandade: e destino, 105
culpa, 15-6, 65-6, 67-9, 143-5, 155
da relação pura, 89-91
do eu: 16, 20, 33-4, 54-7, 74, 83-6, 136-8, 197; contínua; 39-40, 75; e modernidade, 36-8; e empobrecimento moral, 16, 157; e relações, 88-90; e terapia; 70-1

dependência: e narcisismo, 100-1, 162, 165-6
Descartes, René, 51
desempenho: e auto-identidade, 59-60
desqualificação: e sistemas abstratos, 27-8, 129-31, 178
destino, 33, 104-8, 120-1, 124-5, 133-4, 155-7, 171-2
desvio, 146-9, 189-90
dialética local/global, 9-10, 13, 27-8, 126, 170-1, 173-4, 193, 203-5
e escolha de estilo de vida, 16
e transformação da intimidade, 13, 36-7
diário: na autoterapia, 71-2, 75
dieta: e aparência do corpo,100-1
diferenciação, 23-4
dinamismo da modernidade, 22-6, 33, 36-7
dinheiro: como ficha simbólica, 24, 126, 128, 133, 178-9
disciplina:
e corpo, 58-9
e insanidade, 149
doença:
mental, 15, 60-2, 145-8, 156quadro3, 189-90
segregação da, 15, 150-1, 156, 156quadro3
Dubos, René, 74, 191
Durkheim, Émile, 74, 191
e autoterapia, 71-2, 83-5
e eu, 57-64, 66-7, 95-9, 172-3, 207-8

Easterling, Pat, 85n23
ecologia, ameaça à, 12, 27, 203-5
ectogênese, 203
efeito colagem, 31, 82, 174
efeito estufa, 129
ego ideal: e vergonha, 68-9
Elias, Norbert, 142, 150
Elington, John, 205n12
emancipação:
ver política; emoção emancipatória
e laços sociais, 65
empoderamento [*empowerment*], 13-4, 130, 131, 134, 163, 102
e especialização, 131-3
ver também poder
engenharia genética, 202, 15, 208
engolfamento, 11, 55, 179

Erikson, Erik, 41, 47, 67, 69
erotismo: e sexualidade, 15, 153-4
escolha:
e política-vida, 197-8
e estilo de vida, 13-4, 16, 179-81
e modernidade, 12-3, 79-81, 82, 98, 101-3, 130-1, 185, 208-9
esfera pública/privada, 81, 141-3, 161-2
esgoto/descarte, 127
espaço:
mercantilização do, 185
e globalização, 27-8, 178
e mídia, 29-32
potencial, 42-4, 46
reorganização do: na modernidade, 10, 22-4, 25-6
especialização, 24-5, 26quadro1, 82
impositiva, 10, 13, 130, 180-1
e empoderamento [*empowerment*], 14, 130-3
e conhecimento, 34-6, 117, 130
e fatalidade, 108
médica, 114-5, 130, 131-3
e narcisismo, 160-1
e risco, 33-6, 114-5, 116-8, 134
e terapia, 166-7
e guerra, 205
esquizofrenia, 44, 62, 189
esquizóide, personalidade, 60-2
Estado: e sociedade civil, 141, 143, 208
Estado-nação:
como ator, 22, 208
sistema global, 27, 207
estoicismo, 106-7
etnometodologia, 64
eu:
fragmentado, 96, 157-8, 176
ideal, 67-8
mínimo, 161
supressão do, 13
trajetória de desenvolvimento do, 20, 75-103, 138-9
tribulações do, 168-92, 186quadro4
sem corpo, 60-1
ver também corpo; reflexividade
existência: e auto-identidade, 50, 57
experiência:
fragmentação da, 175
mediação da: 28, 32, 46, 121, 137, 156, 174-7, 198; e ansiedade, 43; e consumo; 184; e estilo de vida, 82, 83; e auto-identidade, 12-3; e *Umwelt*, 121, 174
personalizada\mercantilizada, 182-6
segregação da: 15, 139-67, 171-2, 156quadro3; arenas da; 145-53; influências institucionais, 139-45; e natureza, 153-7
exploração, 195-6

falta de sentido, 16, 186-7
família, mudanças na, 19-20, 138, 160-1, 163-4
famílias "de adoção", 19, 37, 95
fatalidade, 106-8, 120-1, 124-5, 133-4, 155-7, 171-2
e retorno do recalcado, 187-9
fatalismo, 105, 106-7, 122-4, 132-3
fé e confiança, 41, 181-2
fenomenologia, 39, 52-3
filhos:
e divórcio, 18-9; *ver também* crianças
fim do cárcere, 189-90
Firth, Raymond, 111
fortuna, 105-6, 107-8, 121-3, 132-3, 170
Foucault, Michel:
sobre a disciplina, 58,146, 149, 151, 201
sobre a loucura, 190
sobre a sexualidade, 152, 190
sobre a vigilância, 21
fragmentação, 12, 32, 82, 129, 175-7
Freud, Sigmund, 61, 63, 134, 152, 166
sobre a civilização, 143-4
sobre medo e ansiedade, 46-7, 48, 51
sobre a culpa, 15-6, 65
sobre o recalque, 155
sobre a vergonha, 67
Friedan, Betty, 199-200
Fromm, Erich, 176-7
fundamentalismo religioso, 133, 181, 192
futuro:
colonização do: 109, 119, 122, 126-35; e fim da natureza, 135-6, 154-5, 202; e

moralidade, 135-6, 208-9; e estimativa de risco, 11-2, 33-4, 106-7, 111-3, 168-9
e destino, 104-6
medo do, 72-3
organização do, 75, 76
e risco, 58, 104, 106

Garfinkel, Harold, 40, 42, 57, 64, 190
Geertz, Clifford, 129
gênero:
e identidade, 199-200, 201-2
aprendido, 63-4, 211-2
geração, 136-7, 188
globalização:
e o "fim da natureza", 135
e riscos de alta conseqüência, 115-6, 170-1
e moralidade, 207
e atividade social, 27
e tempo e espaço, 27, 36-7, 178
Goffman, Erving:
sobre corpo e alma, 57-8, 120
sobre indiferença civil, 49
sobre fragmentação do eu, 176
sobre doença mental, 190
sobre privacidade, 216n31
sobre o tempo, 107
sobre o *Umwelt*, 120-5
guerra:
industrialização da, 21
nuclear, 12, 27, 203-5

Habermas, Jürgen, 197
hábito: e rotina, 43, 63
Heidegger, Martin, 51, 77, 52, 206
Heilmann, Klaus, 109n
hiper-realidade, 12-32
Hite, Shere, 86, 88-91
horror, 41, 50, 187, 190
hospitais: e segregação da doença, 145-6, 150-1
hostilidade: e ansiedade, 48-9
Hume, David, 54n20
humilhação: e vergonha, 65-6
Husserl, Edmund, 52-3

identidade social, 95-6, 159
identificação: e ansiedade, 48-9
igualdade: na política emancipatória, 195
impotência: e apropriação, 177-9
incerteza: e autoridade, 180-2; *ver também* dúvida
inconsciente, 39-40, 48, 54
indiferença civil, 49, 121, 142
individualismo:
e capitalismo, 182-3
e a busca da auto-identidade, 74-5, 138-9
industrialismo, definição de, 21; desigualdade, 195-6; global, 211-2; e estilo de vida, 13-4, 208-9
indivíduo:
e sistemas abstratos, 14-5
e outros, 52-4, 56quadro2
e sociedade, 9-10, 37-8, 162-3
infância: como esfera separada,142-3
influência institucional, 139-45
Innis, Harold, 29
inoculação emocional, 43
insanidade:
e segregação da experiência, 15, 145-8, 156quadro3, 189-90
incorporação social da, 148-9
insegurança ontológica, 54-5
e vergonha, 65-6
instituições:
impacto global das, 9
efeito unificador das, 32
integridade pessoal, 78
intimidade, 18-9, 85, 91-4, 138, 172-3
e narcisismo, 158, 159-61, 164
e sexualidade, 86-7, 92-3, 152-3, 190
ambientes específicos, 94
transformação da, 13, 36, 143
invisibilidade: medo da, 61

jejum, 100
justiça: na política emancipatória, 195-6

Kafka, Franz, 55
Keats, John, 109n8
Kierkegaard, Soren, 41, 49-52, 60

Klein, Melanie, 65
Kohut, Heinz, 68

Lacan, Jacques, 60
laços sociais, 65, 67, 94-5, 159
Laing, R.D., 55, 60, 61-2, 77, 102-3
Lasch, Christopher, 159-61, 162, 164-6, 170, 185, 193, 205
Lévi-Strauss, Claude, 29
Lewis, Helen, 66
liberalismo, 194, 195-6
Lilienfeld, Robert, 91
linguagem:
  e intersubjetividade, 53
  e mediação da experiência, 28-9
  e auto-identidade, 44, 54-5
loucura *ver* insanidade
"loucura" da criança, 44
lugar: e tempo e espaço, 22-3, 137-8, 161-2, 173-4
Luhmann, Niklas, 152
luto: e divórcio, 17-8, 19-20, 78
Lynd, Helen, 67

Malinowski, B.K., 138
Maquiavel, Niccolò, 105-6
Marcuse, Herbert, 145
Marx, Karl, 148, 153, 177, 182, 191
  e a política emancipatória, 194-5, 196, 211-2
  domínio: compulsivo, 102; e assumir riscos, 125-6, 179; do eu, 16, 187; e relações sociais, 139-40
McKibben, Bill, 128-9
McLuhan, Marshall, 29-30
Mead, G.H., 54
mecanismos de desencaixe, 23-6, 130, 139-40, 144-5, 178, 193
  e lugar, 10, 137-8
  e confiança, 11, 27-8, 34
  ver também sistemas abstratos;
  sem corpo, 60-2
  dissonância cognitiva, 174-5
  divórcio, estudo do, 17-21, 164
  dúvida, 10-11, 26, 32-3, 82, 133-4, 207; e autoridade, 180-2; efeito da (sobre o eu), 168-72
medicina, profissionalização da, 150
medo:
  e ansiedade, 46-7,48
  e assumir riscos, 124-6
Melucci, Alberto, 201
mercado de ações: como ambiente de risco, 112-3
mercantilização, 13, 21, 165-6, 182-6
Merleau-Ponty, Maurice, 57, 58
Meyerowitz, Joshua, 83
mídia: e auto-identidade, 12-3, 29-32, 82-3, 156, 174, 184
modernidade:
  definição de, 21-2
  como pós-tradicional, 10, 12-3, 20-1, 25-6
  ver também alta modernidade
moralidade:
  e culpa, 143-5
  e referencialidade interna, 15, 135-6, 149, 152-3, 212
  e estilo de vida, 200-1, 206-7
  e pós-modernismo, 206
  recalque e repressão, 15-6, 145, 149, 155, 157, 166, 206
morte:
  e destino, 104-5
  principais causas da, 113-4, 150-1
  segregação da, 156, 188-9
  subjetiva, 51-2, 73
motivação, 64-5, 67-9
movimento ecológico, 161, 192
movimento estudantil, 198-9
movimento feminista, 192, 199-200, 208-12
movimento manicomial, 189
movimento pela paz, 161, 192
movimentos sociais, novos, 16, 160-1, 191-2, 208-10
mudança: como ameaçadora, 170-1
mulheres: e anorexia nervosa, 99-103
mulheres, movimento das *ver* movimento feminista

narcisismo, 15-6, 69, 158-66, 185
nascimento, segregação do, 188

natureza:
controle da, 104, 127-9, 135, 210-2
"fim" da, 12, 129, 135, 154-5, 202, 203-4, 206
como campo da ação humana, 15
e segregação da experiência, 153-7, 156quadro3
normalidade *ver Umwelt*

Ong, Walter, 29
onipotência, 42, 179-80
oportunidade: e risco, 19-20, 76-7, 78, 122
oportunidades de vida, 80-1
opressão, 16, 156, 194-6, 201
Orbach, Susie, 102
organização: monitoramento reflexivo, 22
orgulho: e vergonha, 67-8, 69, 101-2
outro, consciência do, 49, 52-4, 56quadro2

padronização, 13, 95-6, 185
paixão, privatização da, 151-3, 190-1
parâmetros da alta modernidade, 32-6
parentes, obrigações junto a, 87, 92-3, 94-5, 138
participação: na política emancipatória, 195-6
passado:
apropriação do, 75
liberdade do, 76-7, 194-5
reconstrução do, 72-3, 83-4
paternalismo, "novo", 160
pena de morte, 151
perda:
medo da, 44, 48-9, 51
luto, 78
personalidade: e caráter, 158-9
Piers, G., 67
Pinel, Philippe, 148
planejamento da vida, 13-4, 94, 137-9, 165, 186, 199-200
e escolha, 83-4
e saúde, 97-8
e estimativa de risco, 12-3, 113, 118, 127, 133
e terapia, 166-7
pluralização dos mundos-vida, 81

pobreza:
e escolha de estilo de vida, 84
e segregação da experiência, 145-51
poder:
disciplinar, 58, 139-40
na política emancipatória, 194-6
enquanto gerador, 197
provisão de, 127-8
transferência de, 130
ver também empoderamento
política:
emancipatória, 16, 193-7, 198, 199, 209-12
e destino, 104-6
do pessoal, 198-9
ver também política-vida
política-vida, 16, 193-4, 197-212
e corpo e eu, 200-3
e questões existenciais, 205-8, 209
e interesses globais, 203-5
natureza da, 197-200
como política, 207-12
pós-estruturalismo: e o eu, 158, 176, 206
positivismo, 145
pós-modernismo: e fragmentação, 32
postura, 95-6
princípios do sistema, 140
prisão, 146, 148, 149
privacidade:
e intimidade, 91, 92, 141
e domínio público, 141-3, 161-2
projeção: e ansiedade, 48-9
psicanálise, 134, 166-7
puritanismo,144

Rabinovitch, E., 117
Radcliffe-Brown, A.R., 138
radicalismo, 194, 196
Rainwater, Janette:
Autoterapia, 70-4, 75, 76, 83, 84-5, 90, 91-2, 98, 102-3
Rawls, John, 196
razão: e segregação da experiência, 145-6
razões: e motivos, 64-5
realidade:
aceitação da, 42, 45-6, 50, 56

inversão da, 37, 60, 157
compartilhada, 40-1
realização, 78
recalque/repressão,
e ansiedade/angústia, 46-7, 172
e modernidade, 15, 143-4, 151-2
e o retorno do recalcado, 155, 187-92, 205-6
referencialidade interna, 13, 15, 78-9, 172, 186-8
e influências institucionais, 15, 139-45
e ciclo de vida, 136-40
movimentos para além da, 197
da natureza, 135
da vida social, 12-3, 135-6
reflexividade:
do corpo , 76-7, 93, 96-8, 99-103, 200-1
institucional, 39, 139-40, 193
da modernidade:10, 20, 25-7, 26quadro, 39, 82; parâmetros existenciais da, 32-6
regimes: e controle corporal, 62-4, 65, 95, 96-8, 100-1, 102-3
relações:
interpessoais, 52-4
pais/filhos, 94-5
puras, 13-4, 85-95, 157, 163, 172-4
religião:
e autoridade, 166, 180-1
ressurgimento da, 191
reprodução:
e o corpo, 15, 201-3, 204
e moralidade, 207
requalificação, 14, 130-1, 132-4
Rieff, Philip, 166
risco:
e sistemas abstratos, 10-1, 25-6, 126-9, 133
cortejar ativamente, 117-9, 124-6, 132, 169
e corpo, 97-8
consciência do, 77
e desenvolvimento do eu, 42-3, 72-3, 78
efeito do, sobre o eu, 168-70
e destino, 104, 106-7, 121-4
e alta modernidade, 12-4, 32-4, 35-7, 154
de alta conseqüência, 11-3, 115-7, 121, 123-4, 128-9, 130, 133, 159, 169-70, 204
individual, 109-11
sistemas institucionalizados de, 111-3, 117-8, 124-5
parâmetros de, 11-2, 109-18
perfil, 113-5, 122
ritos de passagens, 37, 78, 138-9, 188-9
ritual, 37, 48-9, 138, 188-9
Roszak, Theodore, 193
Rothman, David J., 146, 148n18
rotinas diárias, 42-4, 45, 48-9, 61-2, 79-80, 119-20, 145, 155, 186-7
e compulsão, 43-4
e consciência prática, 41
roupa: e auto-identidade, 128

Safire, William, 79n
Sartre, Jean-Paul, 65
Schutz, A., 121
secularização, 158, 166
segmentação da vida social, 81
segurança:
ontológica: 46, 47-9, 56-7, 119, 124, 155; e questões existenciais, 49-57, 56quadro2, 171-2, 187; e motivação, 64; e confiança, 40-5; *ver também* casulo protetor; confiança
psicológica, 25-6, 122, 159
Sennett, Richard, 141-2, 157, 158-9, 161-2
sensualidade, 95, 96, 98, 158
separação:
e ansiedade, 17, 47-8
e autonomia, 45
sexualidade, 63-4
desenvolvimento da, 142
e intimidade, 65, 91-3, 190
privatização da, 15, 151-3, 156quadro3, 190
e reprodução, 201-3
Shils, Edward, 136
Sichtermann, Barbara, 199n6

significado: e realidade, 45-6
signo: e mídia, 31-2
Simmel, Georg, 24
Singer, M., 67
sistemas abstratos, 27-8, 139-40
e corpo, 15, 200-2, 207
e dependência, 163
e desqualificação, 26-7, 129-31, 178
e especialização, 34-6, 82-3, 114-5
e globalização e falta de sentido, 186-7
e moralidade, 206, 208-9
e risco, 33, 106-7, 108-9, 122, 126-9, 133-4
e auto-identidade, 13, 37, 155
e segregação da experiência,145, 171-2
e confiança, 11, 128-9, 172, 178, 181-2
sistemas de valores: masculino/feminino, 210-11
situacionalismo, 198-9
sobrevivência:
e planejamento da vida, 170, 205
e narcisismo, 161-2, 164
e impotência, 179
socialização, 37, 94-5
sociedade civil, 140-1
sociedade de massas, 177-8
sociologia: e a reflexividade da modernidade, 9, 10, 25-6
sonhos: e auto-identidade, 62-3, 64, 96
sorte, 121
Sours, John, 102
Stacey, Judith, 163-4
suicídio: e risco, 111
Sullivan, Harry Stack, 47
superego: e culpa, 67-8, 143-4

Taylor, Charles, 56
telenovelas, 157,184
tempo:
e existência, 50-1
e globalização, 27-8, 178
"matado", 107
e mídia, 29, 30-2
reorganização do: na modernidade, 10, 22-4, 26
e auto-identidade, 54-5, 76, 83, 84-5
e autoterapia, 72
ver também futuro; passado
fichas simbólicas, 24, 26quadro1
tradição: e autoridade, 180-1; e existência, 50; e referencialidade interna, 135-7, 140-1; e poder, 178; reconstrução da, 140, 191
terapia:
e autoridade, 166-7
como dependência, 166
e empoderamento, 134
e narcisismo, 159-60
e relação pura, 173
e auto-identidade, 37-8, 70-1, 78-9, 82, 90, 91-2, 143, 187
terapia do comportamento, 134
Tillich, Paul, 41,51
trabalho, divisão internacional do, 27
transição, 138, 188-9, 193
e perda, 78

Umwelt, 120-4, 174
unificação: e fragmentação, 12, 27, 32, 175-7, 207
Urquhart, John, 110n10

vergonha:
e narcisismo, 16, 67-9, 165
e auto-identidade, 65-9, 100-3, 143, 144-5, 155
e sexualidade, 152-3
vida adulta: e auto-identidade, 101-2
vida humana: e finitude, 51-2, 56quadro2
vigilância, 21, 139-41, 149

Wallerstein, Judith & Sandra Blakeslee (*Segundas chances*), 17-20, 28, 37
Weber, Max, 79n, 80, 105, 155, 191
sobre o capitalismo, 144
Wegscheider-Cruse, Sharon, 77n12, 92n33 e 34
Winnicott, D.W., 41, 42, 44, 47, 60, 102
Wittgenstein, Ludwig von, 42, 45, 52, 57
Wrong, Dennis, 79n